浙江省哲学社会科学规划课题一般项目“中国传播学知识图谱——中国传播学论文、专著、核心作者及其学术影响研究”（批准号12JCXW02YB）成果

传播与社会研究丛书　主编 / 邵培仁　副主编 / 黄敏

JIYU ZHISHI TUPU DE
ZHONGGUO CHUANBOXUE FAZHAN YANJIU

基于知识图谱的中国传播学发展研究

周　岩◎著

首都经济贸易大学出版社
Capital University of Economics and Business Press
·北　京·

图书在版编目（CIP）数据

基于知识图谱的中国传播学发展研究/周岩著. --北京：首都经济贸易大学出版社，2021.1

ISBN 978-7-5638-3043-5

Ⅰ.①基…　Ⅱ.①周…　Ⅲ.①传播学—研究成果—中国　Ⅳ.①G206

中国版本图书馆 CIP 数据核字（2019）第 264341 号

基于知识图谱的中国传播学发展研究

周　岩　著

责任编辑　晓　红
封面设计　大鹏设计
出版发行　首都经济贸易大学出版社
地　　址　北京市朝阳区红庙（邮编 100026）
电　　话　（010）65976483　65065761　65071505（传真）
网　　址　http：//www. sjmcb. com
E－mail　publish @ cueb. edu. cn
经　　销　全国新华书店
照　　排　北京砚祥志远激光照排技术有限公司
印　　刷　北京玺诚印务有限公司
开　　本　710 毫米×1000 毫米　1/16
字　　数　255 千字
印　　张　14.5
版　　次　2021 年 1 月第 1 版　2021 年 1 月第 1 次印刷
书　　号　ISBN 978-7-5638-3043-5
定　　价　52.00 元

前　言

中国传播学的正式引进与研究始于改革开放。在40年的发展历程中，我国传播学已经积累了不少成果，主要体现在：原创著作的创作出版，外国著作的译介出版，以及学术论文的发表，等等。这些学术成果如何进行统计，如何从这些学科数据中发掘学科发展的脉络与规律，从而勾勒出中国传播学发展的历史图景？知识图谱方法作为知识可视化的重要手段，是计量学的前沿学术领域，不仅被应用于自然科学，也被人文社会科学研究广泛应用。通过知识图谱的绘制，人们可以对量化数据进行简明、直观的认识和掌握。作为一种可视化技术，知识图谱的产生和应用建基于社会网络分析法，这种方法本是当代西方主流社会学的一个重要研究方向，后来作为一种研究范式被其他人文社会科学和自然科学广泛地使用，并逐步形成一个跨越传统学科领域的共同性的研究领域。

本书试图基于中国传播学发展40年来的研究成果（包括原创著作、译著和论文），通过社会网络分析法的基本思路和知识图谱绘制技术，统计中国传播学研究的各类数据，分析中国传播学的发展特征，从而展现中国传播学40年来发展的历史图景。

本书在具体的章节设置上，分为上篇和下篇。上篇的研究主要统计和分析基于原创著作、译著和论文的各类数据，包括四章：第一章介绍中国传播学原创著作的创作与出版；第二章介绍具有中国传播学研究特色的教材创作与出版；第三章介绍中国传播学译著的引介与出版；第四章介绍中国传播学论文的创作与发表。下篇的研究基于上篇，也包括四章：第五章介绍中国传播学研究理路的显著特点，即交叉化；第六章分析和预测未来中国特色传播学研究走向更高层次的途径，即通过建立学派发展特色研究，彰显中国理论魅力；第七章以学科建制、学科教学与学科研究三者的互动关系为着眼点，回顾传播学的历史并立足当下，分析传播学在当代中国的教学、科研与建制发展，即中国传播学的当代状况，同时谈及新闻学与传播学的关系以及传播学人的生存状况。第八章总结中国传播学的主要成就，并介绍了具有中国特色的中国传播学研究。附录的两篇文章是关于媒介融合和文化创意产业这两个研究热点的分析介绍。传播学人的介绍贯穿全书各个章节，其中第六章还专门统计了传播学科的核心作者群。

本书在数据统计、方法运用等方面还存在很多不当之处，在此敬请同行专家和读者能多提出批评与建议。

目 录

上 篇

下 篇

附 录

上　　篇

第一章

知识图景：中国传播学原创著作的回顾与分析

著作出版是学科发展的重要一环，是知识生产的重要呈现载体。不同于期刊论文，著作的积淀特质和浓缩特点使其成为学科知识更为严肃和审慎的积累。所以，著作的生命相对较长，流传后世的研究思想大都以著作的形式，形成了学科知识的“经典之作”。著作在标志时代研究思想高度的同时，还在引领初学者入门、了解学科研究状况，分析学科建制与学术生态等方面发挥着具体的作用。

对于中国传播学研究来讲，在经过了20世纪80年代初的积累阶段，早期传播学著作的创作与出版很快随之展开，40年来的发展，展现出一幅从无到有、逐渐走向繁荣的历史图景。

一、中国传播学原创著作出版的发展规模

中国传播学著作创作发轫于20世纪80年代初。1978年9月，复旦大学新闻系率先在高年级本科生中开设了介绍传播学的选修课。1982年4~5月，施拉姆来到中国介绍传播学。[①] 1983年，在经过5年的传播学教研活动后，社科院新闻研究所组织编写了《传播学简介》，介绍了以美国为主的传播学研究，开拓了当时以新闻学者为主体的传播研究队伍。1986年，居延安出版了以他的硕士论文为基础的著作《信息·沟通·传播》。1988年，戴元光、邵

---

① 王怡红、胡翼青主编：《中国传播学30年（1978–2008）》，北京：中国大百科全书出版社2010年版，第6–45页。

培仁和龚炜合著了《传播学原理与应用》，对传播学进行了系统介绍。这本书可以代表当时中国学人对传播学的理解高度，成为当时传播学初学者的重要选择，很多高校纷纷使用这本书作为传播学教材，成就了该书的重要地位。① 此后，中国传播学原创著作创作与出版蒸蒸日上，形成了相当的规模，展现出传播学科发展的旺盛力量。

由于新闻学与传播学的“亲缘关系”，将这两个学科的研究成果做泾渭分明的区分是不容易的。关于传播学著作的选定，本书借鉴著名新闻传播学者黄旦教授的做法②，将自觉站在“传播学”或“传播研究”立场上的著作归于传播学科。比如：传播学科自身内部的人内传播、人际传播、群体传播、组织传播、大众传播等层级研究；传播总论、传播史、传播研究方法、传播学工具书等传播学科自身建构的著作；媒介经营管理、网络与新媒体研究等媒体研究的著作。当然，还有许多跨学科研究，比如，站在传播学立场上对新闻学进行架构分析的“新闻传播学”研究显然可以算是传播学与新闻学的交叉研究成果，但以传统新闻学思路编著的“新闻学概论”不属于本研究范畴之中。类似的还有文化传播、广告传播、公关传播、传播法等。

（一）数量

根据浙江大学传播研究所的《中国大陆传播学专著、译著要目》和王怡红、胡翼青主编的《中国传播学 30 年（1978—2008）》中的“传播学主要著作目录”，并通过在国家图书馆网站查询，笔者统计出，截至 2017 年 12 月 31 日，中国传播学原创著作共2 291部③。具体年代的著作数量及占比见表 1-1。

---

① 很多学者至今仍对这本书印象深刻。复旦大学朱春阳教授曾向邵培仁教授表示：“这是我读的第一本传播学理论，感谢您为千万学人打开了一扇通往新世界的大门。”

② 黄旦、丁未：《传播学科“知识地图”的绘制和建构——20 世纪 80 年代以来中国大陆传播学译著的回顾》，《现代传播》2005 年第 2 期。

③ 本书仅研究中国内地的传播学发展概貌，所统计的传播学原创著作不含香港、澳门及台湾地区的数据。后文译著、论文的统计数据亦如此。

表 1-1　中国传播学原创著作出版情况统计

年份	出版数量（部）	占百分比（%）	年份	出版数量（部）	占百分比（%）
1983	1	0.04	2002	68	2.97
1986	1	0.04	2003	72	3.14
1987	3	0.13	2004	88	3.84
1988	5	0.22	2005	113	4.93
1989	6	0.26	2006	92	4.02
1990	14	0.61	2007	91	3.97
1991	11	0.48	2008	87	3.80
1992	8	0.35	2009	74	3.23
1993	13	0.57	2010	100	4.36
1994	15	0.65	2011	149	6.50
1995	9	0.39	2012	142	6.20
1996	10	0.44	2013	158	6.90
1997	26	1.13	2014	176	7.68
1998	19	0.83	2015	190	8.29
1999	28	1.22	2016	198	8.64
2000	39	1.70	2017	220	9.60
2001	65	2.84			
合计 2 291（部）					

为了让这一变化过程更加形象，特制作了图 1-1。

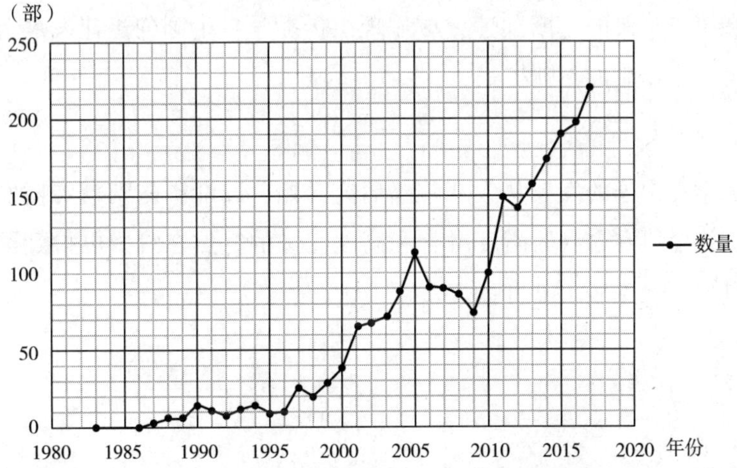

图 1-1　中国传播学原创著作出版情况数量变化

通过对表 1-1 和图 1-1 的观察可以看到，1986 年之后，开始连续地每年都有传播学原创著作出版，从三五部到十几部，这是比较典型的学科起步节奏。1997 年之后原创著作年出版数量开始变多，每年以 10 部左右的加速度增长。2005 年之后出版速度整体加速，并出现了几个高峰年，比如 2005 年达到 113 部，2010 年达到 100 部，2011 年达到 149 部，2015 年达到 190 部，2017 年达到 220 部。据此，通过对年代与著作出版数量变化趋势的直观考察，可以将中国传播学原创著作出版分为四个阶段：1983—1996 年，1997—2004 年，2005—2012 年，2013 至今（统计年份截至 2017 年底）。整体来看，此四个阶段传播学原创著作出版量是稳步增长的。从出版数量速度来看，第二阶段快于第一阶段，第三阶段曲折上升，第四阶段又明显快于第三阶段后半期，逐渐均匀快速上升。很明显，第一阶段可以看作是传播学原创著作出版的初始阶段，第二阶段是稳步发展时期，第三阶段呈曲折上升态势，第四阶段则已经到达研究大发展时期。

从数量上看，近 40 年来的传播学原创著作创作与出版是较为充分的。从原创著作出版时间来看，20 世纪 70 年代末开始正式引入和研究传播学，1983 年出现了第一本整体介绍西方传播学的论文集（《传播学简介》），1986 年出现了专著（《信息 · 沟通 · 传播》），1988 年出现了系统介绍传播学的概论，并成为当时高校教学普遍使用的教材（《传播学原理与应用》）。在不到十年的时间里完成了起步并开始加速，可以说这个学科的起步速度是很快的。第二阶段和第三阶段的不断加速，更显现出传播学在中国的迅速发展，其背后也意味着学术建制的不断扩张。

（二）类型

传播学在中国的发展从大众传播研究开始，逐渐扩张到与传播发生联系的领域。传播研究自身的高度融合和高度交叉的特点在我国也得到了充分的印证。具体情况见表 1-2 和图 1-2。

表 1–2　中国传播学原创著作各主题出版情况统计

传播学著作主题分类	数量（部）	百分比（%）	传播学著作主题分类	数量（部）	百分比（%）
传播总论	283	12. 35	农村传播	20	0. 87
网络与新媒体	340	14. 84	艺术传播	21	0. 92
大众传播	260	11. 35	人际传播	21	0. 92
媒介经营与管理	193	8. 42	跨文化传播	95	4. 15
文化传播	108	4. 71	工具书	16	0. 70
传播史	151	6. 59	公关传播	14	0. 61
社会传播	77	3. 36	传播美学	13	0. 57
国际传播	86	3. 75	性别传播	12	0. 52
新闻传播	70	3. 06	符号传播	12	0. 52
媒介伦理与法制	53	2. 31	舆论传播	18	0. 79
传播研究方法	36	1. 57	组织传播	11	0. 48
政治传播	38	1. 66	体育传播	9	0. 39
传播学史	37	1. 62	媒介生态	10	0. 44
媒介教育	48	2. 10	语言传播	9	0. 39
对外传播	44	1. 92	健康传播	8	0. 35
广告传播	38	1. 66	旅游传播	7	0. 31
传播心理	31	1. 35	教育传播	7	0. 31
信息传播	31	1. 35	经济传播	6	0. 26
科技传播	26	1. 13	媒介地理	4	0. 17
营销传播	24	1. 05	媒介叙事	4	0. 17

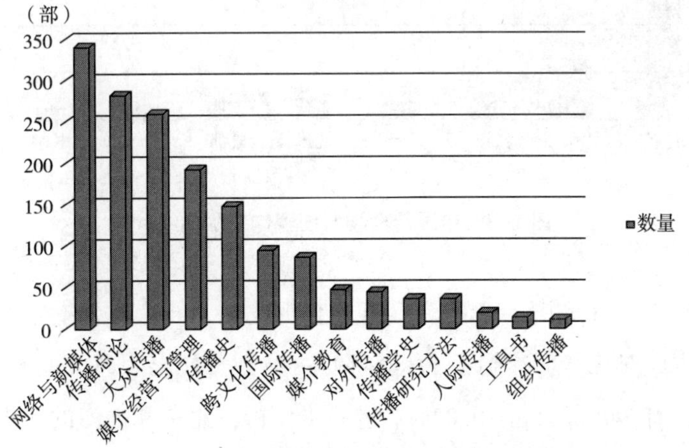

图 1–2　中国传播学原创著作各主题出版情况统计

（三）出版地

在 2 291 部原创著作中，出版地统计见表 1-3 和图 1-3。

表 1-3 中国传播学原创著作出版地统计

出版地	著作数量（部）	百分比（%）
北京	1 360	59. 36
上海	248	10. 82
武汉	110	4. 80
广州	77	3. 36
杭州	73	3. 19
成都	64	2. 79
南京	50	2. 18
长沙	38	1. 66
其他	271	11. 83

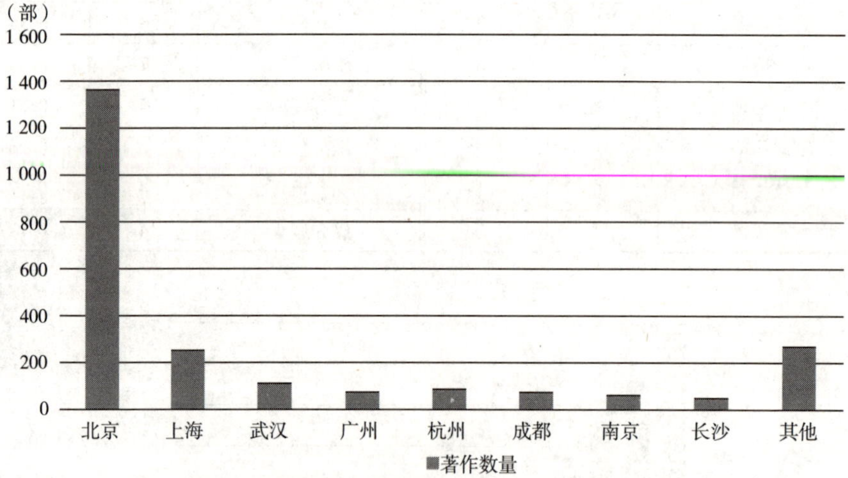

图 1-3 中国传播学原创著作出版地统计

通过对表 1-3 和图 1-3 的观察可以直观发现，北京在传播学原创著作出版数量上占绝对优势，达到了 1 360 部，占原创著作出版总数的 59. 36%。其次是上海，有 248 部，占 10. 82%。进一步分析，北京和上海的诸多高校出版社是传播学原创著作出版的重要据点。在北京出版的 1 360 部原创著作中，有

893 部出自高校出版社，占 65.66%；在上海出版的 248 部原创著作中，有 175 部来自高校出版社，占 70.56%。以下出版社的出版量较大：中国传媒大学出版社（原北京广播学院出版社）有 239 部，中国人民大学出版社有 98 部，北京大学出版社有 81 部，复旦大学出版社有 90 部，中国广播影视出版社（原中国广播电视出版社）有 62 部，新华出版社有 55 部。

根据表 1-4，在第一阶段（1983—1996 年），出版地有 23 个，除北京和上海外，还有成都、峨眉山、广州、桂林、哈尔滨、杭州、合肥、昆明、济南、兰州、南昌、南京、厦门、沈阳、天津、武汉、银川、长沙、长春、郑州、重庆。后三个阶段又出现了保定、福州、贵阳、海口、开封、南宁、石家庄、苏州、太原、西安、镇江、大连、呼和浩特、秦皇岛、湘潭 15 个新城市。第一阶段涌现出的出版地和出版单位较为多样化，第二阶段、第三阶段和第四阶段的出版地更加丰富，但越发集中于北京，其次是上海，以及武汉、杭州、广州、南京、成都和长沙。北京和上海高校众多，特别是在新闻传播研究方面属一线重地，中国人民大学、中国传媒大学、复旦大学的新闻传播学科一直排在全国前列，这些单位的下属出版社自然成为传播学原创著作出版的前沿阵地。另外，第一阶段的出版单位丰富多彩，体现出当时传播学研究在全国铺开的繁荣景象，同时也是各地学人在相对公平的起跑线上比拼新学科的难得岁月。那些当年地处相对偏僻的“学术洼地”的很多青年学人，通过自身不懈的努力，其中很多人早已跻身于当前新闻传播研究的前沿和“重镇”了！这些非中心地域高校的出版社为此做出了贡献。

表 1-4　中国传播学原创著作出版地阶段统计　　单位：部

出版地	出版量（1983—1996 年）	出版量（1997—2004 年）	出版量（2005—2012 年）	出版量（2013—2017 年）
北京	26	209	528	597
上海	12	58	93	85
成都	9	14	21	20
峨眉山	1	0	0	0
广州	3	13	27	34
桂林	1	0	3	2

续表

出版地	出版量（1983—1996 年）	出版量（1997—2004 年）	出版量（2005—2012 年）	出版量（2013—2017 年）
哈尔滨	1	7	2	1
杭州	2	13	31	27
合肥	1	5	7	14
昆明	1	5	4	1
兰州	4	4	2	2
南昌	1	3	1	3
南京	9	9	15	17
厦门	1	5	5	8
沈阳	2	2	4	5
天津	1	2	2	8
武汉	10	15	29	56
银川	1	1	0	0
长春	1	2	4	0
长沙	4	9	18	7
郑州	2	3	8	13
重庆	2	3	6	7
济南	1	1	9	5
保定	0	2	0	1
福州	0	6	8	2
贵阳	0	2	0	2
海口	0	2	0	0
开封	0	1	2	0
南宁	0	1	1	7
石家庄	0	2	2	3
苏州	0	1	8	4
太原	0	1	2	1
西安	0	2	2	7

续表

出版地	出版量（1983—1996 年）	出版量（1997—2004 年）	出版量（2005—2012 年）	出版量（2013—2017 年）
镇江	0	0	1	0
呼和浩特	0	2	2	0
大连	0	0	0	1
秦皇岛	0	0	0	1
湘潭	0	0	0	2

自第二阶段起，出版地域逐渐集中，从一个侧面展现出我国学术发展的地域偏向：大城市，重点高校。学术场域内的诸多资源在近乎垄断式的发展过程中，形成了以北京占绝对优势，上海为次重点，武汉、杭州、广州、南京、成都等地为第一阵容的出版格局。其背后，则是以 985 高校主导、211 高校紧跟、其他高校随从的发展格局。各高校出版社的传播学原创著作出版情况则是各单位学术发展的重要表现。第三阶段和第四阶段，传播学原创著作出版以更加明显的态势集中于大城市。北京作为文化中心以及传播学研究最为集中的地域出版了大部分传播学原创著作，上海的传播学原创著作出版势头依然强劲，其他城市如武汉、杭州、广州、南京、长沙、郑州等地也出版了一定数量的传播学原创著作。大城市和重点高校出版社包揽了大部分传播学著作的出版工作，体现出中国传播学知识生产在出版发行环节的垄断与集群式发展。原创著作出版数量的不断增加则体现出传播学科的蓬勃发展和持续繁荣。

（四）作者

在所统计的 2 291 部原创著作中，共出现作者 2 824 位。作者数量随年代变化见图 1–4。

从图 1–4 可以看到，作者数量整体呈上升趋势，20 世纪 90 年代中期以后增幅迅速扩大。显而易见，作者数量和原创著作数量是对应增长的。作者数量的不断增加显示出研究群体的持续扩大、高水平研究者的不断涌现。

在 2 824 位作者中，周鸿铎以 31 部名列第一，邵培仁、戴元光分别以 25 部、23 部名列第二、三名。陈力丹（19 部）、李彬（14 部）、胡正荣（13

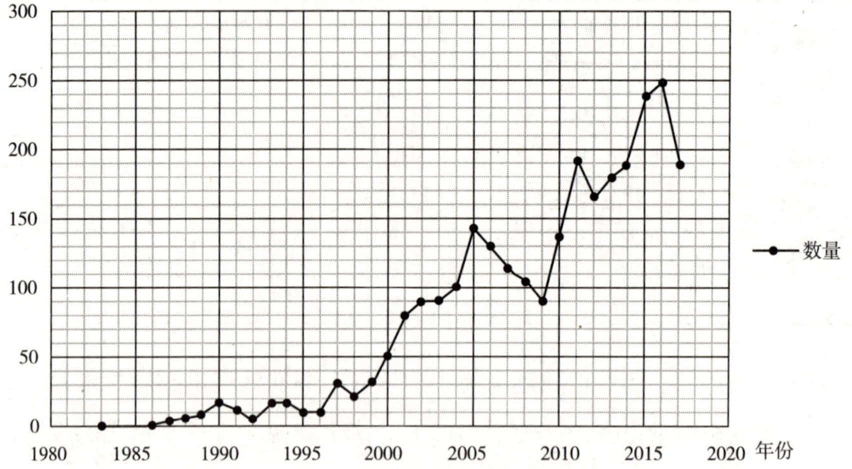

图 1-4　中国传播学原创著作作者数量

部）、张国良（13 部）分列第四名至第七名。吴飞（12 部）、喻国明（11 部）分列第八、第九名。金冠军、吴信训分别有 10 部。杜骏飞有 9 部，匡文波、张咏华分别有 8 部。出版 7 部的作者有 7 位，出版 6 部的作者有 15 位，出版 5 部的作者有 13 位，出版 4 部的作者有 24 位。以上 73 位学者（见表 1-5）贡献了 506 部著作，占传播学原创著作出版总量的 22.09%。此外，出版 3 部的作者有 73 位，出版 2 部的作者有 196 位，其他作者出版了 1 部。

表 1-5　中国传播学原创著作高产作者统计　　单位：部

作者	著作数量	作者	著作数量	作者	著作数量	作者	著作数量
周鸿铎	31	赵建国	7	单波	5	柯惠新	4
邵培仁	25	毕一鸣	7	董天策	5	李继东	4
戴元光	23	卜卫	6	段鹏	5	李智	4
陈力丹	19	蔡帼芬	6	郭镇之	5	刘继南	4
李彬	14	蔡骐	6	李永健	5	刘京林	4
胡正荣	13	陈龙	6	刘利群	5	强月新	4
张国良	13	程曼丽	6	骆正林	5	邱沛篁	4
吴飞	12	胡翼青	6	石义彬	5	王德海	4

续表

作者	著作数量	作者	著作数量	作者	著作数量	作者	著作数量
喻国明	11	李本乾	6	舒咏平	5	屠忠俊	4
金冠军	10	李红艳	6	吴廷俊	5	谢新洲	4
吴信训	10	李希光	6	钟瑛	5	余明阳	4
杜骏飞	9	刘建明	6	展江	4	余秀才	4
匡文波	8	彭兰	6	初广志	4	袁军	4
张咏华	8	童兵	6	段京肃	4	张洪忠	4
陈绚	7	魏永征	6	高红玲	4	张开	4
丁俊杰	7	赵曙光	6	宫承波	4	周宇豪	4
刘笑盈	7	支庭荣	6	黄升民	4		
申凡	7	陈卫星	5	蒋含平	4		
张昆	7	陈阳	5	蒋原伦	4		

通过对图 1-1 和图 1-4 的比较，可以很明显地观察出，原创著作出版的数量和作者数量基本是一致的，这是因为唯一作者的原创著作占多数，为 1 844部，占总数的 80.49%。合著原创著作为 447 部，占总数的 19.51%，作者数是 981 位。作者合著能在一定程度上展现学科研究者合作科研的情况。

进一步分析作者合著的情况，每个阶段都有合著著作出现，后一阶段均明显高于前一阶段，这主要和学科著作出版量越来越大有关（见图 1-5）。20 世纪 80、90 年代合著量相对有限，2000 年后显著升高，1997 年、2002 年、2006 年和 2011 年形成了四个相对高峰，2014—2015 年间增长迅猛，2015 年以后稳定在 40 部上下。从绝对数量上看，中国传播学著作的合著比例不高。走向合作是学科发展繁荣的重要标志之一，合作本身也推动了学科研究的进步与创新。

二、中国传播学原创著作的知识地图

中国传播学经过 40 年的发展，已经积累了相当数量的著作。那么这些著作分别涵盖了哪些传播学研究内容？各自具体的主题分别是什么？即我国的传播学研究产出了什么成果？涉及了学科哪些方面？形成了怎样的知识地图？

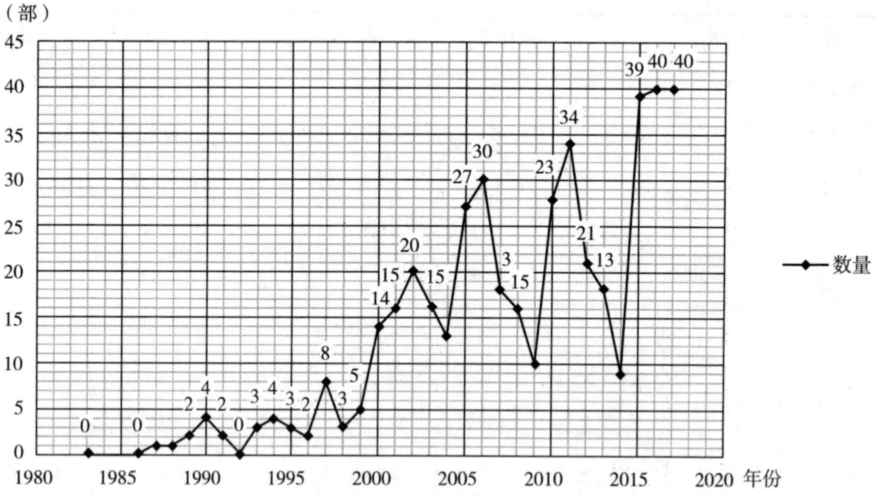

图 1-5　中国传播学原创著作合著数量年代变化

为了进一步反映各个研究主题之间的关系结构，本书利用社会网络分析方法，研究这些主题词的共现情况并进一步绘制出知识图谱，以便宏观反映该领域研究主题的结构，即主要的学术方向、学术兴趣和学术领域。具体做法是：将收录统计的 2 291 部中国传播学原创著作的主题词进行录入，先选择频次不少于 2 次的主题词，然后计算它们中任意两个主题词在所有原创著作中同时出现的次数，并将共现计算得到的数据用社会网络分析中常用的 Pajek 软件将其可视化，这样就得到了图谱。图谱中的每个顶点代表 1 个主题词，顶点之间的连线代表这 2 个词有同时出现在一部著作中的情况，线条粗重的说明它们共同出现在同一部著作中的次数多，反之则共同出现在同一部著作中的次数少。依照以上的阶段划分，分别形成 1983—1996 年、1997—2004 年、2005—2012 年、2013—2017 年四张图谱。

（一）阶段一（1983—1996 年）

阶段一的 96 部著作共出现主题词 51 个，出现 2 次以上的主题词有 22 个。出现频次最高的是“传播”（70）、“概论”（31）和“大众传播”（12），说明作为新学科的传播学需要更多人群的了解和研究，对传播学基础理论的介绍成为最为重要的工作，相关的著作编写随之出现。同时，对基础理论的研究也是学科起步时期最重要的工作。其他方面，各类交叉研究开始起步，让此阶段的关键词变得丰富，“新闻”“宣传”“教育”“信息”“文化”等词汇的出现证明了这一点。“中国”一词的出现，则体现出我国学人在引进传播学的过程中注重结合我国历史与实践，具有中国化研究的意识。本阶段的高频词定为出现频率为 2 次以上的主题词，具体可见表 1-6 和图 1-6。

表 1-6　中国传播学原创著作（1983—1996 年）高频主题词统计（词频≥2）

主题词	词频	主题词	词频	主题词	词频	主题词	词频
传播	70	教育	4	广告	3	现代化	2
概论	31	信息	4	社会	3	舆论	2
大众传播	12	文化	4	应用	2	理论	2
新闻	8	技巧	3	传统文化	2	健康	2
公共关系	6	中国	3	历史	2		
宣传	5	词典	3	艺术	2		

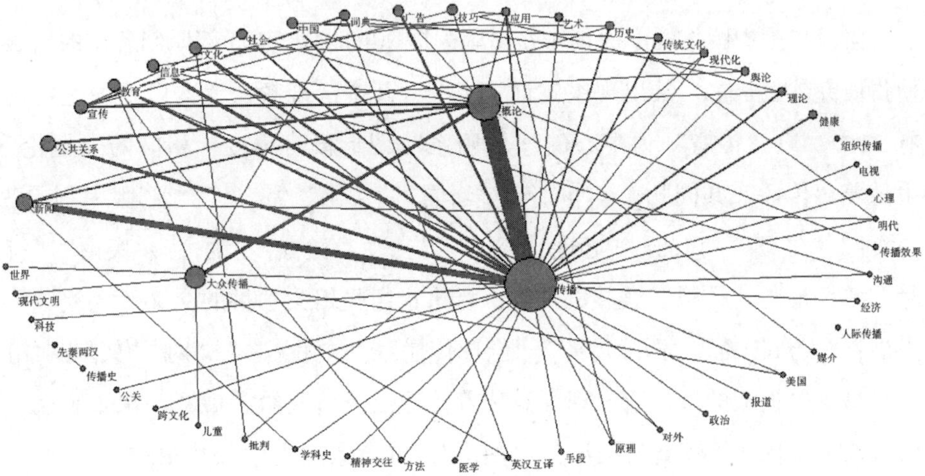

图 1-6　中国传播学原创著作（1983—1996 年）的主题结构

（主题词频次≥2，共现频次≥1）

这一阶段的著作较少，因此图谱也相对简单。整体看来，这一时期的研究是一个典型的以“传播”为绝对中心的“太阳系”图形。最强烈的连接是

“传播”+“概论”，说明了以教材为主体的著作创作特点。以“大众传播”为主题的研究也形成了一个小子系统，说明了大众传播研究在传播学研究中所占的比例较大。“新闻”+“传播”也是一个重要的研究领域。此外，传播学研究的交叉性在第一阶段已经非常清晰地显示出来。图形中三角连接相对较少，说明传播研究正在以核心词“传播”为中心不断向外生发，而各研究之间还未形成有效连接，各研究之间还没有出现再融合的联系。在以“传播”为核心词汇的周围，出现了若干个与传播相交叉的跨学科领域：“公共关系”“教育”“信息”“文化”“广告”“社会”“历史”“艺术”“舆论”“心理”“经济”等主题词与传播的连接，意味着许多相关学科已经开始用传播学的视野进行新的分析与阐释，而“健康”“电视”“儿童”等词汇的出现则意味着许多领域研究需要多学科来共同完成，其中就包括传播学的参与。在中国传播学研究的起步阶段，许多学人运用多学科视野进行交叉研究，这一思路近乎源自灵感，抑或是传播研究自身性质使然。

（二）阶段二（1997—2004 年）

阶段二是中国传播学原创著作出版大提速的时代，405 部原创著作的出版使得研究越发丰富。共出现主题词 251 个，其中出现频次 3 次以上的主题词有 57 个。以“传播”为中心的“太阳系”图形没有改变，相应的“概论”也随着“传播”共同壮大。“网络”“新闻”“文化”“信息”“管理”“社会”“产业”“经营”“广告”“心理”“法”“艺术”“教育”“语言”“舆论”“符号”等词汇与“传播”连接的加强，意味着这些相关学科的交叉研究领域的发展；“大众传播”“国际传播”“全球传播”“国际关系”“对外传播”“组织传播”等词汇的增加或出现则意味着传播层级研究给予展开和深入。这一阶段新出现且词频较高的词汇是“网络”，其背景则是学界从 1997 年开始对网络传播研究的极大关注；“经营”是另外一个增长速度极快的词汇，其背后则是中国传媒产业的大变革与调整。此外，“媒体”“媒介”“受众”等则意味着传播理论本身建构的加强。本阶段的高频词定为出现频率为 3 次以上的主题词，具体可见表 1-7。

表 1-7　中国传播学原创著作（1997—2004 年）高频主题词统计（词频≥3）

主题词	词频	主题词	词频	主题词	词频	主题词	词频
传播	219	广告	11	艺术	5	发展	3
概论	74	心理	10	数字	5	人	3
媒体	69	理论	9	教育	5	革命	3
网络	59	电视	8	方法	4	古代	3
新闻	46	实务	8	国际	4	全球化	3
大众传播	29	研究	7	外国	4	研究方法	3
媒介	27	技术	7	美国	4	世界	3
文化	27	经济	7	媒介批评	4	西方	3
信息	24	国际传播	7	全球	4	对外传播	3
历史	23	新媒体	6	国际关系	4	符号	3
中国	22	受众	6	策略	3	案例	3
社会	14	战略	6	战争	3	危机	3
管理	14	科技	5	知识	3		
产业	14	法	5	语言	3		
经营	13	跨文化	5	舆论	3		

从主题词的共现关系上看，“传播”+“概论”依然是最强有力的连接，说明教材依然是著作中发展最快的，其次是“网络”+“传播”，“新闻”+“传播”，“文化”+“传播”，“信息”+“传播”，等等。从三角关系来看，“网络”+“传播”+“概论”形成了最强有力的三角连接，其次是“媒体”+“经营”+“管理”，“新闻”+“传播”+“概论”，“中国”+“传播”+“历史”，“新闻”+“传播”+“历史”，等等。这些构成了此阶段中国传播学原创著作研究中的主要主题。此外，此阶段出现了很多主题词，显示出传播学研究的丰富性。

从整体图形上观察（图 1-7），主题词之间的连接更加丰富，三角甚至多角连接较为繁复，但强连接比较有限。除了以上分析的强连接之外，其他主题词之间的共现关系数相对较少，这说明各研究之间的勾连尚处于初建阶段。蛛网式图形开始初步形成，标志着中国传播学研究开始体系化。

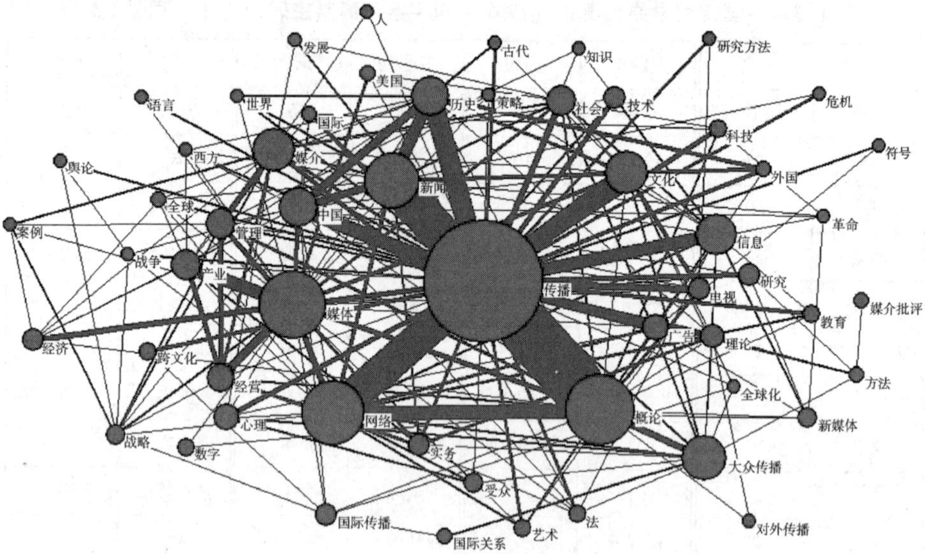

图 1-7　中国传播学原创著作（1997—2004 年）的主题结构

（主题词频次≥3，共现频次≥1）

（三）阶段三（2005—2012 年）

阶段三较之于前两阶段，所出现的高频主题词数量明显增多，“传播”出现了 490 次，“概论”达到 117 次，“媒体”“新闻”“媒介”“中国”“网络”等词汇，基本构成了中国传播研究最主要的高频词汇。此阶段的 848 部原创著作中，共出现主题词 689 个，其中出现 2 次以上的主题词有 229 个，出现 5 次以上的主题词有 84 个，可见中国传播研究的规模扩张速度是很快的，研究涉及面扩展迅速。本阶段的高频词定为出现频率为 5 次以上的主题词，具体可见表 1-8。

表 1-8　中国传播学原创著作（2005—2012 年）高频主题词统计（词频≥5）

主题词	词频	主题词	词频	主题词	词频	主题词	词频
传播	490	技术	13	媒介批评	8	制度	6
概论	117	经营	13	案例	7	实务	6
媒体	99	广播	12	研究	7	全球传播	6
新闻	85	发展	12	艺术	7	乡村	6
媒介	81	心理	12	策略	7	符号	6
中国	71	品牌	12	对外传播	7	影像	6

续表

主题词	词频	主题词	词频	主题词	词频	主题词	词频
网络	56	媒介融合	12	全球化	7	大众传媒	6
历史	49	数字	12	政府	7	世界	6
文化	47	法	11	国家形象	7	国家	5
大众传播	41	信息	11	法规	7	体育	5
社会	30	跨文化	11	舆论	7	调查	5
理论	24	转型	11	受众	7	出版	5
经济	24	传媒	11	危机	6	危机传播	5
新媒介	24	政治	10	策划	6	全球	5
电视	23	科技	10	影视	6	旅游	5
新媒介	22	产业	10	语言	6	手机	5
管理	21	应用	10	美国	6	话语	5
国际传播	19	战略	10	西方	6	国际	5
媒介素养	17	教育	9	外国	6	范式	5
广告	15	实践	8	创新	6		
研究方法	15	思想	8	效果	6		
伦理	13	农业	8	营销	6		

阶段三延续了阶段二的发展势头，各个主题的出版量都有很大程度的增长，从图 1-8 中每个主题词圆点的大小就能直观发现。“传播”依然是最重要的主题词汇，其次是“概论”“媒体”“新闻”“媒介”“中国”“网络”“历史”“文化”“大众传播”等，以“传播”为中心的“太阳系”图形依然没有改变。从共现规律上看，“传播”+“概论”依然是最强连接，其次是“新闻”+“传播”，“网络”+“传播”，“中国”+“传播”，“文化”+“传播”，“传播”+“历史”，“经营”+“管理”，等等。从三角连接来看，“新闻”+“传播”+“概论”形成最强连接，其次是“网络”+“传播”+“概论”，“新闻”+“传播”+“历史”，“中国”+“传播”+“历史”，等等。另外，一些研究领域开始逐渐扩展，如“媒介融合”“媒介素养”“国际传播”“传播心理”“全球传播”“新媒体”“研究方法”等主题词正不断壮大。其他还有若干新出现的研究领域，具体可见图 1-8。

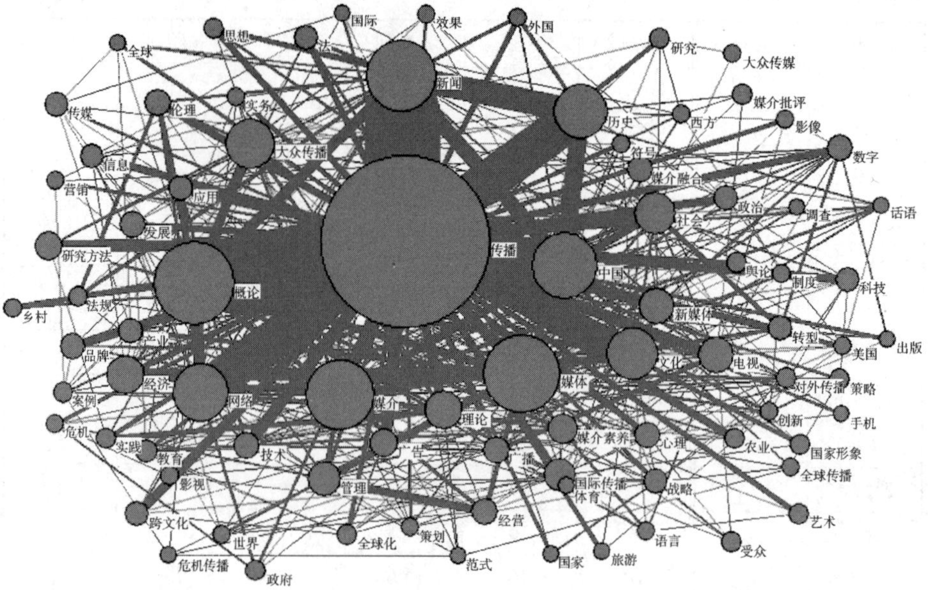

图 1-8　中国传播学原创著作（2005—2012 年）的主题结构

（主题词频次≥5，共现频次≥1）

（四）阶段四（2013—2017 年）

阶段四共出版了 942 部原创著作，出现主题词 978 个，其中出现 5 次以上的主题词有 80 个，出现 2 次以上的主题词有 330 个。其中，“传播”共出现 367 次，“媒体”出现 127 次，“新闻”出现 84 次，“概论”出现 79 次。“媒介”“新媒体”“文化”“网络”“发展”“中国”“电视”“社会”“国际传播”等词汇也出现 20 次以上。较之于阶段三，阶段四的五年时间内出版原创著作的数量和内容涉及广度上均有所超越，体现出中国传播学知识生产的不断加速和多向拓展。本阶段的高频词定为出现频率为 5 次以上的主题词，具体可见表 1-9。

表 1-9　中国传播学原创著作（2013—2017 年）高频主题词统计（词频≥5）

主题词	词频	主题词	词频	主题词	词频	主题词	词频
传播	367	品牌	13	大众传播	8	环境	5
媒体	127	传播史	13	舆论	8	实务	5

续表

主题词	词频	主题词	词频	主题词	词频	主题词	词频
新闻	84	产业	13	马克思主义	8	模式	5
概论	79	广告	12	艺术	8	规制	5
媒介	67	国际	11	建构	7	传播思想	5
新媒体	51	创新	11	互动	7	市场	5
文化	50	历史	11	传播策略	7	海外传播	5
网络	34	营销	11	话语	7	技术	5
发展	32	互联网	11	内容	7	生态	5
中国	23	转型	11	广播	7	蓝皮书	5
电视	22	对外传播	10	女性	6	危机传播	5
社会	22	实践	10	语境	6	西方	5
国际传播	20	政治	9	经营	6	人际传播	5
大众媒体	18	伦理	9	融媒体	6	法规	5
跨文化	18	全球	9	美国	6	方法	5
教育	14	少数民族	9	变革	6	全球化	5
文学	14	媒介融合	9	国家形象	6	汉语	5
体育	13	文化传播	9	信息	6	微博	5
管理	13	案例	8	影视	5	政府	5
数字	13	热点	8	数字化	5	接受	5

阶段四的主题词比阶段三更多，各个主题原创著作的出版量在上阶段基础上更进一步发展，以“传播”为核心，“媒体”“新闻”“概论”“媒介”“新媒体”“文化”“网络”“发展”“中国”“电视”“社会”“国际传播”作为主要词汇围绕在其周围，其他主题词共同编织成错综复杂的蛛网结构。从共现规律上看，“新闻”+“传播”成为最强连接，其次是“传播”+“概论”，“文化”+“传播”，“新媒体”+“传播”，“网络”+“传播”，“媒介”+“传播”，“中国”+“传播”，“媒体”+“管理”，“媒体”+“产业”，等等。从三角连接来看，“新闻”+“传播”+“概论”依然是最强连接，其次是“中国”+“新闻”+“传播”，“新闻”+“传播”+“教育”，“传

播”+“媒体”+“发展”，“传播”+“媒体”+“概论”，“文化”+“传播”+“媒介”，等等。此外，“媒介融合”“融媒体”“自媒体”“微博”“微传播”“社会化媒体”“大数据”“舆情传播”“微时代”等一系列围绕新媒体的研究越发成为这个时代的特色。通过图形直观分析，各个研究领域的著作出版数量都有很大提升，除了以上提到的几大超强主题词连接外，各研究主题词之间基本都有或强或弱的连接，整个蛛网结构已经比较繁复，而几大重要研究领域的基本确立也标志着中国传播学研究已经初步确定了研究主体。复杂蛛网结构的形成说明研究规模已经扩张到了一定程度，那些新出现的主题词所代表的新研究领域则为以后的传播学研究带来更多的可能性。具体如图 1–9 所示。

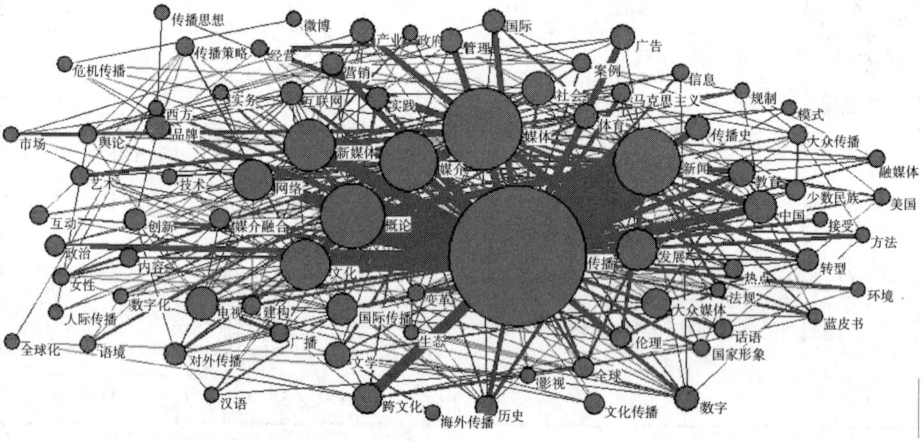

图 1–9　中国传播学原创著作（2013—2017 年）的主题结构

（主题词频次≥5，共现频次≥1）

综观四个阶段，各类“概论”类原创著作占据出版整体的多数，根据统计数据，共有 301 部原创著作的主题词出现“概论”，可见传播学作为新兴学科在介绍学科全貌方面花费了不少工夫。从传播研究的领域来看，网络与新媒体研究的原创著作最多，其次是传播理论、媒介经营与管理、大众传播、文化传播、传播史、国际传播、新闻伦理与法制、政治传播、传播学史、媒介素养、对外传播等。传播与广告、营销、科技、心理、艺术、公关、美学、教育、体育等多学科领域的交叉则显示出传播学的跨学科特色。从时代发展的角度来观察传播学著作研究热点，可以发现，介绍学科全貌的“概论”类著作一直是著作创作的热点之一。另一大横亘始终的研究热点是传播学研究中的“重头戏”——大众传播。20 世纪 80 年代末、90 年代初，医学传播、经济传播、政治传播、教育传播、艺术传播、传播心理等交叉研究领域纷纷出版著作。20 世纪 90 年代中后期开始，网络与新媒体研究类著作大量出现；与此同时，媒介经营管理研究著作也开始出现并不断增多。21 世纪以来，传播学交叉研究继续扩展领域，网络与新媒体、媒介经营管理研究加速发展并深化。从传播学著作出版的主题分析可以发现，中国传播学研究一直重视做实基础研究，不断尝试发展交叉研究，并根据传媒业发展与科技进步等现实因素紧跟时代热点，发展传播前沿研究。

三、中国高被引传播学原创著作特征分析

被引证频次是衡量科研成果影响力的重要标准。40 年来的中国传播学发展已经积累了丰硕的成果，其中很多高质量著作和论文对本学科乃至其他学科都产生了一定的影响。作为研究学术成果影响力的重要方法，引证分析是“利用种种数学和统计学的方法以及比较、归纳、抽象、概括等逻辑方法，对科学期刊、论文、著者等各种分析对象的引用或被引用现象进行分析，以揭示其数量特征和内在规律的一种文献计量研究方法”[①]，“利用引证数表征科研成果质量，是科学计量学特有的一种方法，引证是知识被他人利用之后留下的痕迹，是既客观又现实可资利用的资源”[②]。

相较于其他各种数据库，中国知网知识资源总库（China National Knowledge Infrastructure，CNKI）所收集的各类资料涉及面最宽、数据量最大，因为中国知网是以实现全社会知识资源传播与增值利用为目标的信息化建设项目，为全社会知识资源高效共享提供最丰富的知识信息资源和最有效的知识传播与数字化学习平台。因此，通过中国知网进行传播学原创著作被引情

① 李济滨：《新时期期刊出版研究》，郑州：中原农民出版社 2006 年版，第 217 页。

② 张彦：《科学价值系统论——对科学家和科学技术的社会学》，北京：社会科学文献出版社 1994 年版，第 248 页。

况的统计，能从学科发展整体反映学科水平，展现出学科发展的整体特点倾向。

笔者选取CNKI中国引文数据库，数据收集时间为：2018年1月10日；选择统计时段为：1983—2017年；选取子库为“信息与传播理论”；选择来源文献范围为：期刊库，学位论文库，会议论文库。人工甄别去除此子库中的信息科学类著作后，统计结果如下：被引用1次以上的中国传播学原创著作共有741部，被引用5次以上的共有515部，被引用10次以上的共有458部，被引用50次以上的共有303部，被引用100次以上的共有210部，被引用500次以上的共有41部，被引用1 000次以上的共有12部，被引用超过10 000次的有1部。传播学原创著作在CNKI总数据库中总被引次数达到107 665次，这体现出中国传播学研究可观的体量和影响力。

被引排名位于前列的原创著作中，被引次数超过300的排名前86的原创著作被引次数总和就达到了73 506次，占原创著作总被引量的68.27%，定为中国传播学高被引原创著作。具体著作信息见表1-10。

表1-10 被引次数超过300的中国传播学原创著作统计

排名	作者	书　名	出版地	出版社	出版年	被引	他引
1	郭庆光	传播学教程	北京	中国人民大学出版社	1999	19 223	19 223
2	邵培仁	传播学	北京	高等教育出版社	2000	2 422	2 422
3	张国良	传播学原理	上海	复旦大学出版社	1995	1 851	1 851
4	彭兰	网络传播概论	北京	中国人民大学出版社	2001	1 785	1 785
5	李彬	传播学引论	北京	新华出版社	1993	1 731	1 731
6	胡正荣	传播学总论	北京	北京广播学院出版社	1997	1 508	1 508
7	张国良	20世纪传播学经典文本	上海	复旦大学出版社	2005	1 413	1 413
8	张国良	新闻媒介与社会	上海	上海人民出版社	2001	1 341	1 341
9	蒋宏 徐剑	新媒体导论	上海	上海交通大学出版社	2006	1 292	1 292
10	刘建明	舆论传播	北京	清华大学出版社	2001	1 188	1 188
11	潘知常 林玮	大众传媒与大众文化	上海	上海人民出版社	2002	1 176	1 173

续表

排名	作者	书　名	出版地	出版社	出版年	被引	他引
12	陈卫星	传播的观念	北京	人民出版社	2004	1 169	1 169
13	张开	媒介素养概论	北京	中国传媒大学出版社	2006	930	930
14	郑兴东	受众心理与传媒引导	北京	新华出版社	1999	900	900
15	蒋原伦	媒体文化与消费时代	北京	中央编译出版社	2004	892	892
16	胡百精	危机传播管理	北京	中国传媒大学出版社	2005	845	845
17	谢新洲	网络传播理论与实践	北京	北京大学出版社	2004	832	832
18	郑兴东	受众心理与传媒引导（修订本）	北京	新华出版社	2004	813	813
19	张隆栋	大众传播学总论	北京	中国人民大学出版社	1993	804	804
20	邵培仁	传播学导论	杭州	浙江大学出版社	1997	789	789
21	刘建明	宣传舆论学大辞典	北京	经济日报出版社	1993	778	778
22	张昆	大众媒介的政治社会化功能	武汉	武汉大学出版社	2003	754	754
23	戴元光 金冠军	传播学通论	上海	上海交通大学出版社	2000	752	750
24	周庆山	传播学概论	北京	北京大学出版社	2004	751	751
25	卜卫	媒介与性别	南京	江苏人民出版社	2001	716	716
26	喻国明	传媒影响力	广州	南方日报出版社	2003	705	705
27	张海鹰 滕谦	网络传播概论	上海	复旦大学出版社	2001	690	690
28	刘晓红 卜卫	大众传播心理研究	北京	中国广播电视出版社	2001	689	689
29	邵培仁 陈兵	媒介战略管理	上海	复旦大学出版社	2003	670	667
30	闵大洪	数字传媒概要	上海	复旦大学出版社	2003	648	648
31	方兴东 王俊秀	博客	北京	中国方正出版社	2003	628	627
32	蔡帼芬 张开 刘笑盈	媒介素养	北京	中国传媒大学出版社	2005	608	608

续表

排名	作者	书　名	出版地	出版社	出版年	被引	他引
33	沙莲香	传播学：以人为主体的图象世界之谜	北京	中国人民大学出版社	1990	597	597
34	刘京林	大众传播心理学（第二版）	北京	中国传媒大学出版社	2005	586	586
35	李希光 赵心树	媒体的力量	广州	南方日报出版社	2002	569	568
36	钟瑛	网络传播伦理	北京	清华大学出版社	2005	568	568
37	刘继南 周积华 段鹏	国际传播与国家形象：国际关系的新视角	北京	北京广播学院出版社	2002	558	558
38	张国良	现代大众传播学	成都	四川人民出版社	1998	536	536
39	戴元光	传播学研究理论与方法	上海	复旦大学出版社	2003	530	530
40	张咏华	媒介分析：传播技术神话的解读	上海	复旦大学出版社	2002	506	506
41	熊澄宇	新媒介与创新思维	北京	清华大学出版社	2001	500	500
42	匡文波	网络传播学概论	北京	高等教育出版社	2004	498	498
43	吴文虎	传播学概论	武汉	武汉大学出版社	2000	478	478
44	陆小华	整合传媒	北京	中信出版社	2002	475	475
45	黄升民 丁俊杰	媒介经营与产业化研究	北京	北京广播学院出版社	1997	475	470
46	吴风	网络传播学—— 一种形而上的透视	北京	中国广播电视出版社	2004	472	472
47	石义彬	单向度超真实内爆：批判视野中的当代西方传播思想研究	武汉	武汉大学出版社	2003	467	467
48	周鸿铎	文化传播学通论	北京	中国纺织出版社	2005	466	466
49	邵培仁	传播学（第二版）	北京	高等教育出版社	2007	463	459
50	明安香	信息高速公路与大众传播	北京	华夏出版社	1999	452	452

续表

排名	作者	书　名	出版地	出版社	出版年	被引	他引
51	支庭荣	大众传播生态学	杭州	浙江大学出版社	2004	452	452
52	邵培仁	媒介管理学	北京	高等教育出版社	2002	451	450
53	潘知常 林玮	传媒批判理论	北京	新华出版社	2002	451	451
54	刘利群	社会性别与媒介传播	北京	中国传媒大学出版社	2004	449	449
55	喻国明	媒介的市场定位：一个传播学者的实证研究	北京	北京广播学院出版社	2000	446	446
56	杜骏飞	网络传播概论	福州	福建人民出版社	2004	438	438
57	吴宜蓁	危机传播：公共关系与语艺观点的理论与实证	苏州	苏州大学出版社	2005	419	419
58	林之达	传播心理学新探	北京	北京大学出版社	2004	414	414
59	匡文波	网络媒体概论	北京	清华大学出版社	2001	410	410
60	段京肃	传播学基础理论	北京	新华出版社	2003	395	395
61	南帆	双重视域	南京	江苏人民出版社	2001	391	391
62	鲁曙明 洪俊浩	传播学	北京	中国人民大学出版社	2007	386	386
63	刘京林	大众传播心理学	北京	北京广播学院出版社	1997	382	382
64	支庭荣	媒介管理	广州	暨南大学出版社	2000	373	373
65	吴飞	传媒影响力	北京	中国传媒大学出版社	2005	372	372
66	王岳川	媒介哲学	开封	河南大学出版社	2004	360	360
67	董天策	传播学导论	成都	四川大学出版社	1995	349	348
68	匡文波	网民分析	北京	北京大学出版社	2003	347	347
69	柯惠新	传播统计学	北京	北京广播学院出版社	2003	341	341
70	杜骏飞	弥漫的传播	北京	中国社会科学出版社	2002	338	338
71	崔保国	信息社会的理论与模式	北京	高等教育出版社	1999	336	336
72	关世杰	国际传播学	北京	北京大学出版社	2004	336	336
73	刘继南	大众传播与国际关系	北京	北京广播学院出版社	1999	332	332

续表

排名	作者	书　名	出版地	出版社	出版年	被引	他引
74	匡文波	网络传播学概论	北京	高等教育出版社	2001	331	331
75	胡钰	大众传播效果：问题与对策	北京	新华出版社	2000	329	329
76	刘建明	媒介批评通论	北京	中国人民大学出版社	2001	329	329
77	黄晓钟 杨效宏 冯钢	传播学关键术语释读	成都	四川大学出版社	2005	318	317
78	李凌凌	网络传播理论与实务	郑州	郑州大学出版社	2004	312	312
79	赵子忠	内容产业论	北京	中国传媒大学出版社	2005	310	310
80	李培林	读图时代的媒体与受众	北京	新华出版社	2005	306	306
81	庄晓东	文化传播：历史、理论与现实	北京	人民出版社	2003	305	304
82	宋莉华	明清时期的小说传播	北京	中国社会科学出版社	2004	304	304
83	吴飞 王学成	传媒·文化·社会	济南	山东人民出版社	2006	304	303
84	许正林	欧洲传播思想史	上海	上海三联书店	2005	301	301
85	孙旭培	华夏传播论：中国传统文化中的传播	北京	人民出版社	1997	300	300
86	张咏华	大众传播社会学	上海	上海外语教育出版社	1998	300	300

（一）高被引原创著作的数量分布与类别

根据以上数据，第一阶段（1983—1996 年）共出现高被引著作 6 部，第二阶段（1997—2004 年）为 63 部，第三阶段（2005—2012 年）为 17 部，第四阶段（2013—2017 年）暂无。第二阶段出版的高被引著作数量最多，占到了总数的 73. 26%。从高被引原创著作的类型来看，“教程”“原理”“概论”“总论”“引论”等整体介绍传播学的著作较多。从研究领域来看，主要涉及网络与新媒体、媒介经营与管理、大众文化、媒介素养、传播心理、传播史、国际传播、工具书等。高被引著作从 1990 年开始零星出现，到了 20 世纪末开始加速，1999 年到 2005 年是出现高被引著作的持续高峰时代，这些年份出现的许多著作成为中国传播学的“经典”。

具体来看，超过半数的原创著作具有“概论”性质，内容涉及传播总论、媒介经营与管理、传播心理、文化传播、国际传播、网络与新媒体等。这些著作不仅代表着我国传播学界对传播学科的研究高度，更作为教材为广大传媒专业学生使用，从而在科研成果中被作为基础理论来源而引用，这也是这些兼具专著和教材双重属性的原创著作获得高被引的重要原因。在排名前 10 位的传播学原创著作中，除《20 世纪传播学经典文本》这本文献类工具书之外，其他全是畅销教材以及很多高校考研指定书目。排名第一的《传播学教程》的被引量一家独大，达到了 19 223 次，大约是排名第 2 到第 14 的著作被引数之和！很明显，在学科研究的初始阶段，学人们在寻找“根基”的过程中，倾向于将著名的教材当作基础理论引用的对象。通过观察被引量可以发现，这些高被引原创著作已经逐渐成为中国传播学发展的“经典”。20 世纪末至 21 世纪初是中国传播学出现“理论经典”著作的主要时段。

（二）高被引原创著作的研究主题图谱分析

通过对被引 1 次以上的高被引中国传播学原创著作的主题词提取，绘制成如图 1-10 所示的图谱。

从图谱的整体来看，“传播”是最重要的中心词汇，其次是“媒体”和“概论”，此外还有“大众传播”“媒介”“网络”“心理”等主要主题词。从共现关系上来看，“传播”+“概论”形成了最有力的连接，“传播”+“网络”、“传播”+“文化”、“传播”+“历史”之间的连接也相对紧密。另外一个中心则是“媒体”，“媒体”+“概论”、“媒体”+“经济”、“媒体”+“管理”、“媒体”+“经营”、“媒体”+“网络”等连接也较为频繁。从三角关系上来分析，“传播”+“网络”+“概论”形成了最有力的三角联系，其他还有“传播”+“信息”+“概论”、“媒体”+“网络”+“概论”、“媒介”+“经营”+“产业”。这些就是高被引著作的主要研究内容。

从图谱中各主题词之间的连接网络来看，整体具有一定的密集性，三角连接较为繁复，蛛网格局已初步形成。也就是说，以被引传播学著作的整体情况来分析，中国传播学研究涉及的领域较为宽广，主要形成了以“传播”

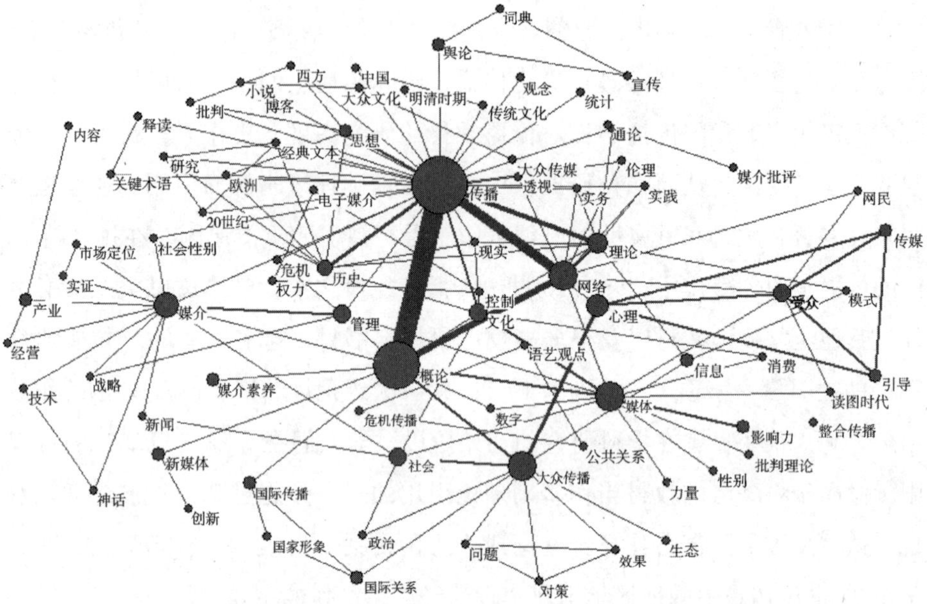

图 1-10　传播学高被引原创著作（1983—2017 年）的主题结构

（主题词频次≥1，共现频次≥1）

“媒体”“网络”“媒介”等为核心词汇的发散研究。从著作性质来看，教材受到的关注最多，主要包括传播概论、网络传播概论、信息传播概论、大众传播概论等。从研究领域来看，受到关注最多的研究领域有大众传播、网络传播、媒体经营管理等。

为了能让最重要的主题词更明确地反映出来，下面选取了词频出现 2 次以上的前 30 个主题词，生成图谱，如图 1-11 所示。

通过最集中的 30 个词汇及其之间的关系，可以直观地发现被关注最高的传播学原创著作的研究领域分别是：传播概论，网络传播，媒体经营管理，大众传播，文化传播，信息传播，新闻传播，新媒体，媒介批评，国际传播，媒介素养，受众心理，宣传，传播方法，等等。与前文数据比较，传播学著作出现频次最高的主题词与被引著作出现的高频主题词基本吻合，即成果数量最多的那些研究领域大都是被关注最多的研究领域。

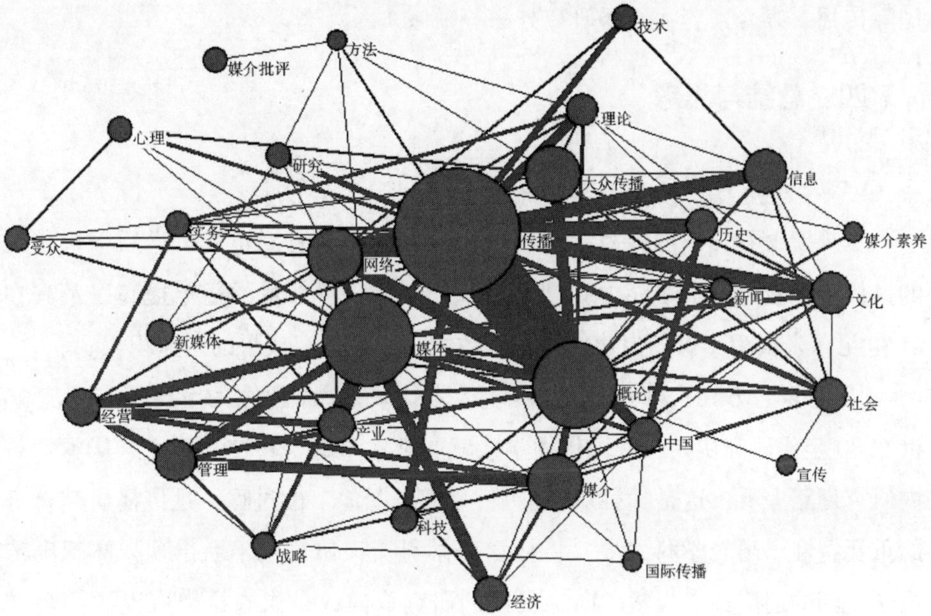

图 1-11　传播学高被引原创著作的主题结构（主题词频次≥2，共现频次≥1）

（三）作者分析

统计显示，741 部被引 1 次以上的著作共出现作者 656 位。最引人注目的，是郭庆光以 1 本著作名列被引排名第一。高校大扩招背景下的新闻传播专业发展，学科建制的急速膨胀，以及研究生招生规模的超常发展，造成了对教材的大量需求，势必会出现一批著名教材，而郭庆光的《传播学教程》则无可争议地达到了顶峰，在全国范围内被广泛地使用。

从高被引著作创作数量上看，邵培仁以 5 部高居榜首，张国良、匡文波分别有 4 部，刘建明有 3 部，卜卫、戴元光、杜骏飞、刘继南、刘京林、潘知常、吴飞、喻国明、张开、张咏华、郑兴东、支庭荣等分别有 2 部，其他作者有 1 部。

从高被引著作作者开辟的领域来看，邵培仁的高被引著作集中于传播理论和媒介经营管理，张国良的高被引著作主要集中于传播理论、大众传播与社会，李彬、陈卫星的高被引著作集中于传播理论，喻国明、吴飞的高被引著作集中于媒介经营管理。其他学者分布于文化传播、网络与新媒体研究、国际传播、媒介素养、传播研究方法等领域。

四、总结与思考

（一）中国传播学原创著作出版总结

从规模上看，中国传播学原创著作出版是自新时期正式引进后很快出现的，体现了较强的学习能力和创新意识。著作出版数量的逐年提高以及其在21世纪以来很多年份的高速发展，则说明了学科研究成果的迅速积累。

从研究类型来看，跨学科交叉研究是中国传播学研究的主要特点。从20世纪80年代研究伊始，我国传播学人就非常注重跨学科交叉研究。从本学科内研究理路上看，这是学科知识扩张、“跑马圈地”的过程，是传播研究自身的重要特性。随着学科发展，传播学跨学科交叉研究仍不断出现，体现出传播学广阔的适应性。当然，向外发散的研究取向或是像施拉姆所说的“公交车站”的形式，若是只有人路过而很少有人驻足，那么站在长远发展的角度上，学科存在的意义则容易受到质疑。

在出版地方面，传播学原创著作出版地自初始阶段就比较丰富，这充分印证了20世纪80年代出现的新学科给各地学人带来的相对平等的研究机会和自由的学术想象空间，而这铸就了当代中国传播学研究的基础，很多重要的研究思路（比如交叉研究）就是在那个时候确定的，并一直影响到当前的研究。北京、上海一直是传播学书籍出版的重镇，一些传播学研究领先的高校出版社发挥了重要作用，这在一定程度上反映了学术高地的重要性。

在作者方面，原创著作作者数量随年代变化不断增加，符合现实著作出版的情况。但作者合著率相对不高，这说明学科研究有待于进一步走向深入。

从主题图谱分析，中国传播学的主题研究不断丰富，各主题之间的连接程度逐渐繁复，蛛网式图谱说明传播学研究不断走向深入。从阶段一的多触角扩散式研究，到阶段二的蛛网状结构初步形成，网络与新媒体、媒介经营管理、新闻传播等领域的研究逐渐密集，再到阶段三、阶段四的整体蛛网构架的不断复杂化，各领域研究数量大幅度增加，传播学研究规模扩张已经相当可观，以此研究体量可以支撑日后的学科深化。综观近40年来的研究，

“概论”类著作一直是传播学原创著作出版的重要部分，这些书籍包含着学人对传播学的认识，但其最重要的用途是被不断增加的传媒专业学生当作教材使用。网络与新媒体、新闻传播、大众传播、文化传播、传播史、媒介经营管理等是最密集的研究领域，而媒介素养、媒介生态、媒介地理等新兴研究领域的发展不断为传播学研究提供新元素。新的主题词层出不穷，为以后的学科研究提供了更多的可能性，为进一步深入研究做了铺垫。表 1-11 为中国传播学原创著作（1983—2017 年）的高频主题词统计表。

表 1-11　中国传播学原创著作（1983—2017 年）高频主题词统计（词频≥10）

主题词	词频	主题词	词频	主题词	词频	主题词	词频
传播	1146	经营	32	体育	18	传媒	12
概论	301	教育	32	创新	18	政府	12
媒体	295	数字	30	全球	18	媒介批评	12
新闻	223	心理	27	案例	18	思想	12
媒介	176	技术	25	大众媒体	18	危机	12
网络	149	品牌	25	美国	17	互动	12
文化	128	媒介素养	22	受众	16	影视	12
中国	119	伦理	22	战略	16	策划	11
大众传播	90	艺术	22	文学	16	生态	11
历史	85	转型	22	应用	15	少数民族	11
新媒体	79	媒介融合	21	全球化	15	语言	11
社会	69	政治	21	互联网	15	建构	11
电视	54	国际	20	西方	14	变革	11
管理	48	舆论	20	传播史	14	公共关系	11
发展	47	广播	20	研究	14	模式	11
国际传播	46	对外传播	20	国家形象	14	符号	11
信息	45	实践	20	方法	13	女性	10
广告	41	法	19	世界	13	沟通	10
产业	37	营销	19	策略	13	马克思主义	10
跨文化	35	实务	19	外国	13	危机传播	10

续表

主题词	词频	主题词	词频	主题词	词频	主题词	词频
理论	35	研究方法	18	话语	12	文化传播	10
经济	34	科技	18	法规	12	市场	10

在高被引原创著作中，相当一部分排名靠前的是教材，其中以整体介绍传播学的总论为主。参见图 1-12。以教材作为研究的基点和原理引用出处，是学科发展初始阶段的重要特征。在我国，若干部著名传播学教材已经逐渐成为公认的学科学习起点，被奉为“经典”。教材引用量占据学科书籍引用的主要部分，是学科发展欠成熟的表现。

图 1-12　中国传播学原创著作（1983—2017 年）的词云（主题词频次≥10）

（二）基于传播学原创著作出版的学科发展分析

传播学教材出版一直占据传播学著作出版的重头，这意味着传媒类学科建制的不断扩展，培养了大量的专业学生。一个很简单的道理是：招生量的上升导致对教材的大量需求。所以，支持传播学书籍出版的第一大动力是各大高校传媒类专业学生数量的增加。这正是1999年以来中国高校大扩招的结果。长久以来，传媒类专业以其就业的“预期高薪”和“风光体面”在社会上“深入人心”，是高校招生的热门学科。大量学生涌入传媒类专业，成就了传播学书籍出版的持续高峰。当然，高校传媒专业教师在大量的课堂教学之余，将本已有限的创作精力用在教材编写上，也在一定程度上影响了学科创新，出现了长期被诟病的低水平重复、相互抄袭等现象，这对传播学研究水平的提高有一定负面影响。

硕士点、博士点以及博士后流动站的不断建立为传播学书籍的被引提供了后备。传播学作为一门新兴学科，在不长的40年的发展中，竟然出现了一本被引次数过万的著作，排到了中国所有学科著作被引总排名的第10位①，而且其性质是教材，不是专著。这背后，主要原因是传媒专业的爆炸式发展而造就出大量需要写论文的人。从研究所呈现的知识地图看，研究者的“跑马圈地运动”依旧在进行，而学科核心研究却始终面临着分崩离析。

中国传播学研究有其自身特色，即向着各个方向尽情地交叉，但是一些交叉研究成果并没有实现理论突破，而仅仅是借用“传播学”这个概念，置换另一学科的老概念，其结果并没有出现真正的新观点，而是变成了“挂着新牌子卖旧货”。平庸的交叉充斥于低水平的基础理论，重复、勾兑甚至抄袭，这是学术浮躁情绪的典型体现，也是当前学界存在的重要问题。

我国传播学研究尚缺乏谱系性。有谱系性的研究作品大都是对西方传播学史的回顾，或是引进传播学的译著。而将西方理论和中国实践进行简单机械的结合，实在是没有太多的学术意义和实际价值。面对着西方理论和中国

---

① 根据中国知网引文数据库，截至2018年1月10日，中国学科著作总排名前10位的书籍分别为：1. 邓小平：《邓小平文选》，北京：人民出版社1993年版，被引数：69 438。2. 邓小平：《邓小平文选》，北京：人民出版社1994年版，被引数：47 511。3. 毛泽东：《毛泽东选集》，北京：人民出版社1991年版，被引数：47 092。4. 郑筱萸主编：《中药新药临床研究指导原则》，北京：中国医药科技出版社2002年版，被引数：44 783。5. 乐杰主编：《妇产科学》，北京：人民卫生出版社2004年版，被引数：42 581。6. ［德］马克思、［德］恩格斯：《马克思恩格斯全集》，中共中央马克思、恩格斯、列宁、斯大林著作编译局编译，北京：人民出版社2001年版，被引数：4 0577。7. ［美］罗尔斯：《正义论》，何怀宏等译，北京：中国社会科学出版社1988年版，被引数：31 120。8. 张维迎：《博弈论与信息经济学》，上海：上海三联书店2004年版，被引数：21 209。9. ［德］马克思：《1844年经济学-哲学手稿》，刘丕坤译，北京：人民出版社1979年版，被引数：19 990。10. 郭庆光：《传播学教程》，北京：中国人民大学出版社1999年版，被引数：19 223。

实践，中国传播学能做什么，始终是需要认真思考的问题。

（三）中国传播学原创著作创作的主要思路

综观中国传播学的原创著作，中国传播学发展的几条主要思路体现在：对西方经典传播学研究的沿袭、本土化、交叉化。

1. 对西方经典传播学研究的沿袭

传播学是一门从西方引进的新兴学科，是“舶来品”。对待这门新学科，第一次全国传播学研讨会（1982 年）提出了“系统了解、分析研究、批判吸收、自主创造”的研究原则，第一步就是要了解西方传播学的全貌。于是，《传播学简介》（1983）、《传播学原理与应用》（1988）等应运而生。直至今日，传播学的学科总论类新作仍然连年出版。在早期传播学引进阶段，沿着经典传播研究思路展开的学术成果主要体现为实证研究，如陈崇山、弭秀玲的《中国传播效果透视》（1989），赵水福主编的《中国社会心理的轨迹：亚运会宣传效果调查报告集》（1991），以及张帆、柯惠新的《广播电视“海湾战争”报道效果调查》（1991）。后来的传播研究方法以及与实证研究相关的著作创作就沿袭着这一思路，如戴元光的《传播学研究理论与方法》（2003），柯惠新的《传播统计学》（2003），以及喻国明的《媒介的市场定位：一个传播学者的实证研究》（2000），等等。再有，就是对各种传播类型的考察，主要体现在对大众传播的研究。此类著作往往与传播总论非常类似，大都具有教材功能，如张隆栋主编的《大众传播学总论》（1993），陈龙的《现代大众传播学》（1997），等等。另外，还有关于人际传播研究的著作，如熊源伟、余明阳的《人际传播学》（1991），王怡红的《人与人的相遇》（2003），薛可、余明阳的《人际传播学》（2007），胡春阳的《人际传播学：理论与能力》（2016），等等。在各具体传播类型的研究中，大众传播和人际传播相对突出，而人内传播、群体传播相对很少，对于组织传播的研究更多地出现在管理学类著作中。

以学习的姿态沿袭西方的经典研究思路，出版最多的著作是“概论”，这对于日渐庞大的初学者队伍是有意义的，但如何在理论创新方面有所建树一直是传播学界的棘手问题。“移植或套用美国的理论体系和研究模式，而很少有新的构想和思路”[①] 一直为学者所诟病，很少有人质疑以传播者、讯息、媒介、受传者和效果构成的“过程架构”研究模式和由人内传播、人际传播、组织传播和大众传播等主题组成的“层级框架”研究模式，很多学者罗列和堆砌美国传播研究成果和实验数据，甚至连我们的传播学课程设置也完全参照美国大学。对西方特别是美国传播学的亦步亦趋需要反思。从学术研究的谱系性来看，运用西方传播学经典理论无可厚非，但如果将西方理论机械地与中国实践相加，难免出现水土不服，这正是中国传播学研究的尴尬。

2. 本土化

中国传播学本土化研究主要有两条思路。

第一条思路是从中国传统文化中寻找“传”的智慧。施拉姆曾写道：“我们在西方的文化背景中学习科学研究方法与理论的人，看见中国长春的文化和她悠久的艺术传统，总免不了会肃然起敬。我们常想，中国人那种深邃的智慧与洞达，要是有一天能用来帮助西方人多了解自己的工艺智识，增深我们在实验方面的体会，该是多么好的事。许多人已注意到现代中国人在传的学问上认识的深刻与精到，不但反映了悠久的历史传统，且常能推陈出新。”[②] 余也鲁也认为：“我们除了可以在中国的泥土上学习与实验这些（西方传播）理论外，以中国人的智慧，应该可以从中国的历史中找寻到许多传的理论与实际，用来充实、光大今天传学的领域”，因为“传的艺术已深潜于中国文化中，流漾在中国人的血液里，只差作系统性的与科学性的发掘与整合。现在该是开始的时候了”。[③] 可见，施拉姆和余也鲁在向中国大陆引介传播学的同时，也提出了对中国传播学研究方向的希望。遵循这一思路的研究著作有：吴予敏的《无形的网络——从传播学的角度看中国的传统文化》（1988），尹韵公的《中国明代新闻传播史》（1990），余也鲁、郑学檬主编的《从零开始：首届海峡两岸中国传统文化的探索座谈会论文集》（1994），李敬一的《中国传播史》（1996），孙旭培主编的《华夏传播论：中国传统文化中的传

① 裴人：《论中国的当代传播学研究》，《杭州师范学院学报》1996 年第 2 期，第 48-52 页。

② ［美］宣伟伯著、余也鲁译述：《传学概论》，香港：海天书楼，1983 年，著者序言，译者代序。

③ ［美］宣伟伯著、余也鲁译述：《传学概论》，香港：海天书楼，1983 年，著者序言，译者代序。

播》(1997)，关绍箕的《中国传播理论》(1997)，李彬的《唐代文明与新闻传播》(1999)，郑学檬的《传在史中：中国传统社会传播史料选辑》(2001)，陈嬿如的《心传：传播学理论的新探索》(2010)，谢清果的《和老子学传播——老子的沟通智慧》(2010)，潘祥辉的《华夏传播新探：一种跨文化比较视角》(2018)，等等。这个研究思路存在一个致命问题，即很容易让传播研究逐渐归类于中国古代文化研究，导致至今还很难有效巩固和提高传播学作为一门独立学科的存在价值。所以，从事这一方向的研究者逐渐减少。在当下，除了厦门大学有一支队伍顺应这一研究思路，其他高校只有零星的研究者继续这方面的研究。

第二条思路是面对中国社会现实的中国特色传播研究。张隆栋教授认为："认真地总结我国悠久的传播事业史的传播经验、传播思想和传播理论"，"调查研究我国传播事业的现状和问题，是为了继承优秀遗产、指导传播实践"。① 邵培仁教授曾对建设中国特色传播学的目的、标准和途径进行了系统论述，提出了四个目的：①为了让传播学成为中国大众的精神食粮；②为了让传播学成为适应中国需要的科学；③为了让传播学成为中国文化的有机部分；④为了让传播学的理论建树与世界文化接轨。② 这一思路突破了将传播研究局限于古代文化的小圈子，将传播理论与中国社会现实联系了起来，媒介经营与管理、网络与新媒体研究等就是最为典型的研究领域。新时期以来，我国经济社会迅速发展，社会各领域的多元繁荣让传播学在多领域得到应用。这方面的著作非常多，因为将传播原理应用于各社会领域，就意味着传播学与其他相关学科、领域的交叉，所以说，交叉研究思路和本土化研究思路是相互支撑和相辅相成的。

本土化的研究思路可以最大限度地避免西方传播学经典理论过度机械地运用于中国实践。中国人的性格与思维方式、文字与传受行为不同于外国人；中国的尊"长"贵"和"、崇"礼"尚"忍"等传播观念也是"本土性"的。中国传播学者的世界观、宗教信仰、文化积淀、知识传承、社会背景等

① 张隆栋：《传播学探索 15 年》，第三次全国传播学研讨会（1993）论文。

② 邵培仁：《传播学导论》，杭州：浙江大学出版社 1997 年版，第 16-20 页。

均是“中国化”的。[1] 中国的传播研究全方位地渗透着我们祖先的经验与框定，如果完全脱离这一思路，那么其研究成果只能是毫无意义的对西方传播学理论的简单注脚。同时，“本土化既不是一概排斥西方传播学，也不是照抄照搬西方传播学，它实际上是‘迎而又拒，拒中有迎’，即所谓迎新不迎旧，排污不排外，努力把内面和外面两个世界的优点和精华都收归己用。重视传播学的本土化建设，还要注意继往开来、承前启后，亦即研究现实，不要割断历史，研究历史，也要联系现实，使开放的传播学有着深厚的本土根基。”[2]

3. 交叉化

传播学本身就是建立在跨学科的基础之上，同时，跨学科交叉研究是传播学研究的重要特点。从前文的图谱中，可以明显地看到以“传播”为中心的关键词的纷繁格局。施拉姆曾提出，传播学好比是公共汽车站，很多学者汇聚于此，显示出其跨学科属性。中国传播学发展也有类似之处，很多其他学科的学人将本专业与传播相联系的部分作为研究交叉点，既深入了本学科研究，也丰富了传播研究。40 年来，所出现的交叉研究领域有新闻传播、传播社会、政治传播、公共关系、医学传播、经济传播、传播心理、艺术传播、教育传播、知识传播、媒介伦理、传播法学、传播美学、媒介生态、媒介地理，等等，不胜枚举。

同时，我国传播学交叉研究有特殊性，主要体现为基于传统文化的惯性思路和经济社会发展的现实问题，即本土化。“传播学本土化研究结合中国现实的需要，采用多学科嫁接交叉方法，对旧元素进行新组合，将传播学与一些社会学科相结合开展研究，不仅进行概念移植，而且开展理论渗透，成为中国大陆传播学本土化研究中的亮点。”[3] 传媒产业化的巨变导致了媒介经营管理研究的风生水起，而网络社会的崛起则让网络与新媒体研究火爆异常。类似的研究领域还有文化传播、国际传播、媒介素养、营销传播、农村传播、性别传播、健康传播、旅游传播，等等。交叉化既是学术研究的一种思路，也是学术创新的技巧。我国的传播学界对于交叉化非常重视，原创著作中，

---

① 邵培仁：《传播学本土化研究的回顾与前瞻》，《杭州师范学院学报》1999 年第 4 期。
② 邵培仁：《传播学本土化研究的回顾与前瞻》，《杭州师范学院学报》1999 年第 4 期。
③ 张健康：《新世纪中国大陆传播学本土化的发展》，《中国传媒报告》2010 年第 3 期。

交叉研究的比例很高，非常值得进一步展开和探讨。

如果从学术谱系的角度来分析中国传播学的特色研究，最大的学术渊源是中国传统文化，以及中国传统文化熏染之下的中国人文社会科学各学科的中国化研究，这是中国传播学特色研究的理论逻辑。另外，学术研究的延续建基于各具体时代的社会现实的渐进与发展，中国传播学研究与改革开放同步，40 年来的巨变让所有的传播学人不去做空洞的学术，而是面向现实，利用传播原理去解释新现象、解决新问题，这是传播交叉研究长盛不衰的重要原因。只要现实的新需要不断出现，交叉研究就会更加繁荣。

对于中国传播学研究的以上三条主要思路，邵培仁教授曾经这样写道："中国传播学只有针对中国国情，联系传播实际，从中国传统文化和现代学术中吸取营养，适应中国的社会特征、文化积淀和受众的心理态势、意识取向等条件，才能真正在中国大地上生根、开花、结果，才能真正融入中国的主流文化成为一个有机组成部分。"① 只有立足中国，扎根于脚下的土地，才会有我国传播学研究的特色，才能树立与西方传播学对话的立场，从而获得在世界传播学界应有的地位，为世界学术做出更大的贡献。

① 邵培仁：《传播学（第三版）》，北京：高等教育出版社 2015 年版，第 52-53 页。

第二章

学科全貌：中国传播学教材的总结与探究

教材是供教学应用所编选的材料，内容一般包括学科基础知识总结和学科前沿介绍。教材编写水平高低不仅能反映编写者的学术水平，还能体现出本学科研究的学术高度。可见，通过分析不同年代的教材编写与出版情况，能够发现学科建制发展的诸多特点，如学科研究者的数量、研究机构的规模、经费投入的多寡等。中国传播学的教材具有特殊性。作为一门在改革开放之后正式引进的学科，传播学作为一门独立学科在我国的发展时间不算长，在20世纪80年代，如何全面、详细地向国内学界和广大学子介绍传播学，成为当时以新闻学教研队伍为主体的传播学研究者们的重要课题，教材编写任务无疑被提到一个重要的高度。同时，随着新闻传播专业建制在全国范围遍地开花，教材的需求量迅速增加。1978年高校新闻系陆续恢复招生，并逐渐开设传播学课程；1989年底全国普通高校共有传媒类专业51个，在校生共5 000多人；1999年传媒类专业点增加到124个，在校学生9 000人①；截至2016年，全国681所高校开设新闻传播学类本科专业，现有新闻传播学类本科专业点1 244个，在校本科生人数达到23万人②。从以上的数据来看，无论在20世纪80、90年代，还是21世纪以来，传媒类专业在校学生数量都在迅速增长，足以看到传播学教学任务之“艰巨”！

---

① 以上数据参见王怡红、胡翼青主编：《中国传播学30年（1978-2008）》，北京：中国大百科全书出版社2010年版，第8、80、144页。

② 数据参见《聚焦融媒体时代学科与人才培养 学校专家参加全国教指委会议建言献策》，http：//gqt. swu. edu. cn/s/youth/index1/20171213/2139362. html［2018-01-20］.

40 年来，不同时期的传播学教材教给了不同时期学生第一张传播学知识地图，带给各期学人有差别的传播学基本认识，形成了各时期学人的学科理解，从根子上影响着各历史阶段人们的学术想象力与学科发展高度。通过对 40 年来中国传播学教材发展情况的整体量化分析，同时结合对部分高影响教材的细读，来展现中国传播学基础知识地图及其变化，并结合中国学术生态对传播学基础认识进行尝试性解读，可以管窥中国传播学发展的轨迹。

一、中国传播学教材的发展规模

对于传播学教材的界定，本书主要基于教材本身的定位，因为很多传播学书籍明确地标注了其教材性质。但需要说明的是，虽然很多书籍标注为专著，但在实际教学中被广泛作为教材使用。具体分析可以发现，20 世纪 80 年代至 90 年代的早期传播学总论类著作既被作为教材，也可以算作专著。当时的传播学研究正处于起步阶段，对学科进行概览式的介绍已经代表了当时学界对传播学理解的高度，也是当时为数不多的传播学原创著作。随着传播学研究的不断发展和深入，很多分支研究、交叉研究不断涌现，这些新领域出现的著作也往往具有双重特点，既是开创该领域的重要专著，也是高校开设课程所使用的教材。因此，属于以上情况的著作亦被划归为教材。基于以上的诸多复杂原因，统计数据所展示出的结果也只能算是真实情况的近似值。

（一）数量

根据浙江大学传播研究所的《中国大陆传播学专著、译著要目》和王怡红、胡翼青主编的《中国传播学 30 年（1978—2008)》中的“传播学主要著作目录”，并通过国家图书馆网站查阅，笔者统计出截至 2017 年底中国传播学原创著作共2 291部，其中根据以上标准被定为“教材”的共有 534 部，占到了总数的 23.31%。这些教材的书名大多冠以“概论、原理、通论、导论、基础、引论、教程、探论、纲、纲要、基础知识”等字眼，以专业教学需要为目的而编写，力求概览学科全貌，明晰学科边界，达到传播学“入门”的效果。具体数据及变化见表 2-1 和图 2-1。

表 2-1　中国传播学教材出版情况统计

年份	出版数量（部）	占百分比（%）	年份	出版数量（部）	占百分比（%）
1987	2	0.37	2003	28	5.24
1988	2	0.37	2004	32	5.99
1989	0	0	2005	33	6.18
1990	6	1.12	2006	36	6.74
1991	4	0.75	2007	37	6.93
1992	3	0.56	2008	18	3.37
1993	5	0.94	2009	19	3.56
1994	7	1.31	2010	25	4.68
1995	5	0.94	2011	30	5.62
1996	3	0.56	2012	47	8.80
1997	9	1.69	2013	31	5.81
1998	5	0.94	2014	22	4.12
1999	9	1.69	2015	19	3.56
2000	15	2.81	2016	23	4.31
2001	16	3.00	2017	24	4.49
2002	19	3.56			
合计 534（部）					

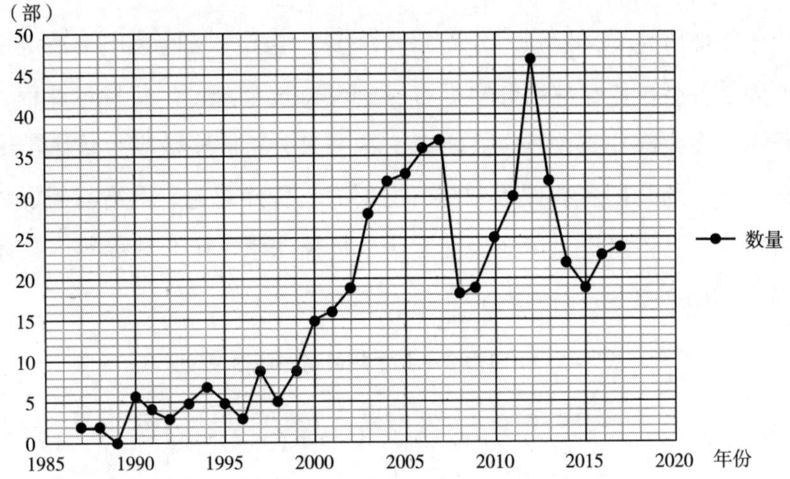

图 2-1　中国传播学教材出版情况数量变化

从表2-1和图2-1可以发现，20世纪80年代是传播学教材出版的初始阶段，共有四部，分别在1987年和1988年。20世纪90年代，传播学教材数量略微提升，可以看作是传播学教材发展的第二阶段。这一阶段最高达到9部，分别是1997年和1999年；1991年、1992年和1996年相对处于低谷，但也达到了3到4部。2000年后，传播学教材数量突飞猛涨，年教材出版最少也有15部（2000年），2007年达到37部。2008年和2009年有一定程度的下降，2009年以后又呈大幅度增长，至2012年达到最高，年出版量有47部。2012年之后稍有回落，但仍保持稳定发展，基本保持在20部左右。因此，可以将20世纪80年代后期定位为传播学教材出版的初始阶段，20世纪90年代定位为积累阶段，21世纪以来定位为井喷发展阶段，至今并无结束趋势。

从时间上看，第一阶段短于第二阶段，说明传播学教材从发生到发展的过程较短，加速度很快，这可以作为学科建设大发展的重要鉴证。经历20世纪90年代的平稳发展，2000年后传播学教材出版数量大增，具有一定的规模。虽然2008年和2009年教材数量略少，但也达到了18部和19部，发展规模整体是稳定的。

总体来看，中国传播学教材呈现出持续增长的态势，数据背后意味着学科建制的快速扩张，教研队伍的迅速膨胀，在校学生数量的激增。

（二）类型

由于传播研究交叉性强，分支领域众多，很多领域的著作未被定位为教材，原因是各高校传媒院系会根据自身研究特长来开设一些特色课程，而这些课程不会在大部分高校开设。所以，本书只分析大多数高校传媒类专业开设课程中涉及的几门主要课程教材，主要有：传播总论、网络与新媒体、媒介经营与管理、传播史、传播研究方法、传播法学、媒介素养等。具体情况如表2-2和图2-2所示。

表2-2　中国传播学各主题教材出版情况统计

传播学教材主题分类	教材数量（部）	百分比（%）	传播学教材主题分类	教材数量（部）	百分比（%）
传播总论	121	22.66	传播心理	10	1.87

续表

传播学教材主题分类	教材数量（部）	百分比（%）	传播学教材主题分类	教材数量（部）	百分比（%）
网络与新媒体	67	12.55	媒介素养	10	1.87
媒介经营与管理	51	9.55	文化传播	9	1.69
大众传播	45	8.43	科技传播	9	1.69
传播史	43	8.05	公关传播	6	1.12
传播研究方法	23	4.31	组织传播	4	0.75
传播法学	19	3.56	媒介伦理	4	0.75
新闻传播	18	3.37	出版传播	3	0.56
国际传播	11	2.06	教育传播	3	0.56
广告传播	11	2.06	其他	67	12.55

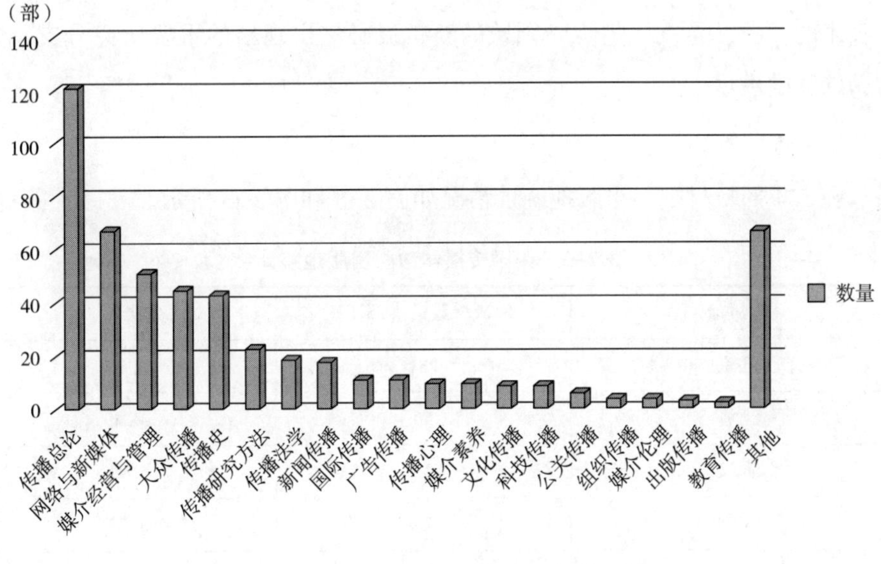

图 2-2　中国传播学各主题教材出版情况变化

从表 2-2 和图 2-2 可以看到，传播学的整体概述类（总论）书籍一直是传播学教材出版的主要方面，达到 121 部，占总量的 22.66%。冠名以“大众传播”的教材与传播总论类教材在内容上相差不大，如果将此二者合并，则达到了166部，占总量的31.09%。这与传媒类各专业大都需要开设《传播学概论》课程有关，也和各高校（特别是有一定传播研究实力的高校）展示自我研究能力相关，同时也多少和著者通过出版教材获名获利能扯上关系。“网络与新媒体”和“媒介经营与管理”则对应着此二领域在当前传媒环境中的巨大影响，传播史和传播研究方法是学科理论教学必不可少的部分。此外，传播法学、新闻传播、国际传播、传播心理、媒介素养、文化传播、科技传播、公关传播等领域均是传播研究的重要分支。需要说明的是，由于一些分支领域教材（如科技传播、公关传播、出版传播等）的书名或关键词中没有“传播”一词，这些书籍被定义为没有主要以传播学视野进行交叉研究，故没有收录在内，所以这些研究领域的教材数量实际应该多于本次统计数据。

总体来看，中国传播学教材的多主题发展呈现出多样化趋势。这一方面由于传播学本身的多学科交叉特性；另一方面，随着传媒产业的发展和新媒体技术的日新月异，一些研究领域的新扩展必然出现新的重要研究分支，成为新的教学重点。

（三）出版地

在534部教材中，出版地统计情况如表2-3和图2-3所示。

表2-3 中国传播学教材出版地统计

出版地	教材数量（部）	百分比（%）
北京	281	52.62
上海	56	10.49
武汉	32	5.99
杭州	20	3.75
广州	20	3.75
成都	15	2.81
长沙	14	2.62
其他	96	17.98

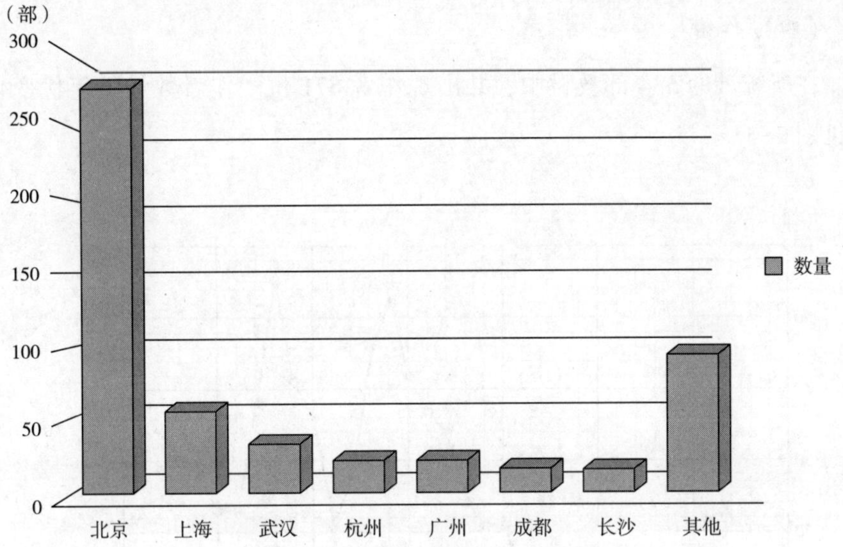

图 2-3　中国传播学教材出版地统计

从表 2-3 和图 2-3 可以看到，北京是传播学教材出版最多的地区，达到了 281 部，占教材出版总数的 52.62%。其次是上海，有 56 部，占 10.49%。这两个城市也是中国传播学教研的聚集区和学术“高地”。一个有趣的现象是，2000 年之前出版的教材中，出版单位分布在天南海北，最早的一本传播学总论类教材（兼具专著性质）的诞生地是兰州，即 1988 年兰州大学出版社出版的《传播学原理与应用》，作者是戴元光、邵培仁和龚炜；较早的教材（大多兼专著性质）在北京出版的较多，有沙莲香主编的《传播学：以人为主体的图象世界之谜》（1990），张隆栋主编的《大众传播学总论》（1993），李彬的《传播学引论》（1993）；张国良的《传播学原理》（1995）出版于上海。此外，长沙、成都、南京、武汉、长春、昆明、银川、哈尔滨、保定、昆明、天津等地均在 20 世纪 90 年代出版过传播学教材。直到 2000 年之后，北京和上海的出版区位优势才逐渐地显示出来。可见，新兴学科给不同地域的学人以相对公平的起跑线，在改革开放的大环境和学术自由民主的氛围中，各地纷纷涌现出传播学研究新人，他们所在单位的出版社为这些学人的发展提供了机会。2000 年之后，各地学人更多地将教材交付北京的出版社出版，这也是出版重地作用的显现。

（四）作者

在所统计的534部教材中，共出现作者671位。作者数量随年代变化情况见图2-4。

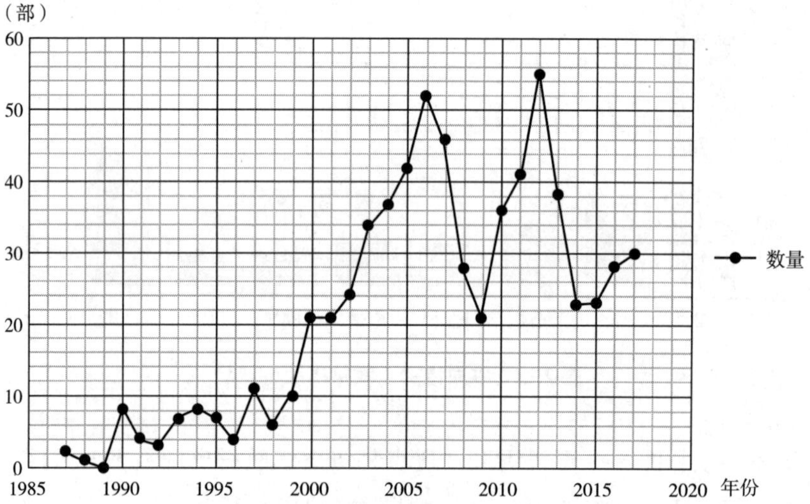

图2-4　中国传播学教材作者数量变化

从图2-4可以看到，教材作者的数量随年代整体呈现出曲折增长的趋势，在1998—2006年、2009—2012年两个时期，增长尤为迅速。详见表2-4。

表2-4　中国传播学教材高产作者统计

作者	出版数量（部）	百分比（%）	作者	出版数量（部）	百分比（%）
周鸿铎	15	2.81	宫承波	3	0.56
邵培仁	10	1.87	金冠军	3	0.56
陈力丹	7	1.31	李永健	3	0.56
李彬	7	1.31	林之达	3	0.56
刘笑盈	6	1.12	童兵	3	0.56
魏永征	6	1.12	吴飞	3	0.56
杜骏飞	5	0.94	吴廷俊	3	0.56

续表

作者	出版数量（部）	百分比（%）	作者	出版数量（部）	百分比（%）
彭兰	5	0.94	严三九	3	0.56
陈绚	4	0.75	张国良	3	0.56
戴元光	4	0.75	张开	3	0.56
匡文波	4	0.75	张昆	3	0.56
申凡	4	0.75	赵建国	3	0.56
展江	4	0.75	赵曙光	3	0.56
陈龙	3	0.56	支庭荣	3	0.56
陈阳	3	0.56	钟瑛	3	0.56
董天策	3	0.56	周宇豪	3	0.56
段京肃	3	0.56	其他	393	73.60

在671位作者中，周鸿铎编写了15部教材，占总量的2.81%；邵培仁编写了10部教材，占1.87%；陈力丹、李彬分别编写了7部教材，各占1.31%；刘笑盈、魏永征分别编写了6部；杜骏飞、彭兰分别编写了5部；陈绚、戴元光、匡文波、申凡、展江分别编写了4部；陈龙、陈阳、董天策、段京肃、宫承波、金冠军、李永健、林之达等20人分别编写了3部。以上33位作者贡献了超过1/4的中国传播学教材，他们都是当今新闻传播学术圈的知名人物，拥有丰厚的科研成果和广泛的学术影响力，教材出版量就是他们影响力的重要体现之一。

二、中国传播学教材的影响力

被引证频次是衡量科研成果影响力的重要标准。教材本不应成为科研成果的主要引证对象，但由于中国传播学发展历程尚且短暂，经典论著尚处在积累期，故一些知名度较高的教材便成了被引证的主要对象，甚至可以代表具体时期的学术高度，被奉为中国传播学研究史上的“经典”，这是中国传播学发展的特殊情况造成的。同时，传媒类专业的迅速膨胀，特别是新闻传播研究生教育的飞速发展，导致研究生数量激增，青年学子更是将这些教材作为引证的重要对象，促成了高引用率的产生。

相较于其他数据库，CNKI 数据库所收集的各类资料面最宽，因此能从学科发展整体面上反映学科水平，展现出学科发展的整体特点倾向。笔者选取 CNKI 中国引文数据库，数据收集时间为：2018 年 1 月 10 日；选择统计时段为：1987—2017 年（中国传播学教材出版始于 1987 年）；选取子库为“信息与传播理论”；选择来源文献范围为：期刊库，学位论文库，会议论文库。人工去除此子库中的信息学研究书籍后，共统计出被引用 1 次以上的中国传播学原创著作 741 部。在所涉及的 534 部传播学教材中，被引次数在 1 次以上的共有 341 部，被引次数在 10 次以上的共有 161 部，被引次数在 50 次以上的共有 117 部，被引次数在 100 次以上的共有 92 部，被引次数在 500 次以上的共有 23 部，被引次数在 1 000 次以上的共有 9 部，被引次数超过 10 000 次的有 1 部。传播学教材在 CNKI 总数据库中总被引次数达到 61 731 次，可见传播学教材对学科发展的重要意义和影响力。

一些教材被引次数很高，被引次数均超过 300 的排名前 42 位的教材被引次数总和就达到了 49 244 次，占教材总被引量的 79. 77%。详见表 2-5。

表 2-5　被引频次超过 300 的中国传播学教材统计

排名	作者	书名	出版地	出版社	出版年	被引	他引
1	郭庆光	传播学教程	北京	中国人民大学出版社	1999	19 223	19 223
2	邵培仁	传播学	北京	高等教育出版社	2000	2 422	2 422
3	张国良	传播学原理	上海	复旦大学出版社	1995	1 851	1 851
4	彭兰	网络传播概论	北京	中国人民大学出版社	2001	1 785	1 785
5	李彬	传播学引论	北京	新华出版社	1993	1 731	1 731
6	胡正荣	传播学总论	北京	北京广播学院出版社	1997	1 508	1 508
7	张国良	新闻媒介与社会	上海	上海人民出版社	2001	1 341	1 341
8	蒋宏 徐剑	新媒体导论	上海	上海交通大学出版社	2006	1 292	1 292
9	刘建明	舆论传播	北京	清华大学出版社	2001	1 188	1 188
10	张开	媒介素养概论	北京	中国传媒大学出版社	2006	930	930

续表

排名	作者	书名	出版地	出版社	出版年	被引	他引
11	谢新洲	网络传播理论与实践	北京	北京大学出版社	2004	832	832
12	张隆栋	大众传播学总论	北京	中国人民大学出版社	1993	804	804
13	邵培仁	传播学导论	杭州	浙江大学出版社	1997	789	789
14	戴元光 金冠军	传播学通论	上海	上海交通大学出版社	2000	752	750
15	周庆山	传播学概论	北京	北京大学出版社	2004	751	751
16	张海鹰 滕谦	网络传播概论	上海	复旦大学出版社	2001	690	690
17	邵培仁 陈兵	媒介战略管理	上海	复旦大学出版社	2003	670	667
18	蔡帼芬 张开 刘笑盈	媒介素养	北京	中国传媒大学出版社	2005	608	608
19	沙莲香	传播学：以人为主体的图象世界之谜	北京	中国人民大学出版社	1990	597	597
20	钟瑛	网络传播伦理	北京	清华大学出版社	2005	568	568
21	张国良	现代大众传播学	成都	四川人民出版社	1998	536	536
22	戴元光	传播学研究理论与方法	上海	复旦大学出版社	2003	530	530
23	匡文波	网络传播学概论（第二版）	北京	高等教育出版社	2004	498	498
24	吴文虎	传播学概论	武汉	武汉大学出版社	2000	478	478
25	吴风	网络传播学—— 一种形而上的透视	北京	中国广播电视出版社	2004	472	472
26	周鸿铎	文化传播学通论	北京	中国纺织出版社	2005	466	466
27	邵培仁	传播学（第二版）	北京	高等教育出版社	2007	463	459
28	邵培仁	媒介管理学	北京	高等教育出版社	2002	451	450
29	杜骏飞	网络传播概论	福州	福建人民出版社	2004	438	438
30	匡文波	网络媒体概论	北京	清华大学出版社	2001	410	410
31	段京肃	传播学基础理论	北京	新华出版社	2003	395	395

续表

排名	作者	书名	出版地	出版社	出版年	被引	他引
32	鲁曙明 洪俊浩	传播学	北京	中国人民大学出版社	2007	386	386
33	刘京林	大众传播心理学	北京	北京广播学院出版社	1997	382	382
34	支庭荣	媒介管理	广州	暨南大学出版社	2000	373	373
35	董天策	传播学导论	成都	四川大学出版社	1995	349	348
36	柯惠新	传播统计学	北京	北京广播学院出版社	2003	341	341
37	崔保国	信息社会的理论与模式	北京	高等教育出版社	1999	336	336
38	关世杰	国际传播学	北京	北京大学出版社	2004	336	336
39	匡文波	网络传播学概论（第一版）	北京	高等教育出版社	2001	331	331
40	刘建明	媒介批评通论	北京	中国人民大学出版社	2001	329	329
41	李凌凌	网络传播理论与实务	郑州	郑州大学出版社	2004	312	312
42	张咏华	大众传播社会学	上海	上海外语教育出版社	1998	300	300

从排名前20教材的出版年可以看到，被引前6位的教材就是中国传播学原创著作的前6名，其中4部出版于20世纪90年代。21世纪第一个十年是高被引教材出现最多的年代，这也和当时大规模的教材出版有关系，其背后则是学科建制的大发展。值得注意的是2000年，该年有4部教材被引用排名在前42名。如果将范围稍稍扩大为2000年前后（1998—2002年），则有16部教材！可见，在1999年中国高校大扩招的开端时刻，大量学生涌入传媒专业，带来了多么盛大的学科发展景观！

从高被引教材的类型构成来看，传播总论类占据了被引频次超过300教材的近四成。除了传播总论类教材，分支领域教材主要集中在网络与新媒体、媒介素养、危机传播和媒介经营与管理这些领域，这都是和当前社会发展、技术进步等现实密切相关的学科关注点。

从作者构成上来看，被引次数超过300的教材的作者大都是当前国内新闻传播学圈内的著名学者。即便是把范围扩展到被引次数超过100的前92部教材的作者，也都是领域内的知名学者。毕竟，能编写出高水平的教材对作者来说也是很艰巨的考验。

截至本次统计时，郭庆光的《传播学教程》（1999）已被引 19 223 次，排在所有传播学书籍（包括原创书籍和引进译著）被引量的第 1 名。即便在 CNKI 数据库总库（包括所有学科）的总排名中，这本书的被引量也排到了第 10 名的位置！仅从被引量来判断，这本书已经无可争辩地成为这个时代的传播学经典了。《传播学教程》以教材的身份和许多其他学科的基础性经典作品位列引用榜前茅，足可以体现出这本书的影响力。究其原因，新闻传播学科研队伍的不断壮大功不可没。同时，作为一门年轻的学科，传播学在改革开放之后才被正式引入国内，在学科发展有限的情况之下，一本优秀的教材往往成为初学者的入门必备。同时，早期的教材亦作为国内本土的“经典文献”引用，同样可以增加科研成果的分量。

从高被引教材创作数量上看，邵培仁一人有 5 部书进入高被引教材。邵培仁教授是中国最早研究传播学的学者之一，自 1988 年与戴元光、龚炜合著了中国大陆第一本传播学教材《传播学原理与应用》以来，几十年笔耕不辍，开拓了超过 20 个传播研究领域，特别是在传播理论和媒介经营与管理方面，一直做着孜孜不倦的探索。张国良、李彬、胡正荣、戴元光、周庆山等在传播学理论教材创作方面也具有很大影响力。彭兰、蒋宏、滕谦、匡文波等在网络传播方面提供了高影响教材，张开、蔡帼芬等在媒介素养方面有很大影响。

三、中国传播学教材的知识地图

教材为学生勾勒了第一张专业知识地图，同时也反映出编著者的学科理解与领悟。传播学教材就是反映传播学科发展的重要依据。因此，选取一些有代表意义的教材进行知识结构的分析，便可以知晓传播学科在中国的理解情况的特点和程度。在 CNKI 中国引文数据库中，早期传播学书籍被引注数据暂时还难以达到准确和全面。其中原因有，20 世纪 80、90 年代的很多学术资料暂时还没有被数字化，而且当时的很多研究并没有设置摘要、关键词等信息。但是，这并不表示早期传播学教材不重要；相反，这些教材是很有价值的，因为它们代表了早期传播学引进时的状态。这些早期教材对中国传播学教研具有开创意义，并对此后的原创著作产生了强烈的规定性，很多对传播学的理解被沿袭至今，具有很强的分析意义。高被引教材也是重要的，因为它们的知名度和影响力形成了学术圈内的普遍认同，是形成高影响力的核心部分，统计并分析这些教材更能深入和明确中国传播学教研的实际着重点，以及广大学子脑海中那张真实的传播学知识地图。以此为据既可以透析中国传播学教学的发展脉络，也可以感受到广大学人对传播研究的理解与眼界。

（一）早期著名传播学教材的知识结构分析

中国大陆第一部传播学教材是由戴元光、邵培仁、龚炜在1988年合著的《传播学原理与应用》。较早出版的教材还有：沙莲香在1990年主编的《传播学：以人为主体的图象世界之谜》，张隆栋在1993年主编的《大众传播学总论》，李彬于1993年所著的《传播学引论》，张国良于1995年所著的《传播学原理》。这几本教材的序言或后记中，大都有类似之语："这是一本应教学急需编写的教材""感谢中国人民大学出版社'急教学之急'的出版价值选择"[①]，"本书是我校新闻学院'大众传播学'这门新学科的教材"[②]。而造成这种局面的原因是："……一些同志来信询问自学传播学该读些什么书？使我感到为难的是明知他们拿到了书单跑遍了书店之后仍难免空手而归。且不说这些业余自学的积极分子，就是在从事传播工作的专业人员的案头上，恐怕也鲜见有关的书籍吧"，所以"鉴于此，以及在教学中碰到的困难，我们决心写出我国大陆第一部传播学教材"！[③] 可见，当时的科研重点是顺应着学科教学在紧迫的压力下编写出来的教材。这几本开创性的教材非常具有代表性，书中内容的共同处横亘中国传播学教研至今，其不同处代表了当时对传播学研究的不同理解和科研倾向，为此后的传播学多样化发展奠定了一定的基础。

20世纪80年代，施拉姆的访华奠定了中国传播研究的新起点，他对传播学的界定和理解让那个时代的中国新闻传播学人深信不疑。于是，按照这样

---

① 沙莲香主编：《传播学：以人为主体的图象世界之谜》，北京：中国人民大学出版社1990年版，序言第1-3页。

② 张隆栋主编：《大众传播学总论》，北京：中国人民大学出版社1993年版，第447页。

③ 戴元光、邵培仁、龚炜：《传播学原理与应用》，兰州：兰州大学出版社1988年版，序言第1页，第411页。

的发展思路，我国当时的教材编写呈现出如下共性：

传播学科总论方面：传播学作为独立学科建立于美国，主要原因是商业宣传和政治选举；传播学科的建立过程中有四位奠基人：拉斯韦尔、卢因、拉扎斯菲尔德、霍夫兰；传播学的集大成者是施拉姆。传播研究的具体章节展开都依据拉斯韦尔的“5W”模式：传播者，受传者，传播内容，传播媒介，传播效果。更进一步地细读，大部分教材都以大众传播为主要叙述对象，大都提到了至今仍耳熟能详的理论假设：“使用与满足”“议程设置”“培养”“知识沟”，等等。传播研究史的介绍部分，一般会提到欧洲的批判学派和美国的经验学派的二元对立。这些对传播学的理解是典型的施拉姆所希望的知识构架，这一体系至今仍然深刻地影响着中国传播学的教学与科研。

以上教材的不同点更值得注意和分析。在戴元光、邵培仁、龚炜编写的《传播学原理与应用》中，在列举传播技巧时将很多中国传统文化中的沟通、论辩技巧进行了归纳和分析，并在介绍传播效果的三个章节中，结合中国传统文化对一些西方传播效果的结论进行了解读，展现出了一定的本土化特色。沙莲香的《传播学：以人为主体的图象世界之谜》特别探讨了文化与传播的关系，并专列章节介绍了中国传统传播的方式及特点，同时延伸探讨了流行文化与生活方式变化；此书的另外一大特点是对人际传播的深入解读，以及基于脑科学的人内传播探讨，展现出从社会学研究传播的巨大潜力。张隆栋的《大众传播学总论》则以大量的篇幅对传播研究方法进行了详细介绍，很明显地主张通过实证研究探讨中国当代社会传播特点，并期待对解决当代中国社会问题有所帮助。李彬的《传播学引论》以大众传播和人际传播为分析重点，描述了大量西方实验与研究案例，而不是基于自我理解的论断式论述，这构成了这本书的特点，形成了对西方传播理论的建构。张国良的《传播学原理》是一本言简意赅的小册子，原本是给复旦大学研究生上课用的笔记，此书以大众传媒与社会为视野，由大量的图表和结论式的语言组成，是一部典型的大众传播研究著作。

总的来看，20 世纪 80 年代至 90 年代初的传播学教材，渗透着不同学人对传播学应该研究什么的理解。基于不同的理解，这些书籍中所勾勒的传播知识地图有着明显的差异：《传播学原理与应用》作为第一本教材，在极力概览传播研究地图的同时，已经将传统文化中的传播带进论述之中。沙莲香的《传播学：以人为主体的图象世界之谜》则旗帜鲜明地要在传播与文化的关系中寻找中国特色传播研究的进路，即传统文化中的传播。不止于此，沙莲香还想把脑神经研究作为渠道，探讨人内传播，这一点正迎合了当代人文社科研究的神经研究转向。张隆栋的实证研究路线在当前的传播研究中已被发扬光大。李彬和张国良的教材内容试图概览西方传播学研究的全貌。在一个学科研究的初始阶段，研究者常常会急于把握学科的全貌和系统，这一点在早期传播学教材中有明显的痕迹。同时，在有差异的传播研究理想的作用下，各教材在尝试建构传播研究系统的过程中又产生了差异化的图景。

20世纪末，传播学教材发展迎来了大高潮。胡正荣于1997年出版的《传播学总论》中，用了一定的篇幅从社会需求和学理发展的角度，论证传播学建立的合法性。[①] 同时，沿袭早期教材的基本观点，继续将施拉姆学说奉为经典，以其为传播学研究的起点，对四大奠基人等进行重点论述。1999年，郭庆光的《传播学教程》出版。从内容上来看，此书主要涉及了人类传播活动发展史、符号与意义、传播过程、人内传播、人际传播、群体传播、组织传播、大众传播、传媒制度与媒介规范、媒介性质与作用、受众、传播效果、国际传播、全球传播、传播研究史和研究方法。仅从内容涉及面来看，此书并无太多特别之处，但这本教材中有很多研究与实验的详细描述。在结构上，将传播研究划分成若干个层面，有利于增强初学者对于传播研究作为一门独立学科来把握的信心，即回到拉斯韦尔的“5W”模式来展开对传播研究的论述。当然，一本书的高销售量和高被引频次仅仅用一两个指标来分析，肯定是不够全面的。但凡稍稍了解人文社科研究的人都知道中国人民大学新闻传播专业的强大影响力，再加上跨世纪的“21世纪新闻传播系列教材”整体的成功策划与营销，这些都是形成高影响力的重要原因。

此外，虽然很多后继者也编写了数量可观的教材，但新千年以来的其他高影响力传播学教材大多还是那些早期教材编写者的教材再版。邵培仁在

---

① 参见胡正荣：《传播学总论》，北京：北京广播学院出版社1997年版，第3–8页。

1997年的《传播学导论》中郑重将自己的“整体互动论”列入传播模式中，[①]并在2000年出版的《传播学》中，再次重点提及。这时，邵培仁所编教材中的中国化视角已经逐渐成熟，特别是用一定篇幅分析了富于民族传统的媒介生态观和媒介地理观，形成了旗帜鲜明的传播学研究中国化的研究系统。李彬的《传播学引论》增补版于2003年出版，书中增加了对传播与传播研究的全景式论述，同时对传播研究的“批判学派”进行了重点论述，并通过相关的文章进行该学派的多方位理解。张国良的《传播学原理》也于2009年再版，邵培仁的《传播学》于2015年发行第三版。

放眼当前的传播学教材使用，由于很多学校都组织编写了传播学教材，所以本校的学生基本会使用本校教师编写的教材。没有编写过传播学教材的学校，大都使用前面所提到的教材。而直至今日，这些经久不衰的教材中，几乎毫无例外地将施拉姆封为传播学鼻祖，四大奠基人是确立这个学科基本理论的先驱，学科在大学中的建制是学科知识积累到达一定高度而自然出现的。这些教材对传播学科的基本观念的介绍，与近年来对施拉姆及四大奠基人神话的解构等新研究成果有相当大的距离[②]，这一点必将是今后中国传播学教材修改的重点。虽然40年来的中国传播学研究已经引介了许多世界前沿研究，并取得了很多成绩，但至今我们的很多教材中所介绍的主要内容仍然是西方20世纪60、70年代的传播研究成果。这与我国当前人文社科研究和社会发展都有很大的错位，对于传播学科自身发展也不利。此外，传播研究作为领域研究，其内部的多重交叉性，让本学科经常处于一种“四分五裂”的状态，即便教材编写者想将其纳入一个符合逻辑的系统的知识地图之中，也难免会牵强附会，经不起深究。这是本学科自身携带的难以解决的先天缺陷。

（二）高被引传播学教材的主题结构与阶段演进分析

高被引传播学教材无疑是40年来中国传播学知识积累的重要代表，是学术圈内普遍承认的优秀作品，形成了相对较高的知名度，并影响了广大的传

---

① 在此之前，邵培仁已经有专门文章介绍“整体互动论”，见邵培仁：《传播模式论》，《杭州大学学报》1996年第6期。

② 参见胡翼青：《传播学四大奠基人神话的背后》，《国际新闻界》2007年第4期；刘海龙：《重访灰色地带：传播研究史的书写与记忆》，北京：北京大学出版社2015年版，第119-139页。

媒专业学子，进而达到了思想的传承。因此，通过分析被引次数超过 300 的 42 部高被引教材的主题结构和演进过程，可以把握中国传播学教研的重点，了解具体历史阶段的传媒专业学生对传播学知识体系的认识。为了直观反映传播学教材主题之间的关系结构，本书利用社会网络分析方法对这些主题词的共现情况进一步绘制出知识图谱，以便宏观反映出教材主题的结构，即主要的学术方向和学术领域。具体做法是：将以上统计的 42 部中国传播学高被引教材的主题词进行录入，先选择频次不少于 1 次的主题词，然后计算它们中任意两个主题词在选定教材中同时出现的次数（表 2-6），并将共现计算得到的数据用社会网络分析中常用的 Pajek 软件进行可视化，这样就得到了图 2-5 所示的图谱。图谱中的每个顶点代表 1 个主题词，顶点之间的连线代表这 2 个词有同时出现在一部著作中的情况，线条粗重的说明它们共同出现在同一部教材中的次数多，反之则共同出现在同一部教材中的次数少。

表 2-6　中国传播学高被引教材主题词统计（词频≥1）

主题词	词频	主题词	词频	主题词	词频	主题词	词频
概论	30	媒介素养	2	新闻	1	模式	1
传播	27	文化	2	伦理	1	国际传播	1
网络	10	实践	1	方法	1	媒介批评	1
媒介	4	新媒体	1	媒体	1	实务	1
大众传播	4	战略	1	心理	1		
管理	3	舆论	1	统计	1		
社会	2	人	1	信息社会	1		

从图 2-5 可以发现，“概论”和“传播”是最重要的 2 个中心词汇，被引分别达到了 30 次和 27 次，其次是“网络”（10），出现频率在 3 次以上的词汇还有“媒介”（4）、“大众传播”（4）、“管理”（3）。从共现关系上来看，“传播”+“概论”形成了最有力的连接，“传播”+“网络”、“网络”+“概论”、“媒介”+“管理”的连接也相对较多。从三角关系上来分析，“传播”+“网络”+“概论”形成了最有力的三角联系，其他三角连接则相对有限。可见，传播总论、网络传播、大众传播、媒介经营与管理是高被引教材

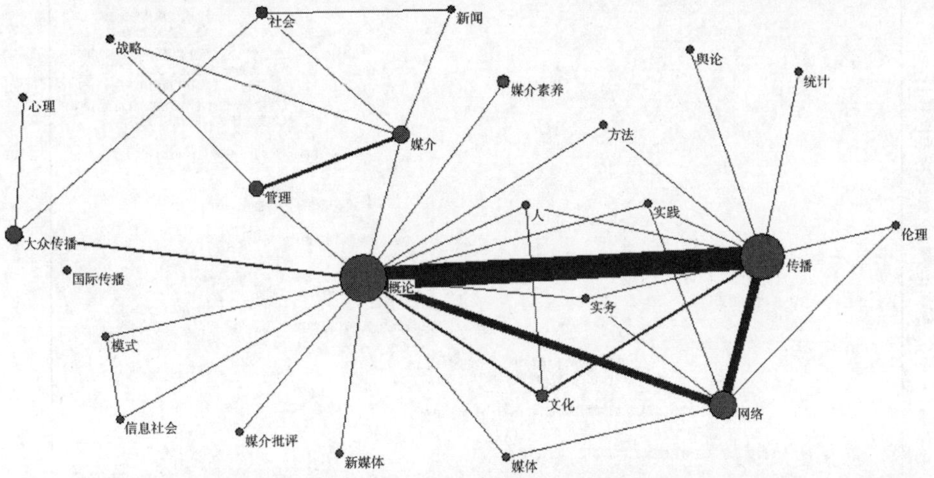

图 2–5 中国传播学高被引教材的主题结构（主题词频次≥1，共现频次≥0）

的重点，这也和各大高校传媒类专业开设课程的现实是一致的。传媒专业学生（特别是本专科生）在传播学方面的基本知识结构也由此描绘出来。

从高被引教材的年代分布来看，最早出现的当然是 20 世纪 80 年代末、90 年代初的传播总论，20 世纪 90 年代中后期出现传播心理和信息社会，2000 年出现媒介经营与管理，次年出现舆论传播、网络传播、媒介批评，继而出现的有传播研究方法、传播统计、媒介素养、网络传播伦理、文化传播等领域。以上研究方向基本构成了当前高校传媒类专业的课程开设。当然，很多学校有自己的专业特色方向，而以上提及的由高被引教材所开设的课程则具有一定的普遍性。

从表 2–6 可以明确地看到中国传播学教学的实际着重点，由此可以知晓不同年代传媒专业学生在传播学方面的知识构成。于是，一条中国传播学教育的知识结构年代线索便被勾勒出来。

四、总结与反思

中国传播学教材的编写与出版，为传播学在中国大陆的生根和发展奠定了基础。早期的教材就是那个时代中国传播学研究高度的重要体现（图 2–6）。

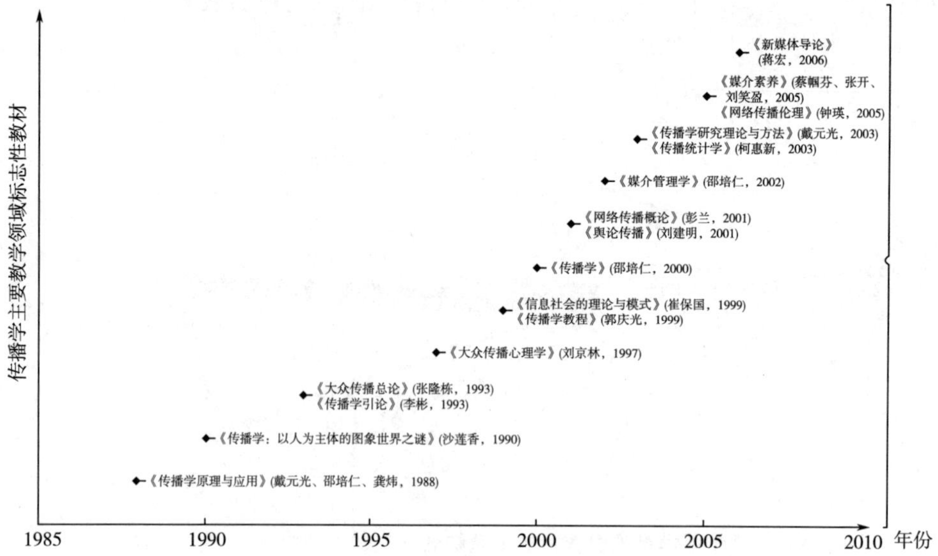

图 2-6　中国传播学主要教学领域标志性教材

20 世纪 80 年代至 90 年代初，那些渴求上进的青年学子就是靠这一本本伟大的教材走上了传媒领域的实践和理论工作之路。20 世纪末的教材大发展，让传媒类专业的学生有了更广泛的教材挑选空间，为专业学习提供了便利。当下，传播学教材出版依旧繁荣，显示出本学科发展的勃勃生机，传播学是一门显学。

传播学教材被引的高频次，显示出一部分教材所体现出的学术高度，这是中国传播学研究所取得的重要成果的标志。一些教材必定会成为中国传播研究的里程碑，被奉为经典。

教材中的传播知识地图大都以引介西方传播成果为主，这本身无可厚非，毕竟这是一门诞生于西方的学科，但这也会产生问题。首先，西方理论与中国实践如何对接。如果说有些理论具有普遍性，那么基于西方人的很多社会心理学实验是不是也完全适用于我国？具体到教学中，这个问题就会演化成：学生对西方理论很熟悉，但面对中国现实则大都束手无策，或另说一套，这些现象同时也出现在我国当前的传播研究中。甚至有学生会问：学传播学到底有多大用？其次，教材中所呈现的传播研究知识地图显得陈旧，而新的研究输入还有待加强。当前的传播学教材，所介绍的知识大都是 20 世纪 60、70

年代的传播研究成果。最近几十年的科技发展和世界面貌已经发生了很大改变，传播研究业已吐纳出新，我国的传播学教材应当跟上学科的时代发展。再次，传播研究实际上是一个领域研究，中国传播学教材往往要将其论证成一个独立学科，而这并不完全是传播研究一路发展而来的真实状况。不同国家的传播研究有着不同的渊源与学术谱系，如德国的传播研究源自批判哲学，英国的传播研究存在于文化研究之中，加拿大的传播研究在政治经济研究内，美国的传播研究以经验研究为主。因此，以后的教材一定要打破施拉姆给中国学界设定的那样一个有很大偏见的传播研究系统，给学生一个更加全面、科学的传播研究图景。最后，自 20 世纪 80 年代以来的传播学教材编写未出现明显的突破。综观各类传播学教材，与 20 世纪 80 年代到 90 年代初的诸多传播研究相比建构理想变少了。沙莲香所建构的那样一个基于社会学的传播研究理想随着他本人离开此领域后，新闻传播学领域内很少有人问津，倒是其他相关学科出现了此类研究。高举本土化研究大旗的邵培仁至今还在身体力行地建构对中国学术和现实社会有意义的传播研究。在 2015 年出版的《传播学》第三版中，他基于西方相关研究，结合中国现实情况对媒介恐慌与预警、媒介文化论进行了分析，并对“大数据”“云计算”“媒介融合”等当代热点话题都做到了无缝关切①，充实了传播学理论的在地化研究，给我们当前的研究开拓了思路。同时，回到教材作为教书育人的重要工具属性上，学生通过教材在获得全球视野的同时，也可以脚踏实地地得到能力培育。

---

① 胡文财：《传播学的真容与想象——读邵培仁教授的〈传播学〉（第 3 版）有感》，《中国传媒报告》2016 年第 3 期。

第三章

他山之石：中国传播学翻译著作的引介与反思

引介学术译著能够为本国的学科发展带来新思路、新观点，从而助力学术创新与繁荣。传播学的理论来源于欧美，学科建制最早出现在美国，对于中国学人来说，这门学问是个舶来品。所以，我国传播学研究自初始阶段就开始翻译国外著作，译著活动始终贯穿着学科发展。国内学人对国外传播学著作引介的过程，也是对传播研究展开想象的过程。统计和分析 40 年来传播学译著的发展，可以反观我国学人对传播学的理解和追求，把握传播研究的历史与现状。

一、中国传播学译著的发展规模

传播学译著的引介从 20 世纪 80 年代开始。一般把 1981 年由联合国教科文组织编写的《多种声音，一个世界》这部纲领性文件，作为中国传播学引进的第一本译著。[①] 真正意义上对传播学进行译介的开端，应该是 1982 年。美国学者施拉姆访华，向中国正式介绍并建议开展传播学研究，他的著作《传播学概论》于 1984 年翻译完成并出版。此外，早期引入国内的译著还有山本文雄等的《日本大众传播工具史》（1984），沃纳丁·赛弗林和小詹姆斯·W. 坦卡特的《传播学的起源、研究与应用》（1985），巴格迪坎的《传播媒介的垄断：一个触目惊心的报告：五十家大公司怎样控制美国的所见所闻》（1986），丹尼斯·麦奎尔和斯文·温德尔的《大众传播模式论》（1987），等

① 王怡红、胡翼青主编：《中国传播学 30 年（1978-2008）》，北京：中国大百科全书出版社 2010 年版，第 6-45 页。

等。这些译著让中国学人初步了解了西方的传播研究，成为国人对传播学科想象的起点。

（一）数量

关于传播学译著的选定，本书借鉴著名新闻传播学者黄旦教授的做法①，将自觉站在“传播学”或“传播研究”立场上的著作归于传播学科。笔者以浙江大学传播研究所的《中国大陆传播学专著、译著要目》和王怡红、胡翼青主编的《中国传播学30年（1978—2008）》中的“传播学主要著作目录”收录的书目为基本数据，并通过国家图书馆网站查询传播学译著进行扩充，共统计出截至2017年底的中国大陆传播学引介译著377部。具体年代的著作数量及变化见表3-1。

表3-1　传播学译著出版情况统计

年份	出版数量（部）	占百分比（%）	年份	出版数量（部）	占百分比（%）
1981	1	0.27	2000	25	6.63
1982	0	0.00	2001	8	2.12
1983	0	0.00	2002	11	2.92
1984	3	0.80	2003	20	5.31
1985	3	0.80	2004	24	6.37
1986	1	0.27	2005	25	6.63
1987	1	0.27	2006	14	3.71
1988	2	0.53	2007	10	2.65
1989	6	1.59	2008	16	4.24
1990	3	0.80	2009	19	5.04
1991	4	1.06	2010	12	3.18
1992	4	1.06	2011	23	6.10
1993	0	0.00	2012	18	4.77
1994	2	0.53	2013	23	6.10
1995	0	0.00	2014	16	4.24
1996	0	0.00	2015	23	6.10
1997	4	1.06	2016	30	7.96
1998	6	1.59	2017	11	2.92
1999	9	2.39			
合计377（部）					

① 黄旦、丁未：《传播学科“知识地图”的绘制和建构——20世纪80年代以来中国大陆传播学译著的回顾》，《现代传播》2005年第2期。

为了使抽象的文字更容易产生形象的感受，特将表 3-1 转化成图形，见图 3-1。

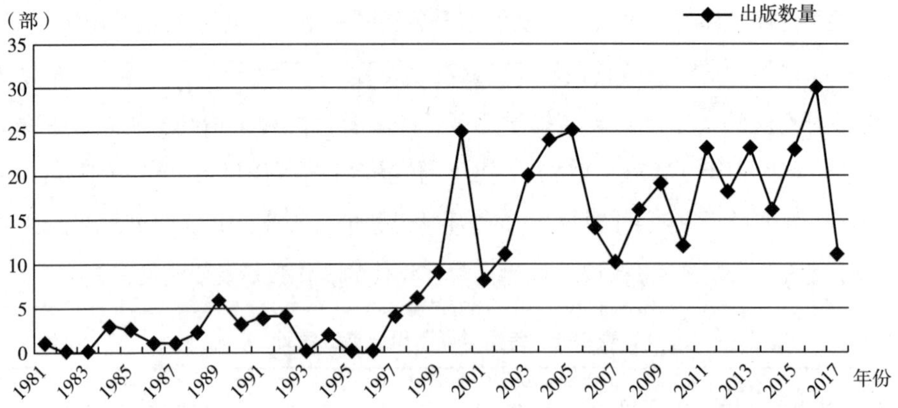

图 3-1　中国传播学译著出版数量变化

从表 3-1 和图 3-1 可以看到，传播学译著的发展有一个重要的分水岭年：1997 年。在此之前，传播学译著发展相对缓慢，在此之后，译著出版出现了若干个高峰。这样一种发展格局和原创著作出版的分期分析基本相同，即 1983—1996 年、1997—2004 年、2005—2012 年，2013 年至今（统计年份截至 2017 年底）。在第一阶段，中国传播学的译著出版相对较少，并不是每一年都有译著出版（如 1982 年、1983 年、1993 年、1995 年、1996 年），有些年份只出版 1 部（如 1981 年、1986 年、1987 年），1989 年的译著出版相对较多，有 6 部。1997 年之后的译著出版速度明显提高，最低也有 4 部（1997 年），几个高峰年份分别达到了 25 部（2000 年、2005 年）、24 部（2004 年）。尤其在 2003—2005 年这三年，每年出版量均超过 20 部。可以说，第二阶段（1997—2004 年）是中国传播学译著出版加速度最快的年代。第三阶段（2005—2012 年）基本保持了第二阶段的发展速度，每年的出版数量都在 10 部以上。第四阶段（2013 年以来），译著出版继续保持高速，并基本形成了常态，2016 年已经达到了年出版 30 部，标志着传播学研究在我国的持续繁荣。

整体来看，传播学译著出版总量达到了 377 部，这对于一个引进 40 年的学科来说，是一个相对正常的数字。从数量发展来看，1997 年之后的译著发展很快，显示出学科发展的加速度。这一年发生了很多重要的事情，如新闻传播学成为一级学科，其下分为新闻学与传播学两个二级学科；新闻论文首次列为我国综合性年度新闻评选最高奖——中国新闻奖的评选项目①，等等。和原创著作出版量相比，译著出版显得相对平稳，而原创著作出版则是一浪高过一浪，每个阶段都比前一阶段更加猛烈。究其原因，翻译国外著作需要有扎实的外语功底，同时还要了解传播学，这一人群相对较少，此其一；译著在院校科研考核体系中的地位要远远低于原创著作，这就更需要翻译者要有淡泊名利、甘坐冷板凳的精神，此其二。这两个原因导致译著和译者数量相对较少。

（二）类型

传播学译著在中国的发展从引进“总论”开始，这些书籍大都作为教材进入中国学人的视野之中。此后，译著引进逐渐扩张到与传播发生联系的领域，西方传播学各流派的著作逐渐进入人们的视野。以下主要从大类别上对所引进的传播学著作进行初步分类，见表 3-2。

表 3-2 传播学译著各主题出版情况统计

传播学译著类型	数量（部）	百分比（%）
交叉研究	84	22. 28
大众传播	76	20. 16
总论	68	18. 04
网络与新媒体研究	48	12. 73
国际传播	20	5. 31
媒介经营与管理	13	3. 45

① 张振亭：《中国新时期新闻传播学术发展史》，武汉：华中科技大学 2008 年博士学位论文，第 128 页。

续表

传播学译著类型	数量（部）	百分比（%）
传播史	12	3.18
人际传播	12	3.18
研究方法	12	3.18
跨文化传播	8	2.12
传播学史	7	1.86
群体传播	7	1.86
组织传播	4	1.06
其他	6	1.59

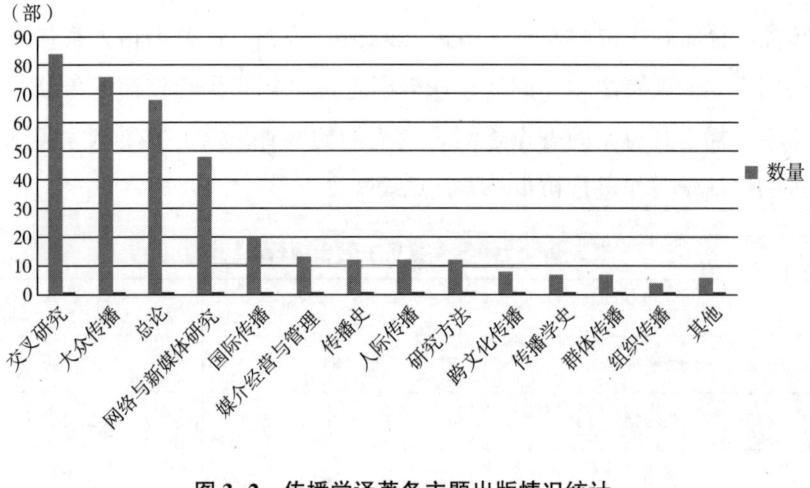

图 3-2　传播学译著各主题出版情况统计

根据表 3-2 和图 3-2 可以发现，交叉研究是译著涉猎最多的部分，共 84 部。传播学自身的跨学科属性导致其与其他很多学科都有交叉研究地带，这是传播学科自身的重要特点。总论即对传播学整体的理论构架的介绍，基本都是教材，68 部的翻译量说明国外传播学教材在中国传播学科研与教学中还是有着相当大的影响力的。传播学是从西方引进的新学科，很多优秀的教材也成为研究者们引经据典的重要选择。在具体领域研究中，大众传播、网络与新媒体研究占有重要地位。特别是大众传播研究，有76部译著，这也从学科研究倾向上明显看出，大众传播在传播学整体研究中所占的地位，毕竟大众传播研究是传播研究的重要“自留地”，这一点在中外传播学研究中得到了非常明显的体现。随着网络社会的崛起，网络与新媒体研究必然成为传播学关注的焦点，48部译著充分说明了当前世界传播学界对这一领域的关注，同时也体现出我国传播学界对网络研究的重视。传播学科史有12部，说明我国传播学界对传播学研究的反思比较重视。此外，我国引进的国际传播（20部）、人际传播（12部）、群体传播（7部）、组织传播（4部）等传播学内部层级研究的著作也有一些，展现出我国学界对传播学内部层级研究的偏重。

（三）出版地

在所统计的377部国外译著中，出版地与数量情况参见表3-3和图3-3。

表3-3　传播学译著出版地统计

出版地	数量（部）	百分比（%）
北京	276	73.21
上海	47	12.47
南京	17	4.51
广州	7	1.86
杭州	4	1.06
桂林	3	0.80
成都	3	0.80
大连	3	0.80
石家庄	3	0.80
海口	2	0.53
沈阳	2	0.53
天津	2	0.53
其他	8	2.12

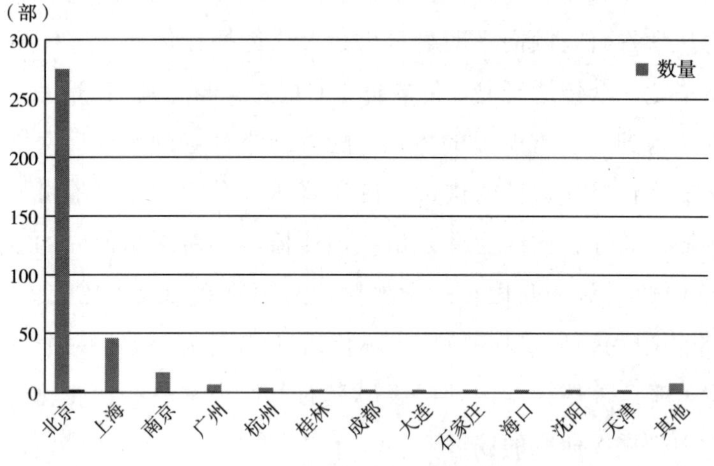

图 3-3　中国传播学译著出版地统计

通过对表 3-3 和图 3-3 的观察，可以得出一个最直接的判断，即出版地始终是以北京为绝对中心、上海为次中心、其他城市零星出现的局面。北京在传播学译著出版数量上占绝对优势，达到了 276 部，占书籍出版总数的 73.21%。其次是上海，有 47 部，占 12.47%。译著出版和专著出版情况类似，北京和上海的诸多高校出版社是传播学书籍出版的重要据点。在 377 部译著中，228 部出自高校出版社，占 60.48%。其中，以下出版社的出版量较大：中国传媒大学出版社（原北京广播学院出版社）有 60 部，中国人民大学出版社有 48 部，清华大学出版社有 36 部，北京大学出版社有 28 部，复旦大学出版社有 20 部。此外，一些专门编译国外著作的出版社也有很多贡献，如新华出版社有 18 部，上海译文出版社有 16 部。

在第一阶段（1981—1996 年），出版地除北京和上海外，还有南京、石家庄、西宁。第二阶段（1997—2004 年）出现了保定、大连、广州、海口、南昌、沈阳、天津等新城市。第三阶段（2005—2012 年）出现了桂林和深圳。第四阶段（2013—2017 年）还出现了成都和重庆。和原创著作出版地不同，译著出版地相对较少，这和译著本身引进的数量相较于原创著作较少也有关系。更显而易见的是，只有开放较早的城市和对外学术交流繁荣的地方，才有可能引进国外著作，并且有相关专业的人士进行译介。所以，译著的出版需要多方面资源配置，相较于专著提高了很多要求，这是导致译著出版地相对较少的重要原因，也是分析中国传播发展“学术高地”的重要指标。

（四）作者与译者

1. 作者

在所统计的377部译著中，共出现各国作者401位。随着传播研究的不断发展，传播学译著作者数量整体呈上升趋势，20世纪90年代中期以后增幅迅速扩大。显而易见，作者数量和原创著作数量是对应增长的。作者数量的不断增加显示出研究群体的持续扩大，高水平研究者不断涌现。

从译著作者的国籍统计来看（表3-4和图3-4），美国传播著作被我国引介最多，有244部，占到总数的64.72%；其次是英国，有58部，占到15.38%；法国有24部，占到6.37%；加拿大有23部，占6.10%。可见，美国传播学对中国的影响最大。1982年施拉姆访华，不仅成功地将传播学带入中国，而且在中国学界制造了美国传播学研究“正统性”的形象，这在认知层面确定了我国学人在引进国外传播学著作时的基本思路。当然，随着传播学研究的深入，英、法等欧洲国家也有一些传播学译著，北美的另一传播学研究重地加拿大及亚洲的日本也有引介。

表3-4　传播学译著作者国籍统计

国籍	数量（部）	百分比（%）
美国	244	64.72
英国	58	15.38
法国	24	6.37
加拿大	23	6.10
日本	7	1.86
德国	4	1.06
荷兰	3	0.80
澳大利亚	3	0.80
新西兰	2	0.53
联合国	2	0.53
其他	7	1.86

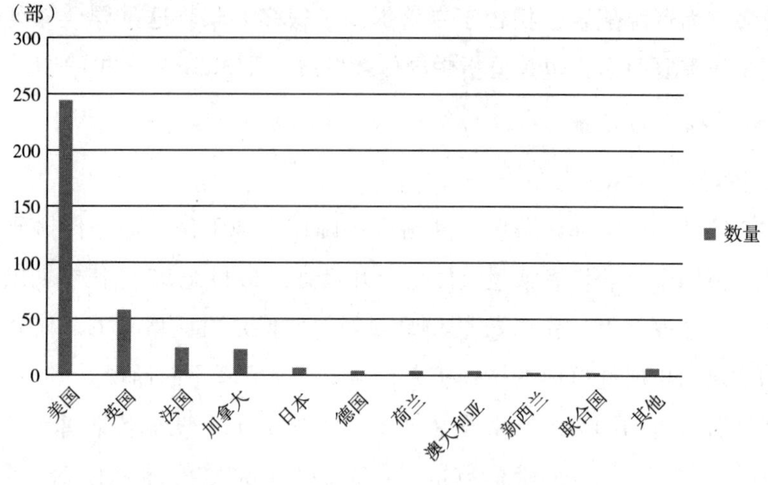

图 3-4　传播学译著作者国籍统计

整体来看，我国传播学引介著作以美国为绝对多数，欧洲、加拿大以及亚洲主要传播学研究国家的著作也都有一定的引进，形成了以美国为主，兼顾整体平衡的译著格局。可以预见，以后的传播学引介将会随着国内学人对传播学的认识加深，而出现新的调整。

2. 译著译者

据统计，40 年来的传播学译著共出现译者 308 位。最为突出的译者是何道宽教授，共有 27 部译著；其次是展江教授，有 10 部传播学译著。其他译者如刘昶、崔保国、朱振明、范静哗、郭镇之、麻争旗、殷晓蓉各翻译了 4 部，祝建华、邓建国、董关鹏、董璐、蔡骐、章艳、刘君 、闵惠泉、史安斌、尹宏毅各翻译了 3 部。中国传播学译介者的数量达到了一定的规模。随着学科的不断发展，译者队伍将会更加壮大，这对于中国传播学加强对外交流、与世界主流传播学研究接轨大有裨益。

二、中国传播学译著的知识地图

统计收录的 377 部译著代表了我国传播学界对学科的认识。引介译著本身就是一个挑选的过程，什么样的外国著作需要被引入，这本身就反映了引介者的学科理解。或者说，传播学译著在很大程度上代表着我们自己所认为的传播学的概貌，亦即我国学人对建构一个怎样的中国传播学研究的想象。

为了形象地展示我国传播学译著的知识地图，以下还采用社会网络分析方法，对这些主要主题词的共现情况进一步绘制出知识图谱，以便大致反映出该领域研究主题的结构，即主要的学术方向、学术兴趣和学术领域。具体做法是：将收录统计的377部传播学译著的主题词进行录入，先选择频次不少于2次的主题词，然后计算它们中任意两个主题词在所有译著中同时出现的次数，并将共现计算得到的数据用社会网络分析中常用的Pajek软件将其可视化，这样就得到了图谱。图谱中的每个顶点代表1个主题词，顶点之间的连线代表这2个词有同时出现在一部著作中的情况，线条粗重的说明它们共同出现在同一部著作中的次数多，反之则说明它们共同出现在同一部著作中的次数少。依照以上的阶段划分，分别形成1981—1996年、1997—2004年、2005—2012年、2013年至今（统计年份截至2017年底）四张图谱。

（一）阶段一（1981—1996年）

第一阶段的译著数量相对较少，所形成的图谱也相对简单。西方传播学在各学科之中有较长的理论积累期，到20世纪40年代出现传播学科建制的时候，已经有了一定的学科积累。所以，当我国在20世纪80年代初引进传播学译著的时候，西方传播学的很多理论、学派等已经相对成熟，而我们对传播学理论的认识尚需时间过程，因此每个阶段译著所体现出的，更多的是我国学界对传播学科的理解，这一理解通过少数高校的少数学者首先领悟或发现，然后以引介译著的方式扩散至全国。

整体来看，这一时期的传播学译著呈现出研究生发与扩散的特征。和传播学原创著作不同，译著引介从开始阶段就呈现出多中心特点。从图谱（图3-5）可以直观地发现，“传播”（10）、“媒介”（8）、“大众传播”（7）、“概论”（6）、“人际传播”（4）等词汇在图中占据最重要地位（表3-5），没有形成以某一词汇为绝对中心的情况。这说明我国学界在传播学译著引进过程中注意到了传播研究的多个主题词；同时，这也体现出了外国著作在传播研究本质问题上的一贯理路。从主题词共现规律上看，“传播”+“概论”、“媒介”+“概论”、“信息”+“概论”、“大众传播”+“社会”、“跨文化”+“传播”、“大众传播”+“模式”等主题词之间的连接关系较强，这些代表着这个阶段主要的引介内容与领域。从三角连接关系看，“传播”+“媒介”+“概论”、“大众传播”+“媒介”+“概论”相对较强，但此阶段基本没有形成真正的三角连接。这说明第一阶段我国译著引进作为体系建设刚开始起步。

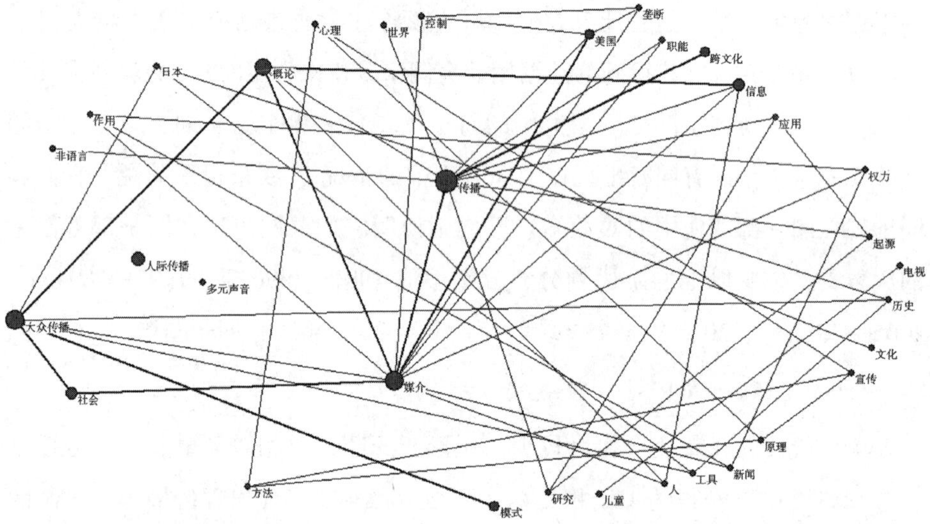

图 3-5 传播学译著（1981—1996 年）的主题结构（主题词频次≥1，共现频次≥1）

表 3-5 传播学译著（1981—1996 年）高频主题词统计（词频≥2）

主题词	词频	主题词	词频
传播	10	社会	3
媒介	8	信息	3
大众传播	7	跨文化	2
概论	6	美国	2
人际传播	4	模式	2

虽然整体图形的蛛网结构尚未形成，但是多中心以及较强的两两连接在一定程度上搭起了未来发展的架子。从主要词汇所形成的主题来看，与“概论”连接的几大主题词（如大众传播、媒介、信息等）说明了教材的引进力度，而大众传播、人际传播等词汇则说明了译著引进时已经领会到了传播研

究的内部层级划分，“模式”“起源”“研究”等词汇从研究思路上启迪着我国传播学的发展。

围绕着高频主题词“概论”可以发现，施拉姆的《传播学概论》是最早引进的介绍传播学的书籍，这本书的英文全名是“Men，Women，Message and Media：Understanding Human Communication”，意即“男人，女人，讯息与媒介：理解人类传播”。其实这本书是一部专著，不是教材。译者将其命名为“传播学概论”，可见急迫认知学科全貌的心态。在另一本教材《传播学的起源、研究与应用》（沃纳丁·赛弗林等，1985）的前言中，译者写道：“开始向读者介绍这门学科的时候，最需要的是一本入门的书，它应该能为读者概括介绍一下传播学的建立过程及其主要研究成果。”① 围绕主题词“大众传播”“人际传播”，可以发现，关于大众传播研究的《大众传播模式论》（麦奎尔，1987）、《大众传播通论》（德弗勒，1989）、《人际传播：社会交换论》（罗洛夫，1991）、《人际传播新论》（泰勒，1992）等人际传播系列研究，让传播学研究的内部层级变得丰富。另外，从学术谱系来看，《传播媒介的垄断：一个触目惊心的报告：五十家大公司怎样控制美国的所见所闻》（巴格迪坎，1986）、《权力的媒介：新闻媒介在人类事务中的作用》（阿特休尔，1989）开启了对批判学派的引入，《人的延伸：媒介通论》（麦克卢汉，1992）则初步介绍了北美媒介环境学派。

（二）阶段二（1997—2004 年）

1997 年之后的译著出版数量大增，“传播”（25）、“媒体”（22）、“信息”（15）、“大众传播”（14）、“媒介”（10）等依然是最重要的主题词（见表 3-6）。从主题词共现规律上看（参见图 3-6），“传播”+“媒体”、“传播”+“文化”、“传播”+“历史”、“媒体”+“经济”、“新闻”+“媒体”、“大众传播”+“概论”、“大众传播”+“美国”、“大众传播”+“法”、“信息+“社会”、“数字”+“网络”等形成的连接关系较强。从三角连接来看，“美国”+“大众传播”+“媒介”、“世界”+“传播”+“媒体”的关系较

① ［美］沃纳丁·赛弗林、小詹姆斯·W. 坦卡特：《传播学的起源、研究与应用》，陈韵昭译，福州：福建人民出版社 1985 年版，第 1 页。

强。总体来看，阶段二出现的主题词数量明显增加，高频词汇也变多。主题词之间的关系大多以两两连接为主，三角连接关系不强。“网络”和“数字”是新出现的词汇，说明学界对网络时代到来的迅速反应；“组织传播”的发展则意味着传播学层级研究的深入。“传播”“大众传播”“媒体”“媒介”“信息”“网络”“数字”等核心主题词的周围遍布了众多相关主题词汇，说明译著引介的多样性理念。图谱整体更加繁复，不仅说明译著引进数量增多，同时也反映出译著的丰富性。

表 3-6　传播学译著（1997—2004 年）高频主题词统计（词频≥3）

主题词	词频	主题词	词频	主题词	词频
传播	25	美国	5	交流	3
媒体	22	新闻	5	国际传播	3
信息	15	法	5	研究方法	3
大众传播	14	数字	5	方法	3
媒介	10	社会	4	跨文化	3
网络	7	概论	4	政治	3
历史	7	组织传播	4	广告	3
文化	7	空间	3	全球	3
经济	5	世界	3		

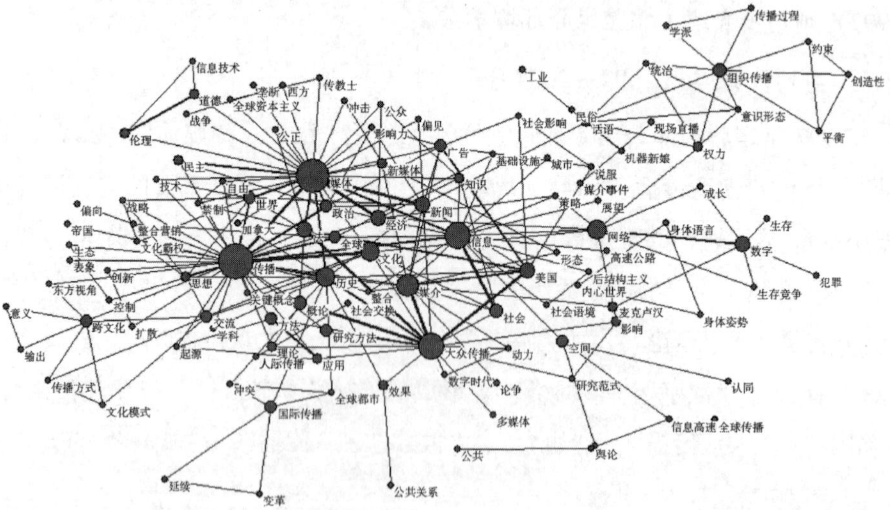

图 3-6　传播学译著（1997—2004 年）的主题结构（主题词频次≥1，共现频次≥1）

主题词“传播”出现在很多类型的译著中，此阶段最有代表性的有传播理论译著《传播理论》(斯蒂文·小约翰，1999)，这本书对传播的理解建立在跨学科和交叉研究上，“代表了一个重要的转向——学科知识地图的另一种建构”[①]；《交流的无奈：传播思想史》(彼得斯，2003) 则对西方各历史时期的传播观念进行了评介，表现出国人对西方传播研究认识的不断深入。“大众传播”作为一直以来的重要主题词汇，主要体现在《大众传播效果研究的里程碑》(洛厄里，德弗勒，2004) 和《大众传播理论：基础、争鸣与未来》(斯坦利·巴兰，2004)。“组织传播”出现 4 次，如《组织中的传播和权力：话语、意识形态和统治》(丹尼斯·姆贝，2000)、《组织传播理论学派与传播过程》(米勒，2004) 等，这让传播学层级研究更加全面。互联网的迅猛发展直接体现在以“网络”作为主题词的译著的大批出现，最有名的有：《数字化生存》(尼古拉·尼葛洛庞帝，1997)，《媒介形态变化：认识新媒介》(罗杰·菲德勒，2000)，等等。

从传播研究谱系来看，《偏见：CBS 知情人揭露媒体如何歪曲新闻》(伯纳德·戈德，2002) 继续了美国本土批判研究的引介；《传播政治经济学》(文森特·莫斯可，2000) 是加拿大传播政治经济学派的重要作品，进一步补充了对西方传播学批判学派的介绍。媒介环境学派的译著随着网络社会的崛起更加受到关注，伊尼斯、麦克卢汉、莱文森、大卫·阿什德等人的作品得到了更多的引介，如《传播的偏向》(伊尼斯，2003)、《帝国与传播》(伊尼斯，2003)、《麦克卢汉精粹》(麦克卢汉，2000)、《机器新娘——工业人的民俗》(麦克卢汉，2004)、《软边缘》(莱文森，2002)、《传播生态学：控制的文化范式》(大卫·阿什德，2003) 等。

（三）阶段三（2005—2012 年）

2005 年之后的译著出版依然很多，“传播”(56)、“媒介”(32)、“媒体”(19)、“大众传播”(16)、“概论”(15)、“文化”(12)、“社会”(10) 等词汇仍然是最核心的主题词（见表 3-7）。从主题词共现规律上看（参见图

① 黄旦、丁未：《传播学科“知识地图”的绘制和建构——20 世纪 80 年代以来中国大陆传播学译著的回顾》，《现代传播》2005 年第 2 期。

3-7)，“传播”+“文化”、“传播”+“社会”、“传播”+“概论”、“传播”+“理论”、“大众传播”+“媒介”、“媒介”+“文化”、“媒介”+“概论”、“媒体”+“概论”、“媒体”+“管理”等形成的连接关系较强。从三角连接来看，“大众传播”+“媒介”+“概论”、“媒体”+“管理”+“概论”、“传播”+“理论”+“历史”的关系较强。总体来看，阶段三出现的主题词继续增加，高频词汇的出现频次继续增加。一些主题词之间两两连接较强，三角连接关系较强的不多。一些连接关系虽然不强的主题词之间却形成了多边形，说明引介的译著逐渐实现了多主题交叉。较之于国内著作，译著核心主题词呈现出多中心结构，这是我国传播学译著引介的重要特点。从学科图谱一般规律来看，多中心性图形是学科发展成熟、健康的表现，而过于集中于个别主题则显得发展空间相对有限，学科内核发展不够，展开空间有限。在这方面，我国对传播学译著的引介是相对全面的，这为我国未来的传播学研究奠定了很好的基础。

表 3-7 传播学译著（2005—2012 年）高频主题词统计（词频≥3）

主题词	词频	主题词	词频	主题词	词频
传播	56	美国	7	伦理	3
媒介	32	历史	7	受众	3
媒体	19	经济	5	媒介研究	3
大众传播	16	影响	4	网络	3
概论	15	管理	4	研究方法	3
文化	12	新媒体	4	技术	3
社会	10	舆论	4	人际传播	3
理论	8	信息	3	电视	3
政治	7	分析	3	效果	3

结合具体的译著来看，很多译著被重新翻译出版，如施拉姆的《传播学概论》、麦克卢汉的《理解媒介：论人的延伸》、保罗·莱文森的《软利器：信息革命的自然历史与未来》，等等。传播心理、传播法等交叉学科领域的译著也逐渐增多，如《媒介心理学》（哈里斯，2007）、《心理学与人际关系》（安德鲁·杜布林，2010）、《传播法判例：自由、限制与现代媒介》（约翰·

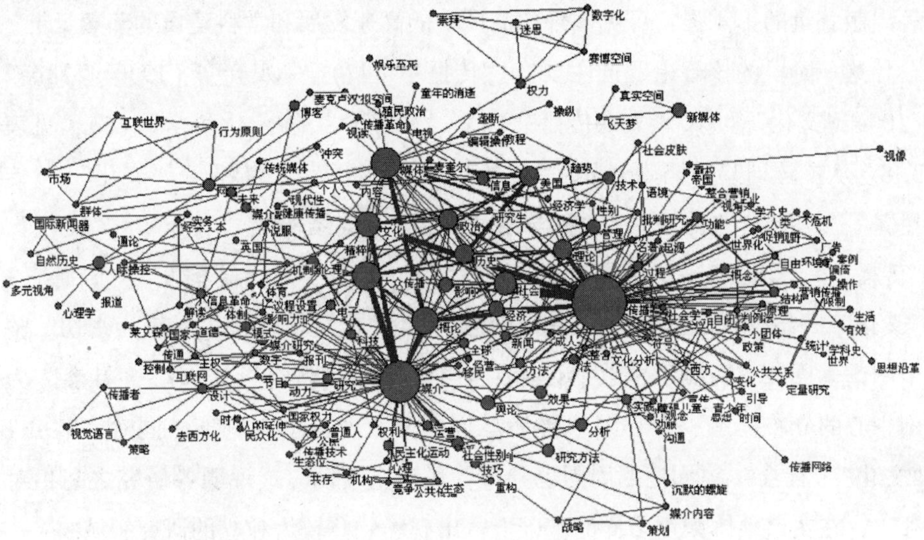

图 3-7　传播学译著（2005—2012 年）的主题结构（主题词频次≥1，共现频次≥1）

泽莱兹尼，2007）、《媒介法原理》（韦恩·奥弗贝克，2011），等等。许多经典研究著作也被更多地引进，如《议程设置：大众媒介与舆论》（麦库姆斯，2008）。

当然，更多译著的主题集中于传播概论、媒介经营与管理和新媒体研究。在这些译著中，有少部分作品结合社会学、政治学等相关学科进行交叉研究，如《大众传播动力学：数字时代的媒介》（多米尼克，2009），《互联网政治学：国家、公民与新传播技术》（安德鲁·查德威克，2010），等等。媒介环境学派得到了进一步介绍，如尼尔·波兹曼的《技术垄断：文化向技术投降》《童年的消逝》《娱乐至死》，保罗·莱文森的《真实空间：飞天梦解析》《莱文森精粹》《软利器：信息革命的自然历史与未来》《新新媒介》，等等。特别是林文刚的《媒介环境学思想沿革与多维视野》，系统介绍了学派的整体研究历程和主要人物与成果，可以说为中国学人系统了解这一学派提供了全览式地图。

（四）阶段四（2013 年至今）

近年来，传播学译著的引介出版持续繁荣。2013 年到 2017 年，共有 103

部译著出版，在最近短短的 5 年里，传播学译著的出版数目竟达到本学科译著出版总量的 1/4 强，可见国外作品译介的高速发展和学科建设的蒸蒸日上。

这一阶段的核心主题词主要有“传播”（47）、“媒介”（19）、“社会”（10）、“文化”（9）、“大众传播”（8）、“传播学”（6）、“科学”（5），见表 3-8。从主题词共现规律上看，“传播” + “社会”、“传播” + “文化”、“传播” + “功能”、“传播” + “科学”、“传播” + “结构”、“媒介” + “文化”、“传播” + “社会” + “结构”、“传播” + “功能” + “结构”、“传播” + “文化” + “媒介”、“科学” + “传播” + “文化”等连接关系较为密切。整个图谱（图 3-8）显示出以“传播”为中心、以“媒介”“文化”“社会”为副中心的分布样态。中心词“传播”周围分布着很多主题词，同时“媒介”“文化”“社会”等词汇的周围也分布着很多主题词，这说明各研究之间相对独立，在图谱整体繁复多样的基础上，出现了一些较为独立的研究领域。

表 3-8　传播学译著（2013—2017 年）高频主题词统计（词频≥3）

主题词	词频	主题词	词频	主题词	词频
传播	47	科学	5	功能	4
媒介	19	效果	4	研究	4
社会	10	全球传播	4	新闻出版	4
文化	9	新媒体	4	信息	3
大众传播	8	结构	4	体育	3
传播学	6	理论	4	大众传媒	3

具体来看，展江主编的“新闻与传播学译丛”重新翻译出版了一系列国外经典教材，包括《媒介伦理 · 案例与道德推理（第 9 版）》（克利福德 · G. 克里斯琴斯，马克 · 法克勒，佩吉 · J. 克里谢尔等，2013）、《跨文化传播（第 6 版）》（拉里 · A. 萨默瓦，2013）、《传播学》（鲁道夫 · F. 韦尔德伯尔，凯瑟琳 · S. 韦尔德伯尔，2013），等等。赫伯特 · 席勒的《大众传播与美利坚帝国》、尼克 · 史蒂文森的《认识媒介文化：社会理论与大众传播》、伊丽莎白 · 诺尔 · 诺依曼的《沉默的螺旋 · 舆论：我们的社会皮肤》、约翰 ·

杜翰姆·彼得斯的《对空言说——传播的观念史》等一批经典传播研究作品被再次翻译。这说明传播学界对经典著作的理解不断加深，需要重新翻译来纠正以往的认识。

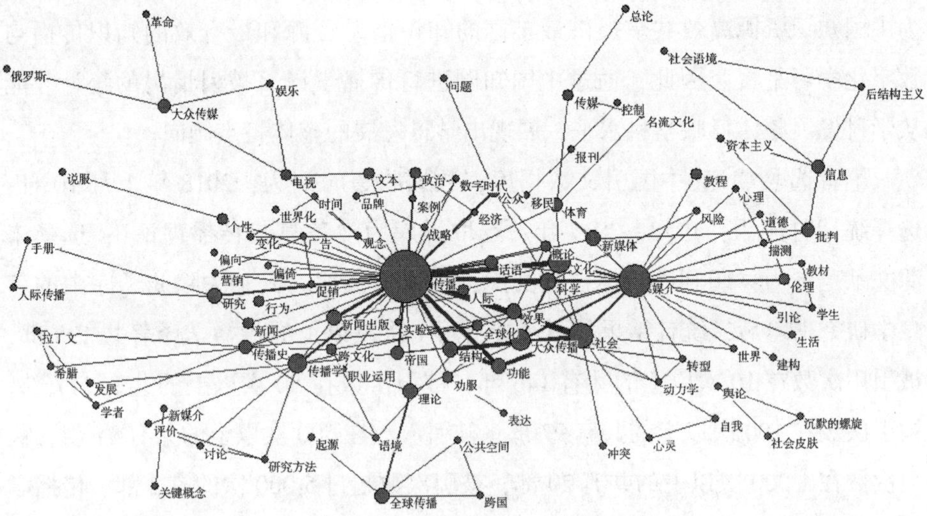

图 3-8　传播学译著（2013—2017 年）的主题结构（主题词频次≥1，共现频次≥1）

三、中国高被引传播学译著特征分析

被引证频次是衡量科研成果影响力的重要标准。40 年来的传播学译著开拓了我国学人的传播学视野，增进了人们对传播学的认识，同时也成为我国学人治学的重要基点，很多译著被引用于我国研究论文之中。对被引译著的特征进行分析，构成了一个有意义的问题。作为研究学术成果影响力的重要方法，引证分析是“利用种种数学和统计学的方法以及比较、归纳、抽象、概括等逻辑方法，对科学期刊、论文、著者等各种分析对象的引用或被引用现象进行分析，以揭示其数量特征和内在规律的一种文献计量研究方法”①，“利用引证数表征科研成果质量，是科学计量学特有的一种方法，引证是知识

① 李济滨：《新时期期刊出版研究》，郑州：中原农民出版社 2006 年版，第 217 页。

被他人利用之后留下的痕迹，是既客观又现实可资利用的资源”①。

相较于其他各种数据库，中国知网知识资源总库（China National Knowledge Infrastructure，CNKI）所收集的各类资料涉及面最宽、数据量最大，因为中国知网是以实现全社会知识资源传播与增值利用为目标的信息化建设项目，是为中国知识资源高效共享提供最丰富的知识信息资源和最有效的知识传播与数字化学习平台。因此，通过中国知网进行传播学译著被引情况的统计，能从学科发展整体反映学科水平，展现出学科发展的整体特点倾向。

笔者选取 CNKI 中国引文数据库，数据收集时间为：2018 年 1 月 10 日；选择统计时段为：1978—2017 年；选取子库为“信息与传播理论”；选择来源文献范围为：期刊库，学位论文库，会议论文库。人工去除此子库中的信息学研究书籍后，统计结果如下：被引用 1 次及以上的传播学译著共 198 部，被引用次数在 10 次以上的共有 146 部，被引次数在 50 次以上的共有 117 部，被引次数在 100 次以上的共有 97 部，被引次数在 500 次以上的共有 41 部，被引次数在 1 000 次以上的共有 20 部，被引次数超过 5 000 次的有 2 部。传播学译著在 CNKI 总数据库中总被引次数达到 76 598 次，每部译著平均被引 203. 18 次（总共 377 部译著），显示出传播学译著对国内研究强大的影响力。

被引排名位于前列的译著中，被引次数超过 300 的前 61 部译著的被引次数总和就达到了 66 390 次，占译著总被引量的 86. 67%。具体高被引译著信息见表 3-9。

表 3-9　中国传播学高被引译著统计

排名	国籍	作者	译者	书名	出版年	出版社	被引次数
1	加	马歇尔 · 麦克卢汉	何道宽	理解媒介：论人的延伸	2011	译林出版社	7 446
2	美	施拉姆，波特	陈亮	传播学概论	1984	新华出版社	5 411
3	美	沃纳 · 赛佛林，小詹姆斯 · 坦卡德	郭镇之	传播理论：起源、方法与应用	2000	华夏出版社	2 538

① 张彦：《科学价值系统论——对科学家和科学技术的社会学》，北京：社会科学文献出版社 1994 年版，第 248 页。

续表

排名	国籍	作者	译者	书名	出版年	出版社	被引次数
4	加	埃里克·麦克卢汉，弗兰克·秦格龙	何道宽	麦克卢汉精粹	2000	南京大学出版社	2 407
5	英	丹尼斯·麦奎尔	刘燕南	受众分析	2006	中国人民大学出版社	2 392
6	美	罗杰·菲德勒	明安香	媒介形态变化：认识新媒介	2000	华夏出版社	2 220
7	美	斯蒂文·小约翰	陈德民，叶晓辉	传播理论	1999	中国社会科学出版社	2 153
8	美	马克·波斯特	范静哗	第二媒介时代	2000	南京大学出版社	2 139
9	英，瑞典	（英）丹尼斯·麦奎尔，（瑞典）斯文·温德尔	祝建华，武伟	大众传播模式论	1997	上海译文出版社	1 853
10	美	约翰·费斯克	李彬	关键概念：传播与文化研究辞典	2003	新华出版社	1 687
11	英	丹尼斯·麦奎尔	崔保国，李琨	麦奎尔大众传播理论	2006	清华大学出版社	1 666
12	英，瑞典	（英）丹尼斯·麦奎尔，（瑞典）斯文·温德尔	祝建华，武伟	大众传播模式论	1987	上海译文出版社	1 607
13	英	尼克·史蒂文森	王文斌	认识媒介文化：社会理论与大众传播	2001	商务印书馆	1 568
14	美	埃弗雷特·M. 罗杰斯	辛欣	创新的扩散	2002	中央编译出版社	1 429
15	美	詹姆斯·W. 凯瑞	丁未	作为文化的传播	2005	华夏出版社	1 382
16	美	斯坦利·巴兰，丹尼斯·戴维斯	曹书乐	大众传播理论：基础、争鸣与未来	2004	清华大学出版社	1 294

续表

排名	国籍	作者	译者	书名	出版年	出版社	被引次数
17	美	施拉姆	金燕宁	大众传播媒介与社会发展	1990	华夏出版社	1 172
18	美	保罗·莱文森	何道宽	数字麦克卢汉	2001	社会科学文献出版社	1 134
19	美	斯蒂芬·李特约翰	史安斌	人类传播理论	2004	清华大学出版社	1 104
20	美	道格拉斯·凯尔纳	丁宁	媒体文化	2004	商务印书馆	1 040
21	英	戴维·莫利，凯文·罗宾斯	司艳	认同的空间	2001	南京大学出版社	996
22	美	拉里·A. 萨默瓦，理查德·E. 波特	闵惠泉	跨文化传播	2004	中国人民大学出版社	942
23	美	阿特休尔	黄煜，裘志康	权力的媒介：新闻媒介在人类事务中的作用	1989	华夏出版社	905
24	美，英	（美）德弗勒，（英）邓尼斯	颜建军	大众传播通论	1989	华夏出版社	904
25	加	文森特·莫斯可	胡正荣	传播政治经济学	2000	华夏出版社	806
26	美	埃弗雷特·M. 罗杰斯	殷晓蓉	传播学史	2002	上海译文出版社	748
27	法，美	（法）加布里埃尔·塔尔德，（美）特里·N. 克拉克	何道宽	传播与社会影响	2005	中国人民大学出版社	734
28	美	德弗勒，鲍尔·洛基奇	杜力平	大众传播学诸论	1990	新华出版社	729
29	美	李特约翰	史安斌	人类传播理论（第九版）	2009	清华大学出版社	711
30	英	詹姆斯·库兰，米切尔·古尔维奇	杨击	大众媒介与社会	2006	华夏出版社	646
31	美	希伦·A. 洛厄里，梅尔文·L. 德弗勒	刘海龙	大众传播效果研究的里程碑	2004	中国人民大学出版社	643
32	加	麦克卢汉	何道宽	人的延伸：媒介通论	1992	四川人民出版社	641

续表

排名	国籍	作者	译者	书名	出版年	出版社	被引次数
33	美	彼得斯	何道宽	交流的无奈：传播思想史	2003	华夏出版社	631
34	法	阿芒·马特拉	陈卫星	世界传播与文化霸权：思想与战略的历史	2001	中央编译出版社	604
35	美	马克·波斯特	范静哗	第二媒介时代	2005	南京大学出版社	587
36	英	奥利弗·博伊德·巴雷特，克里斯·纽博尔德	汪凯，刘晓红	媒介研究的进路	2004	新华出版社	565
37	英	吉莉安·道尔	李颖	理解传媒经济学	2004	清华大学出版社	561
38	美	大卫·阿什德	邵志择	传播生态学：控制的文化范式	2003	华夏出版社	560
39	加	哈罗德·伊尼斯	何道宽	帝国与传播	2003	中国人民大学出版社	554
40	美	詹姆斯·罗尔	董洪川	媒介、传播、文化	2005	商务印书馆	543
41	美	约翰·帕夫利克	周勇	新媒体技术	2005	清华大学出版社	530
42	美	埃弗雷特·M. 罗杰斯	殷晓蓉	传播学史：一种传记式的方法	2005	上海译文出版社	497
43	英	詹姆斯·卡伦	史安斌，董关鹏	媒体与权力	2006	清华大学出版社	493
44	英	戴维·冈特利特	彭兰	网络研究	2004	新华出版社	480
45	英	约翰·基恩	郤继红，刘士军	媒体与民主	2003	社会科学文献出版社	468
46	美	沃纳·赛佛林，小詹姆斯·坦卡德	郭镇之	传播理论：起源、方法与应用	2006	中国传媒大学出版社	465

续表

排名	国籍	作者	译者	书名	出版年	出版社	被引次数
47	英	安德斯·汉森	崔保国，金兼斌，童菲	大众传播研究方法	2004	北京广播学院出版社	450
48	英	巴特勒	赵伯英，孟春	媒介社会学	1989	社会科学文献出版社	448
49	美	曼纽尔·卡斯泰尔	崔保国	信息化城市	2001	江苏人民出版社	414
50	美	凯瑟琳·米勒	袁军	组织传播	2000	华夏出版社	412
51	美	保罗·利文森	熊澄宇	软边缘	2002	清华大学出版社	411
52	英	利萨·泰勒，安德·鲁威利斯	吴靖，黄佩	媒介研究：文本、机构与受众	2005	北京大学出版社	408
53	美	约瑟夫·斯特劳巴哈	熊澄宇	今日媒介：信息时代的传播媒介	2002	清华大学出版社	405
54	美	罗伯特·麦克切斯尼	谢岳	富媒体穷民主：不确定时代的传播政治	2004	新华出版社	403
55	日	竹内郁郎	张国良	大众传播社会学	1989	复旦大学出版社	401
56	英	曼纽尔·卡斯特	夏铸九，黄慧琦	千年终结	2003	社会科学文献出版社	385
57	美	柯利弗德·G. 克利斯蒂安	张晓辉	媒体伦理学：案例与道德论据	2000	华夏出版社	353
58	美	丹尼斯·K. 姆贝	陈德民，陶庆	组织中的传播和权力：话语、意识形态和统治	2000	中国社会科学出版社	349
59	加	尼科·斯特尔	殷晓蓉	知识社会	1998	上海译文出版社	330
60	英	斯托克斯	黄红宇，曾妮	媒介与文化研究方法	2006	复旦大学出版社	323
61	美	塞伦·麦克莱	曾静平	传媒社会学	2005	中国传媒大学出版社	313

（一）高被引译著的数量分布与类别

根据统计数据，第一阶段（1981—1996年）共出现高被引译著9部，第二阶段（1997—2004年）为36部，第三阶段（2005—2012年）为16部，第四阶段（2013年至今）暂无。第二阶段出版的高被引译著数量最多，占到了总数的59.02%。根据笔者对中国传播学原创著作的研究，与原创著作相比，译著虽然在总数上远远少于原创著作（笔者统计中国大陆传播学原创著作共2 291部），但是高被引译著的数量并不少，译著被引1 000次以上的有20部，原创著作有12部；译著被引500次以上的有41部，原创著作也有41部；译著被引100次以上的有97部，原创著作有210部，这一数据悬殊较大主要和原创著作的整体数量庞大有密切关系。如果仅将译著与原创著作的高被引书籍进行对比就可以发现，在我国传播学研究中，译著的影响力很大，特别是超高被引的译著，甚至超过了国内原创著作的影响力。

当年的明星学者马歇尔·麦克卢汉和他的媒介理论风行于中国传播学界，他的著作《理解媒介：论人的延伸》以及介绍他思想的《麦克卢汉精粹》和《数字麦克卢汉》都是中国学人引用的主要来源。2011年出版的《理解媒介：论人的延伸》排到了中国传播学译著引用的第一名，被引用7 446次，这一数据还没有算上这本书1992年版本被引的641次！改革开放以来向中国引介西方传播学的施拉姆的著作也是被引用的焦点，1984年版的《传播学概论》和1990年版的《大众传播媒介与社会发展》均进入中国传播学高被引译著行列。他的《传播学概论》作为重点引进的外国教材被多次再翻译出版，可见施拉姆在中国传播学界的地位。丹尼斯·麦奎尔的《受众分析》（2006）、《大众传播模式论》（1997）、《麦奎尔大众传播理论》（2006）和《大众传播模式论》（1987）则充分体现出这位传播学大师在传播基础理论方面的巨大影响力。以上提及的这四本译著的引用量均达到了1 000次以上，《大众传播模式论》的两个翻译版本均获得了很高的引用量。

从高被引译著的谱系性来看，有基于批判视角的译著，如阿芒·马特拉的《世界传播与文化霸权：思想与战略的历史》、阿特休尔的《权力的媒介：新闻媒介在人类事务中的作用》等；文森特·莫斯可的《传播政治经济学》

是传播政治经济学派的重要作品；《创新的扩散》《大众传播效果研究的里程碑》是基于经验学派的总结；媒介环境学相关研究有哈罗德·伊尼斯的《帝国与传播》、保罗·莱文森的《数字麦克卢汉》以及麦克卢汉的《理解媒介：论人的延伸》等。从高被引译著的用途来看，施拉姆、丹尼斯·麦奎尔、沃纳·赛佛林、小詹姆斯·坦卡德、斯蒂文·小约翰、斯坦利·巴兰，丹尼斯·戴维斯等众多学者的译著集中于传播概论，这些教材不仅有助于中国学人深入了解传播学科，还成为许多国内高校考研的参考书。正是因为有了实用价值，诸如施拉姆的《传播学概论》等才会被多次重译出版。

总体来看，这些高被引译著都是世界传播学研究的经典，是我国传播学人学习和借鉴的宝贵财富。以上是对传播学译著中核心部分的分析，198 部被引译著都对我国传播研究产生了直接影响，因此也具有分析的意义，针对被引译著的整体分析将在下部分展开。

（二）被引著作的研究主题图谱分析

通过绘制图谱，可以更加直接地观察被引译著的特点与译著之间的关系。通过提取传播学被引译著的主题词，可以观察被引译著的主题分布（见表 3-10）。

表 3-10　传播学被引译著（1981—2017 年）高频主题词统计（词频≥5）

主题词	词频	主题词	词频	主题词	词频	主题词	词频
传播	99	历史	15	新闻	8	世界	6
媒介	59	美国	14	法	7	伦理	5
媒体	46	网络	10	技术	6	跨文化	5
大众传播	39	经济	10	数字	6	全球	5
概论	32	政治	10	研究方法	6	舆论	5
信息	24	理论	9	方法	6	权力	5
文化	22	新媒体	8	影响	6	模式	5
社会	22	人际传播	8	效果	6	应用	5

从表 3-10 可见，我国学界对传播学译著的引用主要体现在“传播”“媒介”“媒体”“大众传播”“概论”“信息”“文化”“社会”等核心主题词上。

在排名前8位的主题词中，“传播”是学科的最核心词汇，大部分作品都以此为第一主题词，“媒介”和“媒体”则代表着传播学研究的具体指向和领域。大众传播研究是传播学研究层级中最重要的分支，被引译著中反映出的高频词亦显示出我国传播学界对大众传播的关注。“概论”一词大多指教材，或者译著本身是专著，但在引进时被当作教材加以冠名，这是中国传播学研究阶段性的重要特点，即高校相关专业学生的急速膨胀和研究人员的不断增加，导致在学术创作中对基础理论引用的大幅上升。相信未来随着研究的不断深入，对于专著的引用比例应该会有所上升。

此外，“美国”作为国名成为高被引译著的重要主题词汇，可知被引译著中针对美国的传播研究和美国学者的传播研究为数不少。其他各传播交叉研究（如经济、新闻、伦理、权力等）也受到较多关注。从层级研究来看，我国学界主要关注到西方传播学的整体理论（体现在主题词“传播”）和大众传播，人际传播也得到一定关注。“研究方法”作为一直以来的学科重点，其译著在被引量上也有所体现。“新媒体”“数字”等主题词的出现意味着网络和新媒体研究得到了重视。新媒体代表着未来传媒的形态，是21世纪以来的热门研究，自然体现在重要主题词中。

通过提取被引用的198部传播学译著的主题词，绘制成图谱。具体做法如前文。图谱中的每个顶点代表1个主题词，顶点之间的连线代表这2个词有同时出现在一部译著中的情况，线条粗重的说明它们共同出现在同一部译著中的次数多，反之则共同出现在同一部译著中的次数少。

根据图谱（图3-9），从图形整体的直观感受上看，译著的主题结构呈现出由“传播”“媒介”“媒体”“大众传播”“概论”等词汇构成的多中心图形。多中心意味着较为成熟的学科结构，从这个意义上，可以说传播学译著的引进是较为科学的。从共现规律上看，“传播”+“文化”、“传播”+“概论”、“大众传播”+“社会”、“大众传播”+“媒介”、“媒介”+“文化”、“媒体”+“经济”、“媒体”+“历史”等主题词之间形成了较强的连接。从三角连接来看，“大众传播”+“媒介”+“概论”形成了最强的三角形，其次是“大众传播”+“媒介”+“社会”。从多边关系来看，“传播”“大众传播”“文化”“媒介”“信息”“概论”“媒体”所形成的高频主题词圈内，出现了一个与这些词汇都密切相关的词："社会"。对于这一词汇的发现，可以了解到国外传播学研究的重要立足点，似乎也昭示着传播研究学科自身的某些预设与现实使然。同时，我国学界对西方传播学的引进也沿着这样一种思路，体现出我国学界对传播学科的理解。

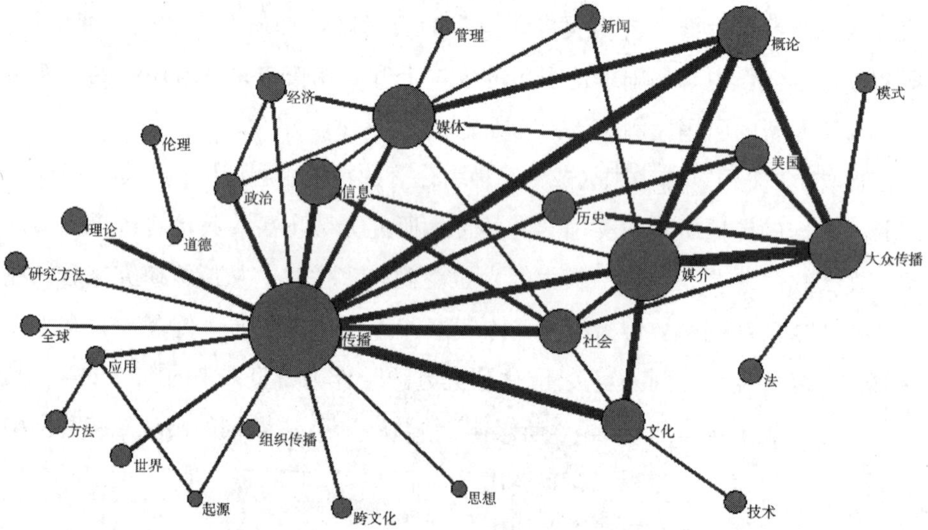

图 3-9　传播学被引译著（1981—2017 年）的主题结构（主题词频次≥3，共现频次≥1）

四、总结与思考

（一）基于传播学译著出版的总结

传播学译著出版早于原创著作，这是因为传播学是改革开放后正式从美国引进的新兴学科。1997 年之前，译著出版数量相对缓慢，之后有很大程度的增幅。从研究类型来看，交叉研究被引介数量最多，这一点和国内原创著作是一致的。在传播学层级研究方面，大众传播得到最多引介，人际传播、群体传播和组织传播也受到较多关注。从研究领域来看，国际传播、网络与新媒体研究、媒介经营与管理、跨文化传播的译著较多。在译著的出版地方面，北京出版了大部分的传播学译著。一些大学出版社出版译著较多，其次是华夏出版社、上海译文出版社等从事译著出版的机构。我国引介的美国传播学著作最多，也有一些英国、法国、加拿大、日本和德国的译著。译者方面，何道宽和展江两位传播学者翻译的传播学著作最多。

从译著引进的主题来看，传播、媒介、媒体、大众传播、概论、信息、社会、文化等是中国引进译著的核心词汇。从译著的知识谱系性来看，经验学派译著最多，北美政治经济学派、文化研究学派、法兰克福学派等也有引介，媒介环境学派随着网络发展受到了更多的重视。

综合传播学译著出版四个阶段的主题词（见表 3-11）与主题结构特点可以看到，自 20 世纪 80 年代我国学界开始引介传播研究译著以来，"传播"是重要词汇，但"媒介""媒体""大众传播""文化"等主题词也拥有不小的位置，整体图形显现出多中心的特点，并呈现出较为丰富的研究领域分布（图 3-10）。

表 3-11　传播学译著（1981—2017 年）高频主题词统计（词频≥5）

主题词	词频	主题词	词频	主题词	词频	主题词	词频
传播	128	理论	15	电视	7	权力	5
媒介	66	政治	12	跨文化	7	话语	5
大众传播	46	网络	11	伦理	6	舆论	5
媒体	41	经济	11	方法	6	全球传播	5
文化	29	新媒体	10	世界	6	广告	5
概论	25	新闻	10	影响	6	全球	5
信息	25	人际传播	10	效果	6	应用	5
社会	24	研究	7	数字	6	科学	5
美国	16	研究方法	7	传播学	6	模式	5
历史	16	法	7	技术	5		

从引介译著的主题来看，对传播研究进行整体介绍的概论式书籍始终占据一定的位置，这和我国传播学教研队伍的不断扩大有着密切关系。各类型各学派译著的不断引进，让国内学人更加全面和丰富地了解和认识传播学。从传播学译著的引介过程也可以发现，传播学的交叉研究涉及很多学科，研究角度和研究方法差异很大，所以将这些引介译著放在一起进行观察，不难

发现施拉姆所说的传播研究的“十字路口”或“公共汽车站”现象，各学科的学者在此短暂逗留然后离开，而作为独立建制的传播学自身却面临着分崩离析。

图 3-10　中国传播学译著（1981—2017 年）的词云（主题词频次≥5）

从译著研究的领域来看，随着我国社会经济发展、传媒业转型和新媒体技术更新，媒介经营与管理类相关译著的引进受到重视；网络与新媒体研究的译著不断增加，这是网络时代传播学科的必然反应；与传播联系紧密的各交叉主题的译著都或多或少地引进，如文化传播、新闻伦理与法制、政治传播、媒介素养。从传播学层级研究的角度来看，大众传播是横亘我国传播学译著引进的热点，人内传播、人际传播和群体传播等也有引介。

可见，我国传播学译著引介的选择是基于各历史阶段对传播研究的理解、学科建制发展的具体需要、经济社会发展需求和媒介技术更新换代的要求，而这一切最终构成的引介结果确定了中国传播研究学术共同体在当前这一历史阶段的学术眼界与高度。

（二）基于传播学译著出版的学科发展分析

1. 传播学译著的译介过程是我国传播学界不断学习和深化认识的过程

在我国传播学发展伊始，曾经提出过对传播学研究的16字方针：系统了解，分析研究，批判吸收，自主创造。所以，在引进初期，译者主要将精力放在学科总论上面，试图迅速把握学科全貌，以至于将施拉姆的专著当作教材来使用。随着研究的不断深入，各类西方传播学经典教材不断被译介到中国，传播学界开始重新认识传播研究。于是，跨学科交叉研究日渐增多。同时，社会经济和科技的发展导致诸如媒介经营与管理、网络与新媒体等领域的研究量迅速上升，传播学界对这些方面也努力跟上了形势。更进一步，传播学的学科来源与学术谱系性越来越受到关注，传播学科知识的溯源使得国内学人更加清晰地领悟到传播学与其他人文社会学科的理论沿袭性。从学科总论到学科领域研究，再到规整的学科谱系，在经历了40年的发展之后，传播学界对传播的认识随着译著的出版悄然地发生着变化，并影响着传播学科的教研。

2. 传播学译著的引进过程是不断纠偏走向全面的过程

我国正式引入传播学研究是在1982年美国学者施拉姆访华之后。这位美国传播学建制的创始人在中国的一系列活动让中国主流学界迅速接受了这门新学科。为了让新闻学班底的研究者对传播学感兴趣，施拉姆把诉求重点放在了传播学与新闻学的密切关系上，这一度让中国学界认为传播学就是新闻传播学。而当时施拉姆的希望是，让中国传播学多研究些中国传统文化中“关于传的智慧”。为了走出自己的路，译者引介了《传播学的起源、研究与应用》（1985），在“作者的话”部分写道：“开始向读者介绍这门学科的时候，最需要的是一本入门的书，它应该能为读者概括介绍一下传播学的建立过程及其主要研究成果。这会比一本由权威撰写的专著更便于读者了解这门学科的轮廓。”① 继而，《大众传播模式论》（1987）的译者写道：“传播……

① ［美］沃纳丁·赛弗林，小詹姆斯·W. 坦卡特：《传播学的起源、研究与应用》，陈韵昭译，福州：福建人民出版社1985年版，第1–2页。

这一现象已被划分为人的内向传播、人际传播、组织传播和大众传播四大领域”①，进一步开拓了研究视维。《传播理论》（1999）的引入则展现了传播学的跨学科的学科属性。当下，施拉姆的“学科神话”已经逐渐被打破②，传播学交叉研究始终是中国传播学研究最主要的部分，根据学科的谱系性进行研究越来越受到重视，学科建设不断走向全面和深入。

3. 传播学译著的引进过程是从宏观逐渐走向具体的过程

40 年来，传播学译著从引介开端的学科整体引入，逐渐过渡到对传播研究层级的拓展，再到跨学科交叉研究的关注，并随着社会、经济、科技的发展，不断地开拓新领域。近年来，问题研究类的译著逐渐增加，如《传通影响力——操控、说服机制研究》（2009）、《走出自闭——发展障碍儿童、青少年和成人的沟通辅助技术》（2011），这些研究或聚焦于某一领域，或聚焦于传播过程某一环节，显示出了不同于以往的引介思路。通过传播学观照具体的领域研究，或通过传播原理解决某些具体问题，成为传播学译著引介的新动向。

① ［英］丹尼斯·麦奎尔，［瑞典］斯文·温德尔：《大众传播模式论》，祝建华、武伟译，上海：上海译文出版社 1987 年版，第 1–2 页。

② 刘海龙：《中国传播研究的史前史》，《新闻与传播研究》2014 年第 1 期。

第四章

前沿热点：中国传播学论文的统计与解析

论文发表是学术生产的重要一环，是公布最新研究成果的主要手段。在中国传播学40年的发展过程中，论文发表数量巨大，研究成果可谓丰硕。借助中国知网（CNKI）这一全球领先的数字出版平台，通过对40年来中国传播学论文的统计和分析，可以尝试探析我国传播学研究的规律与特点。需要特别指出的是，随着传播学研究的不断深入，传播学论文的范围比较广泛，研究成果的数量非常庞大。因此，本书将被引证次数较多的前1 000篇论文确定为高影响研究成果，并以此对传播学论文进行探讨，所得结果可以看作中国传播学论文情况的一个近似值。

一、中国传播学论文的发展与特征

中国大陆最早的传播学论文出现于20世纪70年代末。1978年7月，郑北渭编译发表的《公共传播学的研究》和《美国资产阶级新闻学：公众传播学》两篇文章，成为中国大陆最早发表的传播学论文。① 此后，中国传播学研究获得了发展的“土壤和空间”，完成了从起步到腾飞的发展阶段。中国传播学人在学习和吸收西方传播学研究成果的基础上，结合中国国情并联系世界传播研究，积极探索、刻苦钻研，进行了一系列理论创新，发表了一定数量的既有理论价值又有现实意义的研究成果。

① 戴元光、陈钢、许建：《中国传播学研究学术旨趣与学术群——兼论中国传播学研究30年》，《上海大学学报（社会科学版）》2008年第4期。

（一）数量

选取 CNKI 中国全文期刊数据库，数据收集时间：2018 年 1 月 10 日；选择统计时段：1978—2017 年；选取子库："信息与传播理论"，共统计出论文 159 976 篇。以此作为研究中国传播学论文的基础数据，做出以下统计和分析，参见表 4-1。

表 4-1 中国传播学论文发表情况统计（1978—2017 年）

年份	发表数量（篇）	占百分比（%）	年份	发表数量（篇）	占百分比（%）
1978	2	0.001	1998	714	0.446
1979	5	0.003	1999	843	0.527
1980	21	0.013	2000	995	0.622
1981	32	0.020	2001	1 260	0.788
1982	37	0.023	2002	1 456	0.910
1983	47	0.029	2003	2 052	1.283
1984	79	0.049	2004	2 397	1.498
1985	83	0.052	2005	3 106	1.942
1986	116	0.073	2006	4 098	2.562
1987	99	0.062	2007	5 314	3.322
1988	91	0.057	2008	6 565	4.104
1989	104	0.065	2009	7 826	4.892
1990	90	0.056	2010	8 766	5.480
1991	92	0.058	2011	10 494	6.560
1992	99	0.062	2012	13 471	8.421
1993	169	0.106	2013	14 229	8.894
1994	387	0.242	2014	16 911	10.571
1995	435	0.272	2015	20 419	12.764
1996	470	0.294	2016	20 281	12.678
1997	494	0.309	2017	15 827	9.893
合计 159 976（篇）					

从表 4-1 可以明显看出传播学研究论文发表的趋势：20 世纪 70 年代末到 90 年代中期，每年论文发表量增长缓慢，20 世纪 90 年代中期到 21 世纪初逐年递增，呈缓慢上升趋势。从 2005 年起，文献量快速增长，论文年增长数量最高达3 508篇（2015 年），是论文发表高速增长阶段。2012—2017 年的论文数量占总数量的 63.22%。特别是 2015 年论文数量更是急剧增长，年发文量增至20 419篇。这些数据标志着我国传播学研究已经进入了一个新的发展时期。同时，也说明了传播学的发展体现出罗杰斯所讲的新事物“S”形的传播扩散特点（即在新事物出现或推广的初期其进展缓慢，之后逐步加快呈高速增长态势，接着会进入稳定发展阶段），和新兴学科由慢到快、由低到高、由浅入深的发展规律。图 4-1 形象地反映了中国传播学论文发表数量的变化过程。

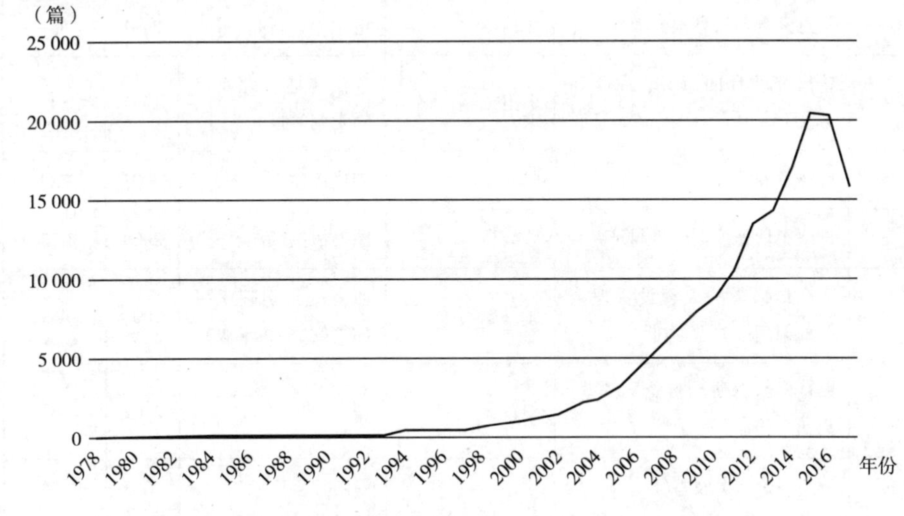

图 4-1　中国传播学论文发表数量变化情况（1978—2017 年）

（二）研究类型

由于传播学论文的数据量过于庞大，CNKI 数据库没有提供专门的工具穷尽式地整理传播学论文的全部关键词，因此将传播学的研究领域以及具体领域的论文数量进行精确量化不太现实。本书退而求其次，将通过引文数据库获得的被引用频次相对较高的前 1 000 篇论文作为研究对象，管窥我国传播学研究的主要热点及研究特点。具体做法是：选取 CNKI 中国引文数据库，数据收集时间为 2018 年 1 月 10 日；选择统计时段为 1978—2017 年；选取子库为“信息与传播理论”；选择来源文献范围为期刊库。人工去除此子库中的信息学研究论文后，统计出传播学领域的 1 000 篇论文定为高被引论文，作为本书的分析对象。以下仅列出被引 200 次以上的前 83 篇论文（表 4-2）。

表 4-2　中国传播学领域被引 200 次以上的论文统计（1978—2017 年）

排名	篇名	作者	刊物名	年份	被引量
1	媒介素养：一个亟待重视的全民教育课题——对中国大陆媒介素养研究的回顾和简评	张志安、沈国麟	新闻记者	2004	732
2	“新媒体”概念辨析	匡文波	国际新闻界	2008	609
3	信息素养与信息素养教育	张倩苇	电化教育研究	2001	561
4	论媒介教育的意义、内容和方法	卜卫	现代传播（北京广播学院学报）	1997	543
5	媒体素养教育在信息时代	张开	现代传播	2003	523
6	网络舆情管控工作机制研究	曾润喜	图书情报工作	2009	472
7	大众传播学的议程设置理论与框架理论关系探讨	张洪忠	西南民族学院学报（哲学社会科学版）	2001	469
7	略论网络舆情的概念、特点、表达与传播	刘毅	理论界	2007	469
9	网络舆论概念及特征	谭伟	湖南社会科学	2003	454
10	微博客传播形态解析	孙卫华、张庆永	传媒观察	2008	451
11	传播学视域中的微博研究	杨晓茹	当代传播	2010	441
12	媒介融合：粘聚并造就新型的媒介化社会	孟建、赵元珂	国际新闻界	2006	436
13	微信传播机制与治理问题研究	方兴东、石现升、张笑容、张静	现代传播（中国传媒大学学报）	2013	433

续表

排名	篇名	作者	刊物名	年份	被引量
14	自媒体：新媒体发展的最新阶段及其特点	邓新民	探索	2006	423
15	传播生态规律与媒介生存策略	邵培仁	新闻界	2001	412
16	网络舆情热点的形成与发展、现状及舆论引导	姜胜洪	理论月刊	2008	400
17	从传播学角度解构微信的信息传播模式	党昊祺	东南传播	2012	392
18	解读新媒体的几个关键词	喻国明	广告大观（媒介版）	2006	385
19	框架分析：一个亟待澄清的理论概念	陈阳	国际新闻界	2007	383
20	何为新媒体？	廖祥忠	现代传播（中国传媒大学学报）	2008	382
21	关于传媒塑造国家形象的思考	刘小燕	国际新闻界	2002	377
22	微博互动的结构与机制——基于对新浪微博的实证研究	夏雨禾	新闻与传播研究	2010	376
23	论媒介生态的五大观念	邵培仁	新闻大学	2001	368
23	新媒体：大学生思想政治教育的机遇与挑战	徐振祥	思想政治教育研究	2007	368
25	媒介融合方向下的四个关键变革	彭兰	青年记者	2009	367
26	什么是“全媒体”	罗鑫	中国记者	2010	347
27	“互联网+”意味着什么——对“互联网+”的深层认识	黄楚新、王丹	新闻与写作	2015	344
28	社会网络与地位获得	林南、俞弘强	马克思主义与现实	2003	339
29	网络舆情事件的应急处理研究	徐晓日	华北电力大学学报（社会科学版）	2007	321
30	哈贝马斯的“公共领域”理论与传媒	展江	中国青年政治学院学报	2002	318

续表

排名	篇名	作者	刊物名	年份	被引量
30	美国现代危机传播研究及其借鉴意义	廖为建、李莉	广州大学学报（社会科学版）	2004	318
32	互联网络舆情预警机制研究	吴绍忠、李淑华	中国人民公安大学学报（自然科学版）	2008	317
33	微博价值：核心功能、延伸功能与附加功能	喻国明	新闻与写作	2010	315
34	媒体监督、媒体治理与高管薪酬	杨德明、赵璨	经济研究	2012	312
35	框架理论发展35年文献综述——兼述内地框架理论发展11年的问题和建议	孙彩芹	国际新闻界	2010	302
36	西方学者论媒介素养教育	宋小卫	国际新闻界	2000	297
37	国内网络舆情研究的回顾与展望	许鑫、章成志、李雯静	情报理论与实践	2009	295
38	基于社会网络中心性分析的微博信息传播研究——以sina微博为例	平亮、宗利永	图书情报知识	2010	293
39	口碑传播的基本研究取向	黄孝俊、徐伟青	浙江大学学报（人文社会科学版）	2004	289
39	微信公众平台：新闻传播变革的又一个机遇——以“央视新闻”微信公众账号为例	蔡雯、翁之颢	新闻记者	2013	289
41	微博网络舆情中的意见领袖识别及分析	刘志明、刘鲁	系统工程	2011	286
42	互联网给民主带来的机遇与挑战	郑曙村	政治学研究	2001	285
43	论群体性事件与网络舆情	彭知辉	上海公安高等专科学校学报	2008	273
44	网络舆情突发事件预警系统、指标与机制	曾润喜、徐晓林	情报杂志	2009	270

续表

排名	篇名	作者	刊物名	年份	被引量
45	社会化媒体、移动终端、大数据：影响新闻生产的新技术因素	彭兰	新闻界	2012	265
46	新媒体定义新论	景东、苏宝华	新闻界	2008	263
46	网络舆论与网络舆论的引导	邓新民	探索	2003	263
46	论“品牌传播”	余明阳、舒咏平	国际新闻界	2002	263
49	微博的传播机制及未来发展思考	刘兴亮	新闻与写作	2010	262
50	博客与传统媒体的竞争、共生、问题和对策——以博客（blog）为代表的个人出版的传播学意义初论	方兴东、刘双桂、姜旭平、王俊秀	现代传播	2004	254
51	信息素养的内涵、层次及培养	陈维维、李艺	电化教育研究	2002	253
52	论网络舆论主体的“群体极化”倾向	郭光华	湖南师范大学社会科学学报	2004	251
52	Twitter：微博客时代的到来	刘晖	传媒	2009	251
54	微博：一种蕴含巨大能量的新型传播形态	喻国明	新闻与写作	2010	250
54	大众传播与国家形象塑造	程曼丽	国际新闻界	2007	250
56	“信息素养”新界说	张义兵、李艺	教育研究	2003	249
57	关于媒体融合的几点思索	高钢、陈绚	国际新闻界	2006	247
58	网络传播中的“谣言”现象研究	巢乃鹏、黄娴	情报理论与实践	2004	246
59	论网络舆情与舆论的转换及其影响	王来华	天津社会科学	2008	245
60	视觉文化传播：对一种文化形态和传播理念的诠释	孟建	现代传播	2002	243
61	网络舆情信息资源共享研究	曾润喜	情报杂志	2009	241

续表

排名	篇名	作者	刊物名	年份	被引量
62	影响力经济——对传媒产业本质的一种诠释	喻国明	现代传播	2003	240
62	微信广告传播力研究	周蕾	东南传播	2012	240
64	互联网内容及舆情深度分析模式	谢海光、陈中润	中国青年政治学院学报	2006	237
65	微信朋友圈：社会网络视角下的虚拟社区	聂磊、傅翠晓、程丹	新闻记者	2013	234
66	微博舆论生成演变机制和舆论引导策略	谢耘耕、荣婷	现代传播（中国传媒大学学报）	2011	231
67	碎片化社会背景下的碎片化传播及其价值实现	彭兰	今传媒	2011	229
68	自媒体的传播学解读	代玉梅	新闻与传播研究	2011	225
68	微信公众平台发展现状初探	赵敬、李贝	新闻实践	2013	225
68	大众传播理论如何面对网络传播	陈力丹	国际新闻界	1998	225
71	从传播学角度看微信的兴起	方志鑫、蔡莉白	科教导刊（中旬刊）	2012	223
72	我国网络舆情研究与发展现状分析	曾润喜	图书馆学研究	2009	220
73	从“超级记者”到“超级团队”——西方媒体“融合新闻”的实践和理论	蔡雯	中国记者	2007	219
74	场景：移动时代媒体的新要素	彭兰	新闻记者	2015	218
74	媒体监督公司治理的实证研究	醋卫华、李培功	南开管理评论	2012	218
76	关于大众传播的议程设置功能	郭镇之	国际新闻界	1997	217
77	关于传媒影响力的诠释——对传媒产业本质的一种探讨	喻国明	国际新闻界	2003	211

续表

排名	篇名	作者	刊物名	年份	被引量
78	我国网络舆情的现状及其引导	姜胜洪	广西社会科学	2009	208
78	微博虽“微”足值道尔——微博特性之浅析	刘丽清	东南传播	2009	208
80	基于网络社会空间的中国城市网络特征——以新浪微博为例	甄峰、王波、陈映雪	地理学报	2012	207
80	学会解读大众传播（上）——国外媒介素养教育概述	宋小卫	当代传播	2000	207
82	社交媒体：概念、发展历程、特征与未来——兼谈当下对社交媒体认识的模糊之处	曹博林	湖南广播电视大学学报	2011	201
83	议程设置理论概览：过去，现在与未来	麦克斯韦尔·麦考姆斯、郭镇之、邓理峰（译）	新闻大学	2007	200

统计数据显示，在这 1 000 篇高被引论文中，所涉及的主题研究领域有网络与新媒体、交叉研究、传播总论、新闻传播、大众传播、媒介教育、媒介经营与管理、人际传播、传播研究方法、跨文化传播、组织传播、国际传播、对外传播、传播学史、传播史等。其中，网络与新媒体的主题研究论文达到 362 篇，占总量的 36.2%。此类论文自 1998 年开始大量出现，呈逐年增长趋势，这与网络、新媒体的广泛运用有直接关系，随着科技的持续发展，相信之后该领域研究的上升趋势还会继续保持。传播交叉研究的论文量排名第二，共 289 篇，占总量的 28.9%。传播交叉研究体现出传播学不断延展的研究空间，展示传播学的广泛适用性，证明传播学的影响力在逐渐扩大。此外，传播总论、新闻传播、大众传播、媒介教育、媒介经营与管理五个主题的研究也都占有一定比重。媒介经营与管理、媒介教育越来越受到重视；传播总论、大众传播虽然比重也不小，但是总体呈下降趋势，尤其是大众传播方面的高

被引论文，在2007年以后就很少再出现。人际传播、传播研究方法、跨文化传播、组织传播、国际传播、对外传播、传播学史、传播史的数量依次降低，后面8个专题只占总量的8.5%。各领域研究的具体数据见表4-3。

表4-3　中国传播学高被引论文各主题发表情况统计

传播学著作主题分类	数量（篇）	百分比（%）	传播学著作主题分类	数量（篇）	百分比（%）
网络与新媒体	362	36.20	传播研究方法	17	1.70
交叉研究	289	28.90	跨文化传播	13	1.30
传播总论	77	7.70	组织传播	12	1.20
新闻传播	68	6.80	国际传播	9	0.90
大众传播	43	4.30	对外传播	9	0.90
媒介教育	40	4.00	传播学史	4	0.40
媒介经营与管理	36	3.60	传播史	2	0.20
人际传播	19	1.90			

图4-2形象地反映了中国传播学高被引论文各主题发表情况。

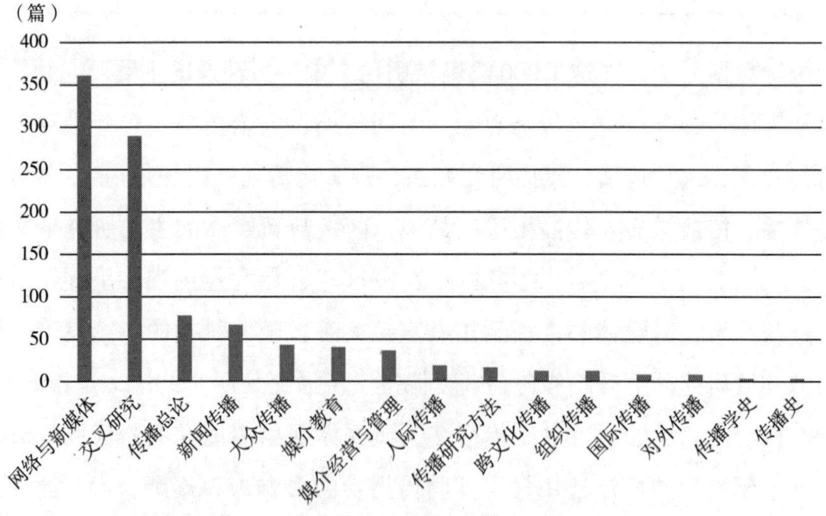

图4-2　中国传播学高被引论文各主题发表情况

（三）刊物来源分析

统计数据表明，新闻传播学期刊是发表传播学论文的主要阵地。排在前十位的刊物，8 本为新闻传播类别（参见表 4-4）。前十名的刊物发表高被引论文总数为 433 篇，占统计论文总数的 43.3%，其中《国际新闻界》和《现代传播（中国传媒大学学报）》分别处于第一位和第二位，占总数的 9.4% 和 8.2%，遥遥领先于其他期刊。此外，这些刊物发行地多集中于北京和上海，其中《国际新闻界》《现代传播（中国传媒大学学报）》《新闻与传播研究》《新闻与写作》四种刊物位于北京，占论文总数的 24.3%；《新闻记者》《新闻大学》两种刊物位于上海，占论文总数的 6.3%。从时间轴的角度来分析刊发高被引论文的刊物可以发现，自 1994 年以来，《国际新闻界》《现代传播（中国传媒大学学报）》《新闻与传播研究》发表的高被引论文一直都保持着较高的数量，其总量累计为总数的 21.6%。

表 4-4 中国传播学高被引论文发表刊物统计（前 10 名）

刊物	数量（篇）	占百分比（%）	排名
国际新闻界	94	9.40	1
现代传播（中国传媒大学学报）	82	8.20	2
当代传播	41	4.10	3
新闻与传播研究	40	4.00	4
新闻大学	34	3.40	5
新闻界	31	3.10	6
新闻记者	29	2.90	7
情报杂志	28	2.80	8
图书情报工作	27	2.70	9
新闻与写作	27	2.70	9

由图 4-3 可知，在 1978—2017 年间，高被引论文数量总体呈正态分布，1994—2007 年上升趋势明显，2008 年稍有回落，2010 年达到最高峰。高被引论文集中分布在 1999—2014 年间，占总量的 96.1%，每年的高被引文献平均

超过60篇，说明传播学进入了一个快速发展时期。但在2015年以后，高被引论文都没有超过10篇，甚至2016年只有2篇，这与文献半衰期有一定的关系。由此可见，高被引论文数量在1978—2017年间整体呈现出积累、提升和爆发的阶段性特征：1994年之前的高被引论文数量基本处于停滞，1994—1999年呈现上升趋势，2002年之后出现了大幅度提升，并出现了2004年、2006年、2011年几个高峰。以上数据从高影响力研究的角度展示了中国传播学的发展。

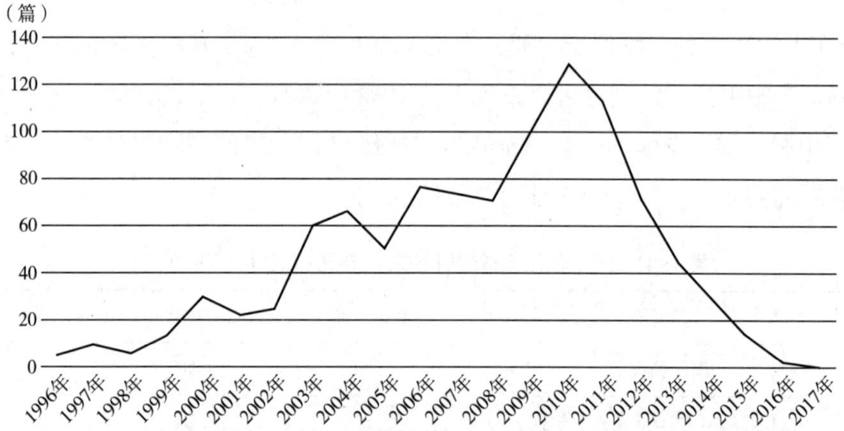

图 4-3 中国传播学高被引论文发表情况变化趋势（1978—2017年）

（四）作者分析

表4-5显示，中国传播学高被引论文高产作者中，发表3篇以上的有43人，论文数量为242篇，占所有高被引论文的24.2%。其中发表10篇以上的作者共有6人：喻国明发表31篇，彭兰发表21篇，陈力丹发表16篇，邵培仁发表11篇，蔡骐、匡文波分别发表10篇。这6位作者排名中国传播学高被引论文发表的前6名，共计99篇，占高被引论文总量的9.9%。蔡雯、曾润喜、姜胜洪分别发表了7篇，程曼丽、周葆华分别发表了6篇，李良荣、刘海龙、谢新洲分别发表了5篇。发表4篇的作者有8人，发表3篇的作者有21人。以上43位作者贡献了中国传播学高被引论文数量的近1/4。此外，还有773位作者贡献了1篇或2篇高被引论文。这一数据说明中国传播学研究群

体中，既有强有力的核心群，也有较强的、数量可观的潜力研究队伍。

表 4-5　中国传播学高被引论文高产作者统计　　单位：篇

作者	著作数量	作者	著作数量	作者	著作数量
喻国明	31	单波	4	兰月新	3
彭兰	21	丁未	4	李本乾	3
陈力丹	16	高钢	4	刘小燕	3
邵培仁	11	马费成	4	刘毅	3
蔡骐	10	王国华	4	孟建	3
匡文波	10	熊澄宇	4	潘忠党	3
蔡雯	7	张自力	4	宋小卫	3
曾润喜	7	陈红梅	3	王平	3
姜胜洪	7	陈龙	3	王怡红	3
程曼丽	6	丁柏铨	3	余秀才	3
周葆华	6	何道宽	3	袁毅	3
李良荣	5	何国平	3	周海英	3
刘海龙	5	胡昌平	3	李彪	3
谢新洲	5	黄旦	3		
方兴东	4	黄升民	3		

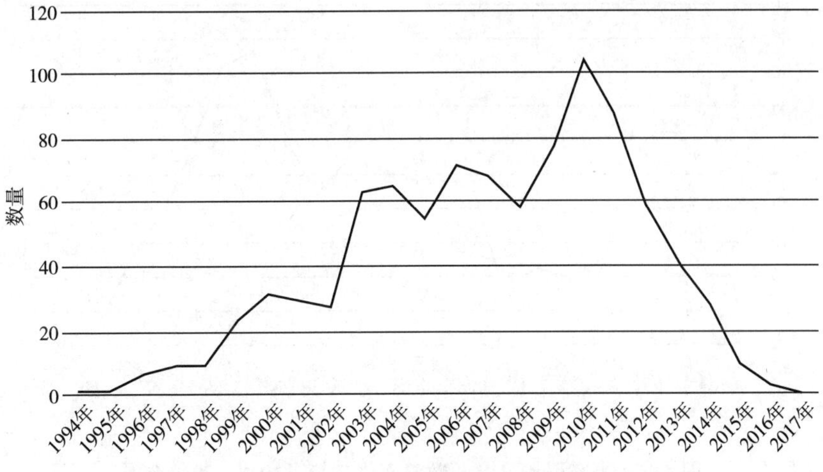

图 4-4　中国传播学高被引论文作者数量变化趋势（1978—2017 年）

1 000 篇高被引论文共有 816 位作者。从 20 世纪 80 年代初到 90 年代末，中国传播学高被引论文作者数量不多。一方面，当时传播学研究在我国还处于起步阶段，研究人群不够多，学术期刊数量与发文量也比较有限；另一方面，学术规范是传播学研究在不断的发展过程中逐渐建立的，早期研究的引用规范性等方面也有所欠缺。2002 年之后，高被引作者数量激增，最主要的原因似乎还应是学术队伍的激增和学术规范提到了一定的高度。随着时代的发展，原有知识变得陈旧，新研究成果不断出现，虽然 1994 年之前所发表的论文被引用相对有限，但整个 20 世纪八九十年代的学术成果积累，为 21 世纪以来研究的不断深入和学术创新无疑起到了不可忽视的基础作用。

作者合著量能表现出作者的创作形式，它是反映该学科研究者合作智能发挥程度的重要指标，对比图 4-4、图 4-5 的统计结果表明，合著数量与高被引论文作者的总数量变化趋势大致相同。1998 年之前，多为个人发表，合著数量仅为 3 篇；1999—2010 年，合著数量总体呈上升趋势，但有小幅度的波动，其中 2007—2008 年间下降幅度较为明显，2010 年合作数量为 43 篇，达到最高峰，显示了我国传播学研究日益向合作联合方向发展；2011 年以后合著数量呈明显下降趋势，到 2013 年合著数量和 1998 年趋近相同。从图 4-5 中可以看出，合著有四个较为明显的起伏现象，这意味着合著量发展不够稳

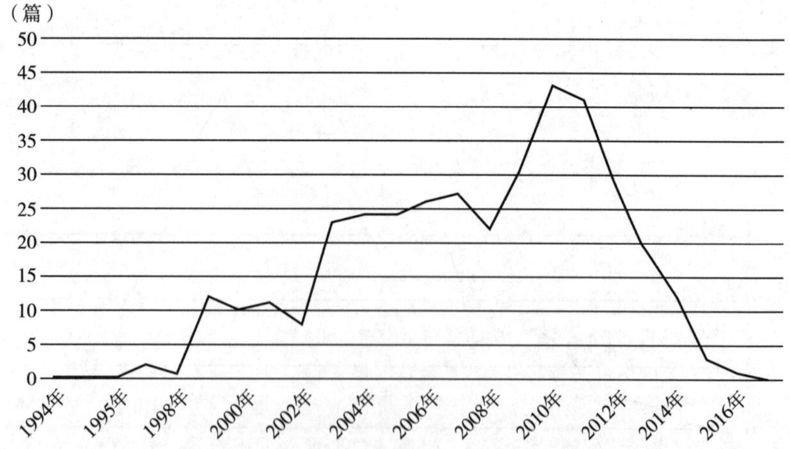

图 4-5　高被引论文合著数量变化趋势（1978—2017 年）

定，与独立发表的数量相比，合著比例明显不高。合著体现的是一种团队合作意识，有助于学者之间取长补短，在这方面我国传播学界还有待进一步加强合作。

二、中国传播学高被引论文的主题特征及演进

通过从中国知网（CNKI）的中国引文数据库获得的数据，利用社会网络分析方法，录入以上统计出的被引排名前 1 000 的论文关键词，先选择频次不少于 2 次的关键词，然后计算它们中任意两个关键词在所有论文中同时出现的次数，并将共现计算得到的数据用社会网络分析中常用的 Pajek 软件进行可视化，这样就得到了图谱。图谱中的每个顶点代表 1 个关键词，顶点之间的连线代表这 2 个词有同时出现在 1 篇论文中的情况，线条粗重的说明它们共同出现在同一篇论文中的次数多，反之则共同出现在同一篇论文中的次数少。我们将高被引论文分成 1978—1996 年、1997—2004 年、2005 年至今（统计年份截至 2017 年底）三个阶段进行研究。

（一）阶段一（1978—1996 年）

阶段一出现关键词共 83 个，其中“传播学研究”出现了 3 次，“人际传播”“传播研究”“传播时代”“传播学者”各出现了 2 次，其他 78 个词汇各出现了一次（见表 4-6）。在这些关键词中，出现了“传播”“信息”“传者”“传播要素”“传播过程”等词汇，表现出早期研究对传播学核心研究词汇的把握；“米德”“库利”“施拉姆”“拉扎斯菲尔德”等西方传播学者人名和“信息生态”“把关人”“模式论”“批判学派”等理论概念的出现，则体现出了我国学者早期对西方理论的介绍和理解。此外，“中国大众”“经济增长”“信息需求”“文化政策”等词汇则或多或少地与中国现实相联系。可见，阶段一出现的高被引论文整体呈现出的特点为，侧重于对西方传播的介绍，同时结合中国现实，还与信息社会这样一个大背景相联系。

表 4-6 中国传播学高被引论文（1978—1996 年）高频关键词统计（词频≥1）

关键词	词频	关键词	词频	关键词	词频	关键词	词频
传播学研究	3	传播业	1	国家信息中心	1	传播要素	1

续表

关键词	词频	关键词	词频	关键词	词频	关键词	词频
人际传播	2	米德	1	测度方法	1	模式论	1
传播研究	2	初级群体	1	指数和	1	传播过程	1
传播时代	2	传播学界	1	信息部门	1	新闻学	1
传播学者	2	库利	1	信息基础设施	1	传播现象	1
中国大众	1	施拉姆	1	国内生产总值	1	传播史	1
电视报道	1	现代传播媒介	1	信息化指数法	1	传播革命	1
建设信息	1	公众舆论	1	报告模式	1	语言传播	1
权力的转移	1	拉扎斯菲尔德	1	信息技术	1	互动传播	1
未来社会	1	媒介批评	1	当代传播	1	电子传播	1
信息生态	1	美国媒介	1	传播对象	1	邵培仁	1
信息超载	1	传播学理论	1	数据库技术	1	二次传播	1
信息污染	1	人类命运	1	信息需求	1	全球传播	1
生态失调	1	传者	1	传媒机构	1	社会交往活动	1
信息垄断	1	舆论监督	1	信息媒介	1	潘忠党	1
信息垃圾	1	电影批评	1	信息传播过程	1	日常交往	1
信息匮乏	1	把关人	1	类型信息	1	内容与形式	1
信息法规	1	大媒介	1	信息接收	1	文化政策	1
权力者	1	批判学派	1	传播模式	1	媒介影响	1
信息载体	1	经济增长	1	纵向扫描	1	电视节目	1
传播阶段	1	信息要素	1	传播活动	1		

如图 4-6 所示，整个图谱呈现出节点式连接，没有构成绝对的中心词汇。这些节点词汇是："传播时代""人际传播""传播研究""传播学研究"，其中，"传播学研究"形成了一个小区域内的中心，这一点与原创著作研究结果具有一致性。具体分析，"信息超载" + "信息污染" + "信息垄断" + "信息垃圾" + "信息匮乏" 探讨的是信息生态问题，"米德" + "库利" + "施拉姆" + "拉扎斯菲尔德" + "初级群体" 讨论的是人际传播的问题，"语言传播" + "互动传播" + "电子传播" + "传播时代" 则是对人类传播革命的

总结，“传播活动”+“传播要素”+“传播过程”涉及的是传播模式的分析，“日常交往”+“文化政策”+“媒介影响”+“当代传播”讨论的是媒介文化。在阶段一发表的高被引论文中，话题集中在信息研究、传播层级研究、传播史研究、传播模式研究以及媒介文化研究等。

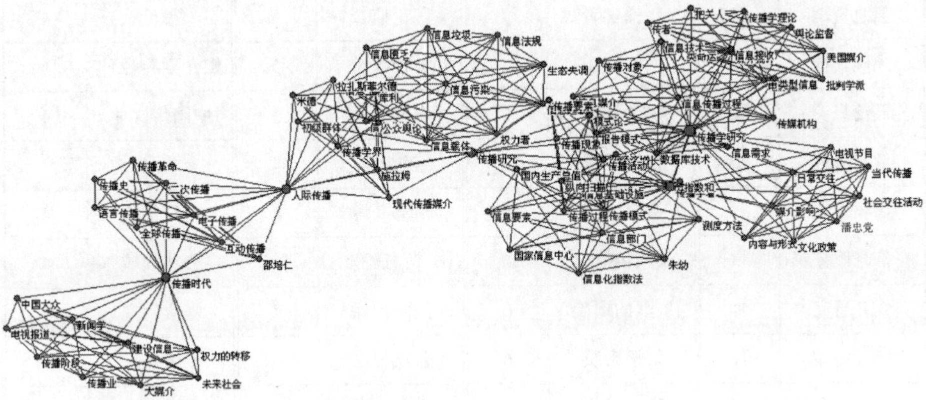

图 4-6　中国传播学高被引论文（1978—1996 年）的主题结构

（关键词频次≥1，共现频次≥1）

（二）阶段二（1997—2004 年）

阶段二出现关键词共 1 343 个，其中出现频次 4 次以上的共有 74 个（见表 4-7）。“信息技术”出现频次最多，达到了 21 次，可以看出以“信息”为中心的技术革命在传播研究中的地位；“大众传媒”出现了 18 次，可以发现对大众传播研究的侧重；“人际传播”（13 次）、“网络传播”（7 次）、“国际传播”（4 次）和“组织传播”（4 次）这些词汇的出现，则说明传播层级研究的开展；“议程设置”（12 次）、“沉默的螺旋”（6 次）、“信息环境”（5 次）凸显出这些传播理论被重视程度较高；“媒介素养”（7 次）和“媒介生态”（6 次）则说明新研究领域的出现。

表 4-7　中国传播学高被引论文（1997—2004 年）高频关键词统计（词频≥4）

关键词	词频	关键词	词频	关键词	词频	关键词	词频
信息技术	21	媒介信息	7	媒介文化	5	主流媒介	4

续表

关键词	词频	关键词	词频	关键词	词频	关键词	词频
大众传媒	18	电子媒介	7	传播学	5	信息化	4
传播学研究	16	印刷媒介	7	网络媒介	5	媒介教育	4
知识管理	13	网络	7	传播学理论	5	议程设置功能	4
信息资源	13	传播学者	7	舆论监督	5	舆论	4
人际传播	13	网络传播	7	传媒	5	媒介素养教育	4
信息	12	人民网	6	农村受众	5	中国传媒业	4
信息管理	12	传播渠道	6	李普曼	4	政府	4
议程设置	12	媒介生态	6	消息来源	4	课程整合	4
信息服务	11	大众传播学	6	信息源	4	公共领域	4
媒介研究	11	沉默的螺旋	6	国际传播	4	受众研究	4
媒介传播	10	信息素质	6	公众舆论	4	传播效果	4
跨文化传播	9	信息时代	5	媒介影响	4	受众	4
传播	9	新闻报道	5	传播过程	4	新闻与传播研究	4
信息素养	9	信息环境	5	把关人	4	信息需求	4
新闻媒介	8	传播研究	5	评价	4	组织传播	4
传播理论	8	信息资源管理	5	网络信息资源	4	强国论坛	4
媒介接触	8	传播模式	5	评价指标	4		
媒介素养	7	因特网	5	电视节目	4		

如图 4-7 所示，图谱整体呈现出蜘蛛网状，关键词之间的连接关系较为密切，并呈现出由“信息技术”“大众传媒”“传播学研究”“知识管理”“信息资源”“人际传播”“信息”等多词汇形成的交叉网络结构。其中，较为密切的三角连接有“大众传媒”+“议程设置”+“传播学研究”、“媒介素养”+“媒介传播”+“媒介接触”、“媒介生态”+“媒介传播”+“媒介信息”等。与此阶段的著作图谱不同，高被引论文没有出现少数关键词过分集中的情况，而是呈现出多个高频关键词共现。关键词数量的激增，说明此阶段传播学多个领域的研究迅速展开，其中以“信息”“网络”等新媒体研究尤其引人注目，而“大众传播”“电子媒介”“主流媒介”等词汇则同时昭

示着传统媒体研究的地位和作用，“媒介素养”“网络传播”等新兴研究随着科技进步和社会发展在这一阶段日益受到重视。以上因素共同促成了这些领域受到更多的关注。

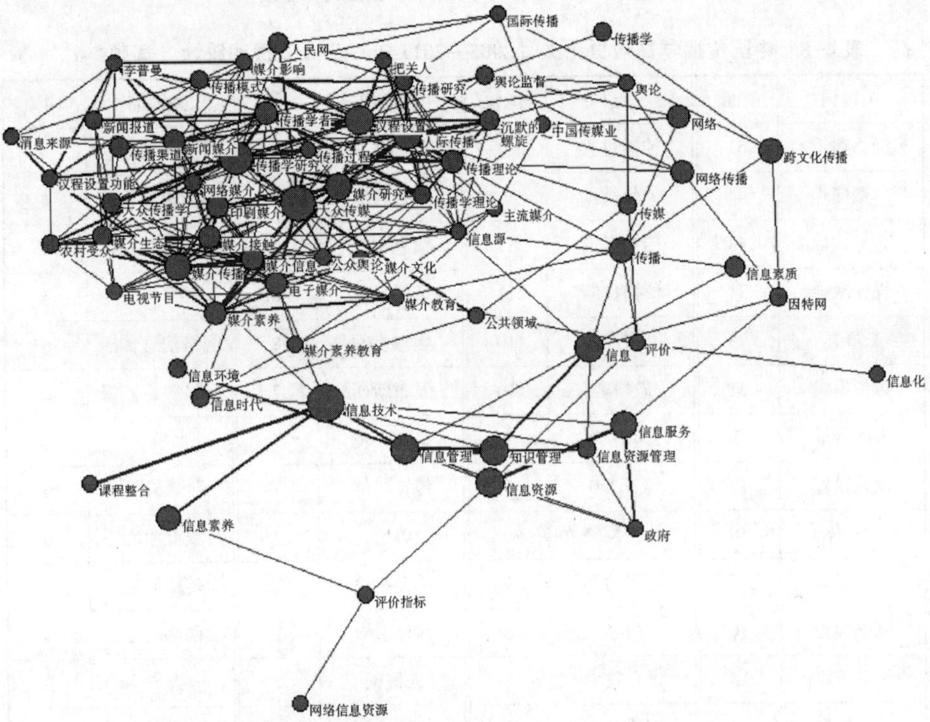

图 4-7　中国传播学高被引论文（1997—2004 年）的主题结构

（关键词频次≥4，共现频次≥1）

（三）阶段三（2005—2017 年）

阶段三共出现关键词 1 956 个，表 4-8 仅列出词频在 6 次以上的关键词。此阶段高频关键词最明显的特征就是网络新媒体所占比重很高：“网络舆情”（51 次）、“微博”（44 次）、“新媒体”（25 次）、“自媒体”（18 次）、“互联网”（14 次）、“网络”（12 次）、“网络媒介”（10 次）、“微博客”（10 次）、“Web2. 0”（9 次）、“博客”（8 次）、“SNS”（8 次）、“虚拟空间”（8 次）、“人民网”（7 次）、“网络论坛”（7 次）、“网络信息传播”（6 次）、“网络舆论监督”（6 次）、“手机媒体”（6 次）等，诸多高频词汇反映出网络传播研究在当前的重要地位。“媒介素养教育”（13次）依然受到重视，“传播过程”（11次）、“传播渠道”（11次）、“传播机制”（11次）等词汇则表现出对传播要素的细致考察。“舆论”（7次）、“社会舆论”（7次）、“舆论引导”（7次）则凸显出学界对当前社会舆论的状况与调控的关注。

表4-8 中国传播学高被引论文（2005—2017年）高频关键词统计（词频≥6）

关键词	词频	关键词	词频	关键词	词频	关键词	词频
网络舆情	51	传播过程	11	指标体系	8	电子政务	6
微博	44	传播	11	传播特点	8	群体极化	6
意见领袖	33	传播渠道	11	信息生态	8	舆论领袖	6
媒介融合	31	传播机制	11	传播特征	8	媒介机构	6
新媒体	25	网络媒介	10	虚拟空间	8	网络信息传播	6
传播模式	21	微博客	10	发布新闻	7	网络舆论监督	6
人际传播	19	公共领域	9	媒介环境	7	大学生	6
议程设置	19	Web2.0	9	传统媒体	7	媒介	6
自媒体	18	社交网络	9	舆论	7	媒介生态	6
媒介素养	17	传播活动	9	社会舆论	7	传播研究	6
网络舆论	16	博客	8	舆论引导	7	网络暴力	6
大众传媒	15	媒介技术	8	人民网	7	互动	6
互联网	14	传播学者	8	传播主体	7	现状	6
传播形态	14	舆情	8	网络论坛	7	公众情绪	6
媒介素养教育	13	舆论监督	8	私人领域	6	手机媒体	6
信息传播	13	群体性事件	8	信息生态系统	6	信息发布者	6
把关人	13	SNS	8	媒介传播	6	传媒产业	6
突发事件	12	社会网络	8	媒体时代	6		
网络	12	政治传播	8	传播时代	6		

更为细致的考察可以通过对图谱的分析来获得，如图4-8所示，这个图形呈现出高度繁复的网络连接，其中“网络舆情”“微博”“意见领袖”“媒介融合”“新媒体”“传播模式”等作为最主要的词汇被放大，其周围的较强连接关系主要表现在：“网络舆情”+“意见领袖”表现出网络传播研究中对

于网络舆论形成中的关键人物的关注，“微博”+“意见领袖”亦有此意，而“大众传媒”+“意见领袖”意味着传统强势媒体对舆论关键人物的重视，“意见领袖”+“传播过程”则说明对意见领袖在传播过程中的作用考察是一个研究重点。“网络舆情”+“突发事件”的强连接也说明了当前社会突发事件与网络的密切关系，“网络舆情”+“传播机制”表明一些研究者已经从传播机制的角度来研究网络舆论。“自媒体”+“传播形态”表现出从传播形态角度来研究自媒体等新兴媒介形式，“SNS”+“人际传播”+“社交网络”表现出三者之间的密切关系。综观图 4-8，关键词之间的两两连接相对较强，三角强连接不多，但关键词之间依然形成了千丝万缕的联系，体现出研究内容之间比较紧密的勾连关系。与“网络舆情”“微博”“意见领袖”“传播模式”“传播形态”“自媒体”等诸多高频关键词相联系的一个词语，是“议程设置”，可见议程设置理论在网络和网络舆情研究中的重要地位。此外，“大众传媒”+“媒介融合”、“传统媒体”+“新媒体”、“大众传媒”+“政治传播”和“大众传媒”+“舆论监督”等构成了此阶段对于传统媒体较突出的讨论话题。从数量上看，此阶段的高被引论文形成的是一个以网络传播特别是网络舆情为主要部分的主题分布。

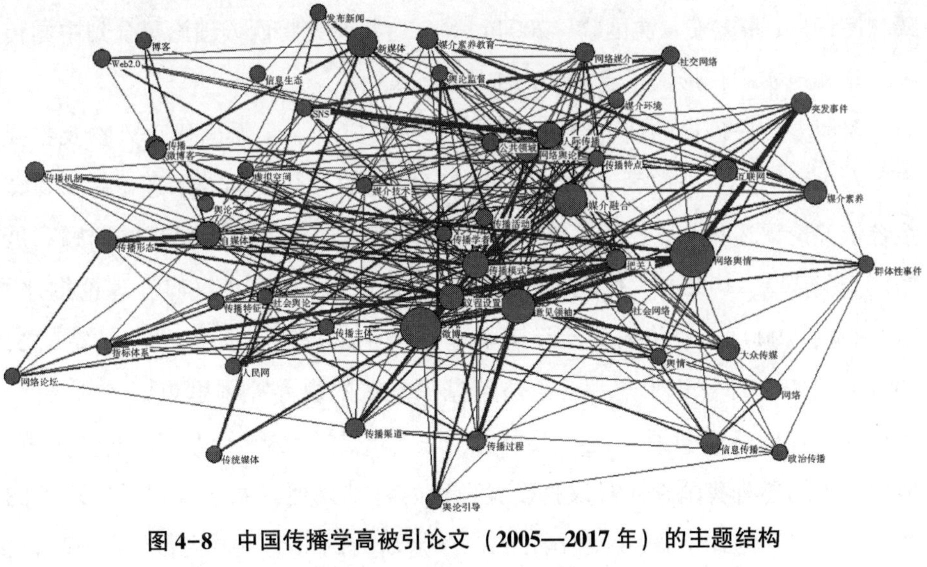

图 4-8　中国传播学高被引论文（2005—2017 年）的主题结构

（关键词频次≥6，共现频次≥1）

（四）中国传播学论文的研究思路与脉络

基于图谱的分析展示出我国传播学高被引论文的研究热点和主题分布。进一步结合具体论文，可以发现这些论文所体现出的研究脉络，从延续性的角度来观察这些论文的研究。

第一阶段的传播学高被引论文主要集中在传播学基础理论，如《论人类传播史上的五次革命》（邵培仁，1996）、《传播媒介与文化：社会科学与人文学研究的三个模式》（潘忠党，1996）等。同时，基础理论研究中已经出现了理论创新，如《传播模式论》（邵培仁，1996）中提出的“整体互动论”模式，体现出传统文化中的生态观，发展了传播学中“互动”的基本原则，形成了具有中国文化特质的创新研究，从而呼应了具有我国特色的本土化研究取向。

第二阶段的本土化研究逐渐发展成在西方传播理论启发下针对中国社会文化与实践进行的理论创新，如《论媒介生态的五大观念》（邵培仁，2001）、《萌芽中亟待关注的研究领域——我国健康传播的现状分析和前瞻》（燕晓英，2003）、《从广州肺炎事件看流言的传播与控制》（刘海龙，2003）、《媒介素养：一个亟待重视的全民教育课题——对中国大陆媒介素养研究的回顾和简评》（张志安、沈国麟，2004）等。这些研究将西方理论契合到中国传统文化和现实中，形成了有意义的中国研究。

对西方传播理论的研究继续进行，一些西方著名学派的代表人物及主要观点在中国进一步被放大，如《一种独辟蹊径的大众传播效果理论——媒介系统依赖论评述》（张咏华，1997）、《西方当代传播学学术思想的回顾和展望》（陈卫星，1998）、《媒介革命与学习革命——麦克卢汉媒介理论批评》（何道宽，2000）、《传播政治经济学理论泰斗达拉斯·斯麦兹》（郭镇之，2001）、《媒介即意识形态——论法兰克福学派的媒介控制思想》（邵培仁、李梁，2001）、《哈贝马斯的“公共领域”理论与传媒》（展江，2002）等。值得注意的还有我国学人对议程设置理论的特别兴趣，如《议程设置理论的产生、发展和内在矛盾——美国传播学效果研究的一个重要视野》（殷晓蓉，1999）、《对“议程设置”论的修正——关于传播学未来走向的个案研究》

（刘建明，2000）、《大众传播学的议程设置理论与框架理论关系探讨》（张洪忠，2001）、《中国传媒“议题设置功能”现状分析——我国首次就传媒“议题设置功能”进行抽样调查》（张国良、李本乾，2001）、《受众议程、媒介议程与真正现实关系的实证研究》（李本乾、张国良，2002）、《议程设置的第二层与媒体政治——从〈事关重要的新闻〉说起》（刘海龙，2004）等。

当然，第二阶段研究的主要热点在信息技术和网络传播，而这一研究领域往往与本土化研究相结合，或者与许多领域研究相结合，如《大众传播理论如何面对网络传播》（陈力丹，1998）、《因特网上的跨文化传播》（李展，1999）、《“沉默的螺旋”假说在互联网环境下的实证研究》（谢新洲，2003）、《媒体素养教育在信息时代》（张开，2003）、《媒体变革的经济学与社会学——论博客与新媒体的逻辑》（方兴东、胡泳，2003）等。网络舆论研究已经受到重视，如《网络舆论概念及特征》（谭伟，2003）、《网络舆论与网络舆论的引导》（邓新民，2003）。此外，媒介经营与管理方面的研究也得到较高关注，如《影响力经济——对传媒产业本质的一种诠释》（喻国明，2003），《关于传媒影响力的诠释——对传媒产业本质的一种探讨》（喻国明，2003）等。

第三阶段高被引论文数量最多，各领域成果均较丰富，以网络与新媒体为中心的探讨最为丰富，占近八成。网络舆情研究最热，如《解读新媒体的几个关键词》（喻国明，2006）、《网络舆情事件的应急处理研究》（徐晓日，2007）、《网络舆情热点的形成与发展、现状及舆论引导》（姜胜洪，2008）、《互联网络舆情预警机制研究》（吴绍忠、李淑华，2008）等。新媒体相关研究也是重点，如《微博客传播形态解析》（孙卫华、张庆永，2008）、《“新媒体”概念辨析》（匡文波，2008）、《网络舆情管控工作机制研究》（曾润喜，2009）、《Twitter：微博客时代的到来》（刘晖，2009）、《微博互动的结构与机制——基于对新浪微博的实证研究》（夏雨禾，2010）等。围绕着网络与新媒体的多学科探讨很多，如《内容分析法在网络舆情信息分析中的应用》（刘毅，2006）、《从传播学角度解构微信的信息传播模式》（高钢、陈绚，2006）、《新媒体：大学生思想政治教育的机遇与挑战》（徐振祥，2007）、《微博时代“意见领袖”特点探析》（宋好，2010）等。

基础理论研究方面，有《美国早期的传播思想及其流变——从芝加哥学派到大众传播研究的确立》（黄旦，2005）、《试论传播学方法论的三个学派》（陈力丹，2005）、《中国跨文化传播研究十年回顾与反思》（关世杰，2006）、《西方媒介生态理论的发展及其理论价值与问题》（单波、王冰，2006）、《框架分析：一个亟待澄清的理论概念》（陈阳，2007）、《媒介环境学辨析》（何道宽，2007）、《论欧文·戈夫曼的框架思想》（肖伟，2010）等。对西方传播学流派与重要理论的阐述，有利于学科基础理论的巩固和发展。本土化思路下的传播研究主要有：《中国大陆大众传媒公信力的实证研究》（廖圣清、李晓静、张国良，2005），《信息生态位理论探讨》（娄策群，2006），《论中国媒介的地理集群与能量积聚》（邵培仁，2006），《媒介生态学研究的新视野——媒介作为绿色生态的研究》（邵培仁，2008），《危机传播研究的“西方范式”及其在中国语境下的“本土化”问题》（史安斌，2008），《中国主流媒体与主流价值观之构建》（林晖，2008）。中国传播学人在依托传统文化发展传播理论的同时，也注重阐释当代中国现实问题，从而形成了当前中国传播学研究的本土化发展特色。

此外，媒介融合、媒介文化、新闻传播、国际传播、媒介与女性、农村传播等众多领域也出现了高水平的研究成果。以上列举的论文只是很少的一部分，仅为了说明我国传播学论文的一条大致的研究思路。通过对高被引论文整体呈现出的主要研究思路的整理可以发现，我国传播研究从早期的学科整体介绍逐步细化到领域研究，同时问题意识越来越强，以传统文化的思路探讨传播学本土化的研究越来越少，联系当代社会解决现实问题的研究越来越多，特别在涉及科技进步和社会变革方面的领域研究较为扎堆。

三、总结与思考

对 40 年来传播学高被引论文的考察作为探讨我国传播学发展的一种手段，可以描述我国传播学研究成果的一些特点和倾向，希冀从某些角度在一定程度上描述中国传播学的发展。根据 CNKI 数据库的统计，自 1978 年到 2017 年，传播学领域共发表了 159 976 篇论文，其数量一直保持着持续快速增长，表现出传播学者们孜孜不倦的探索精神及传播学旺盛的生命力。

从论文数量的增速来看，20 世纪 80 年代的论文数量有限，增速较缓慢；1993 年之后，论文增速开始变快；2003 年之后，论文增速明显变快。三阶段论文增速的逐步加快，直接体现出传播学研究队伍的不断扩大，毕竟有足够的研究队伍才有发表如此数量论文的需求和能力，学科建制也由此日渐完善。

从研究类型来看，网络与新媒体研究占比最大，占近 4 成（36.2%）。一方面，科技发展导致一系列社会变化，引起传播学界的足够重视；另一方面，网络与新媒体研究始于 20 世纪末，这正是我国传播学建制大发展时期，研究队伍的扩大必然带来论文发表数量的激增，作为最显著的研究主题，网络与新媒体研究自然受到学人（特别是年轻学人）的关注。交叉研究一直是传播学研究的重点之一，跨学科交叉研究领域的扩大和深入，展现着传播学发展的生命力。此外，媒介经营与管理、媒介教育、新闻传播、国际传播、跨文化传播、对外传播等领域也得到较大的关注，显示出传播学界对现实问题的敏感。传播总论、大众传播、人际传播、组织传播和传播研究方法、传播史等领域也受到较大关注，这些方面都是传播学科本体理论构架的重要组成部分，体现出学科理论体系的不断充实。整体来看，以网络与新媒体为主的一系列关注现实的领域研究和以传播总论为导向的本体理论研究，构成了高被引论文的绝大部分，显现出中国传播学研究的主要结构特点。

从高被引论文的发表期刊来看，大学与研究所等科研单位主办的刊物较多，如《国际新闻界》《现代传播（中国传媒大学学报）》《新闻与传播研究》《新闻大学》等，这些刊物的文章往往学理性较强。传媒业界主办的刊物中，有一些则较为偏向实践与现实问题，如《新闻记者》《今传媒》《新闻与写作》等；另外一些则在偏向学理性的同时，各具特色地在传播学术研究和业界实践探讨之间找平衡点，如《当代传播》《新闻界》《东南传播》。期刊的特色可以反观我国传播研究中如何处理纯理论研究与现实问题的结构特点，即传播实践中所产生的务实的眼下问题需要上升为经验式总结，这同时也需要相关理论做出回应，这是传媒业界主办期刊的主要特色，这些刊物同时给学术研究提供了学术界以外的平台，给予学术研究以更多的发表机会。科研单位主办的刊物在更多地构建学科理论框架和丰富学理知识的同时，对现实问题进行学理观照，解析现实问题的同时充实、丰富和发展学科理论。所以，很多著名传播学者可以适应不同杂志的需求发表文章，以不同的话语适应倾向学理和偏向实践的写作路线，从而在一定程度上完成我国传播学科从理论到实际的勾连。从期刊所在地来看，北京最多，其次是上海，这又一次认证了我国传播学研究的学术高地。

高被引论文作者中，43 位作者贡献了 1/4 的高被引论文，这些学者大都是传播学名家。更有 773 位作者发表了 1 篇或 2 篇高被引论文，这些正在成长中的潜在核心作者也是值得关注的。高被引论文作者作为整体，是中国传播学研究群体的主要实力体现。

高被引论文的研究主题，从 20 世纪 80 年代的传播学科基础理论研究开始，逐步扩展到与现实联系紧密的媒介经营与管理和 21 世纪以来的网络与新媒体研究。从主题图谱来看，从 20 世纪 80 年代的若干节点词汇连接所成的线性点状长链，逐步变化成复杂蛛网结构。在此过程中，逐渐出现了一批高频关键词（见表 4-9）。这些高频关键词所形成的图谱（见图 4-9）整体呈现出繁复的蛛网状，并且出现了以“网络舆情”“微博”“意见领袖”“人际传播”“大众传媒”“媒介融合”“议程设置”“传播模式”“新媒体”“媒介素养”等多个词汇为主的多中心网状图形。与原创著作研究图谱中的少数词汇的绝对中心地位相比，高被引论文所展现出的多中心状态则展现出我国传播研究的丰富性。与原创著作出版周期长，更强调基础性、填补性和共识性相比，论文发表时间相对短，写作可以追随时效性，观点可以前卫而富有争论性，这些特点让传播学论文在研究视野、现实意义和理论创新方面拥有更大的自由度，这些论文的理论积淀为日后的著作出版、流传后世做了基础准备。

表 4-9　中国传播学高被引论文（1978—2017 年）高频关键词统计（词频≥10）

关键词	词频	关键词	词频	关键词	词频	关键词	词频
网络舆情	51	自媒体	18	舆论监督	14	信息素质	11
微博	44	传播渠道	17	知识管理	13	政治传播	11
意见领袖	36	互联网	17	传播理论	13	媒介信息	10
人际传播	34	传播学者	17	人民网	13	社会网络	10
大众传媒	33	媒介素养教育	17	媒介研究	13	指标体系	10

续表

关键词	词频	关键词	词频	关键词	词频	关键词	词频
媒介融合	31	传播过程	16	传播研究	13	博客	10
议程设置	31	信息	16	媒介接触	13	传播特点	10
传播模式	27	信息服务	16	公共领域	13	网络论坛	10
新媒体	26	媒介传播	16	新闻媒介	12	新闻报道	10
媒介素养	24	信息资源	15	跨文化传播	12	传播学	10
信息技术	24	传播形态	15	网络传播	12	电子媒介	10
传播学研究	23	网络媒介	15	突发事件	12	传播学理论	10
传播	20	信息传播	15	媒介生态	12	公众舆论	10
网络	19	信息管理	14	舆论	11	传统媒体	10
网络舆论	19	信息素养	14	传播活动	11	微博客	10
把关人	18	传播机制	14	信息生态	11		

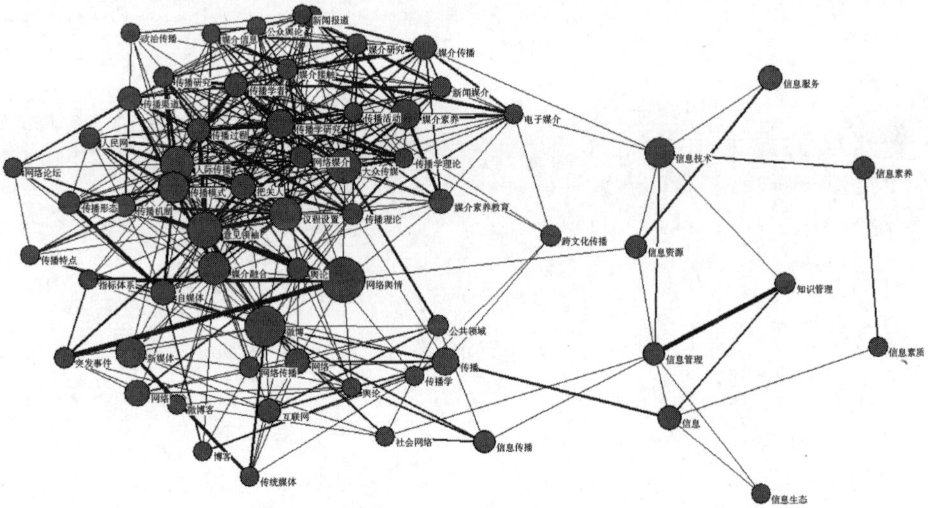

图 4-9　中国传播学高被引论文（1978—2017 年）的主题结构

（关键词频次≥10，共现频次≥1）

下　　篇

第五章

交叉化：中国传播学研究理路的显著特点

当今时代，科学发展呈现出高度分化和高度综合的趋势，这使得各门学科之间相互交叉、相互渗透、高度综合，各种形式的交叉学科层出不穷、迅速成长。交叉学科的产生和发展，开拓了人类认识自然和社会的新领域，提供了人类改造自然和社会的新原理和新方法，是人们认识世界的一种飞跃，具有划时代意义。传播学是在诸多学科领域发展到一定高度的时候，在与社会传播相联系的边缘地带形成的一门综合学科。传播学研究不仅加深了人们对社会传播系统的认识，还在与其他学科的交叉研究地带不断出新，促使其他很多学科学者跳出自己原有学科的有限天地，冲破传统学科方法的束缚，面对新的条件和新的科学事实，进行新的思考，以求发展当代学术研究的新原理、新理论、新方法和新领域。

一、传播学交叉研究的缘起、意义与原则

交叉学科，是指在一定的条件下，由不同学科领域、部门和分支学科交叉渗透、彼此结合、相互作用而形成的新型学科。最早公开使用“交叉学科”术语的是美国哥伦比亚大学心理学家 K. S. 伍德沃思。1926 年，他指出：社会科学理事会是几个学科的集合，要努力促进不止一个学科的研究。1930 年，美国社会科学研究理事会在一份有关理事会目标的声明中，正式使用“交叉学科的活动”的说法。1937 年，“交叉学科”术语首次被收入《新韦氏大学词典》和《牛津英语辞典补本》。随着时间的推移，到了 20 世纪五六十年代，“交叉学科”成为学术界普遍使用的术语。[①] 传播学作为一门社会科学，以人

---

① 参见金哲：《论当代交叉学科》，《上海社会科学院学术季刊》1994 年第 3 期。

类信息交流的行为与传播活动的过程为主要研究对象，是一门建立在多学科基础之上的新兴的知识领域，它诞生在新闻学、政治学、社会学、社会心理学、文化人类学、信息论、系统论、控制论等诸多学科和社会传播相交叉的边缘地带，与这些学科有着密切的关系；同时，随着传播学理论的不断整合，其研究视角、概念、理论、方法的不断创新，促进了一些新研究领域的不断发展，为不同学科提供了新的理论与研究视角的选择。因此，传播学跨学科的交叉特征从诞生伊始就十分明显。按照威尔伯·施拉姆（Wilbur Schramm）的说法，传播学就是一个公共汽车站，任何一个学科的学者都可以在这里上车，也可以随时在这里下车。传播学实际上存在于很多学科对于人类社会各种传播现象的研究之中，其学科交叉的特点是与生俱来的。

传播学的交叉研究，是传播学在自我发展的过程中，不断地与其他学科和其他领域彼此渗透、彼此结合、相互作用而形成的新兴学科或研究领域。真正的交叉研究不是几个学科的简单相加，而是各个学科在思想和方法上的融合。所以，传播学交叉研究的方法和关注点都应是多元的。传播学交叉研究不仅是自身发展的需要，也是整体学术界发展的需要，因此具有重要的意义。

（一）传播学交叉研究促进本学科不断创新

交叉学科研究是在一定的条件下，由不同的学科或不同领域之间相互联系、相互作用、彼此融合的结果。交叉学科生长在不同学科之间的边缘地带，是科学尚未开垦的处女地，具有极大的研究价值，往往能取得丰硕的创新成果。传播研究是一种交叉性质的研究，交叉研究成果积累到一定程度，就可能形成某一门新学科。从学科起源来看，传播学诞生于很多其他学科的交汇处，传播学的奠基人拉斯维尔是政治学家，卢因是社会心理学家，拉扎斯菲尔德是社会学家，霍夫兰是实验心理学家，他们在进行本学科研究的时候，有意或无意地进入了传播领域，于是在交叉地带奠定了传播学研究的基石，这些研究成为传播学研究的基础理论。可以说，传播学研究迄今为止还在“跑马圈地”，继续扩展自己的研究领域。传播学科建制的始创者施拉姆是英语文学博士，他认为：传播研究不是一个严格的学科，更像是多种学科的交叉路口。[①]由于自身的学科特性，传播学较之其他学科更需要进行交叉研究，只有不断地进行跨学科探索，才能够持续涌现出新思想、新观点、新角度，从而发展自我，完善自身理论架构，推动传播学不断发展。

（二）传播学交叉研究繁荣丰富其他学科，促进各学科的协调发展

交叉研究方法，特别是一些高层次方法的产生和应用，帮助人们撇开各种事物现象过程的具体性，成为科学抽象性的方法学科，具有普遍意义；为现代科学技术与交叉学科的发展提供了一套新范式和方法论原则，可以扩大各学科的原有视野，改变原有思维方式，推进理论创新。[②] 同时，传播学交叉领域的研究成果，对相关各学科理论本身就是一种发展和创新。传播学理论中，议程设置也是政治学、社会学的课题，“沉默的螺旋”也是舆论学、心理学的课题，培养理论也是社会学问题，“知沟”理论也是社会学、国际政治学问题，而创新与普及等研究则包含了更多的学科领域。可以说，传播学交叉研究在探索自我的同时，也推动着其他相关学科的创新，这是学科发展到一定阶段所产生的必然结果。

（三）传播学交叉研究成为连接其他诸多学科的纽带

当代的科学发展日新月异，在高度综合与高度分化的情况下，自然科学和社会科学的各个领域中，在学科之间的边缘地带出现了新的增长点，而这些地方往往就是新学科诞生的地方。作为一门新型学科，传播学是生长在多门学科汇合交叉地带的一棵“大树”，[③] 汇聚了诸多学科理论，就是为了促进当代学科间的联袂发展。从哲学的高度来看，世界本身就是一个有机的整体，各种物质运动形式之间存在着广泛的联系。传播学交叉研究，恰恰起到了联系诸多学科及融合各种理论、思维方式、研究方法的作用，促成了诸多学科新的发展。

传播学交叉研究应该有这样一些原则规定：①传播学交叉研究，不是凭空想象出来的，而是有条件的，最大的条件就是我国社会迅速转型而产生的

---

① 葛岩：《问题：跨学科对话、合作的可能途径》，《新闻大学》2008 年第 2 期。

② 参见金哲：《论当代交叉学科》，《上海社会科学院学术季刊》1994 年第 3 期。

③ 参见邵培仁：《传播学》（修订本），北京：高等教育出版社 2007 年版，第 1 页。

巨大社会变化。交叉研究是传播学和其他学科在内在动力的作用下，矛盾自身演变的结果。②当代学科的发展，从学科整体格局上看，需要冲破原有的学科系统。而传播学作为仍处于学科成长期的一门多学科、多重交叉而形成的新型学科，需要其他学科与之交叉渗透，创造性地建构新的知识体系，开拓新的研究领域。③传播学交叉研究的内容不应是对某门其他学科知识的简单抄袭翻版，而是在传播学与其他学科的交叉空白地带，开拓新的研究领域，并形成自己独有的术语概念、理论原理、方法原则、范畴规范等学科基本要素。

二、中国传播学交叉研究的发展历程

改革开放是中国传播学研究的开端，也是传播学交叉研究的起点。中国传播学交叉研究的发展大致可以分成 3 个阶段：起步阶段（1978—1989 年）、全面推进阶段（1990—1996 年）、继续拓展阶段（1997 年至今）。笔者搜集了从 1978 年到 2017 年间中国传播学原创著作共 2 291 部，并根据研究主题设立了若干关键词。为了进一步反映各个研究主题之间的关系结构，下面我们用社会网络分析方法，对这些主要关键词的共现情况进一步绘制出知识图谱，以便大致反映出该领域研究主题的结构，即主要的学术方向、学术兴趣和学术领域。具体做法是：先选择频次不少于 2 次的关键词，然后计算它们中任意两个关键词在所有著作中同时出现的次数，并将共现计算得到的数据用社会网络分析中常用的 NetDraw 软件进行可视化，这样就得到了图 5-1、图 5-2 和图 5-3。三幅图中的每个顶点代表一个关键词，顶点之间的连线代表这 2 个词有同时出现在同一著作中的情况 ，线条粗重的说明它们共同出现在同一著作中的次数多，反之则说明它们共同出现在同一著作中的次数少。

（一）阶段一（1978—1989 年）：中国传播学交叉研究的起步阶段

自 20 世纪 50 年代至 60 年代西方现代传播理论被介绍到中国以来，中国的传播学研究经历了引进、开垦、培植、播种、收获与发展的不同阶段。1978 年后，日本和美国的一些知名传播学者相继访问中国，介绍西方传播学的概念、理论与方法。20 世纪 80 年代，以美国学者施拉姆等所著的《传播学概论》、联合国教科文组织的报告《多种声音，一个世界》等中译本出版为标志，传播学开始受到我国学术界的关注，随之出现了一系列的传播学研究论著。1978 年 7 月，郑北渭编译发表了《公共传播学的研究》和《美国资产阶级新闻学：公众传播学》两篇文章，在新闻传播界引起反响；第一本介绍西方传播学的论文集《传播学（简介）》于 1983 年问世。此时的传播学交叉研究也处于起步阶段，虽然涉及内容和领域均较少，但是已经开始受到关注。比如，何道宽的《介绍一门新兴学科——跨文化的交际》，对跨文化传播进行了研究；吴予敏的《无形的网络：从传播学的角度看中国的传统文化》，从传播学和文化学交叉的角度剖析中国的传统文化，开创了研究中国传统文化的新视角。图 5-1 显示，关键词相互之前的连接比较简单，很明显地标示出一个学科在成长初期的雏形状态。

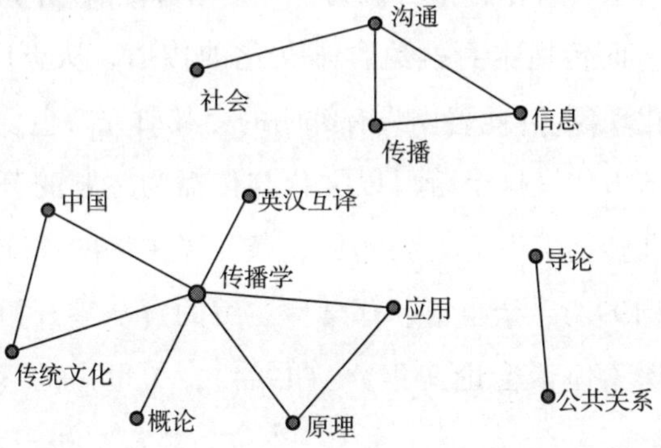

图 5-1　中国传播学交叉研究（1978—1989 年）的主题结构

（主题词频次≥1，共现频次≥1）

（二）阶段二（1990—1996 年）：传播学交叉研究全面推进阶段

在经过了一个低潮期之后，1992 年，改革开放进入了一个新阶段，在进一步解放思想的大环境下，传播学界认真反思，研究重点开始逐步转移到与经济社会发展、文化建设相联系的传播学研究中。在这个时期，中国传播学探索发展的特点是为我所用，借鉴西方传播学中一些符合我国新闻传播事业需要的观念、资讯观念、新闻反馈观念和受众观念，创建有中国特色的传播学。于是，强调中国特色、提倡本土化的研究开始深入发展。本着注重现实的原则，这一时期的传播学研究领域得到了很大的拓展，跨学科交叉研究成果开始丰富。

1990年6月，中国第一套传播学本土化研究成果《当代传播学丛书》出炉，包括：《经济传播学》《政治传播学》《教育传播学》《艺术传播学》《新闻传播学》，主编邵培仁“将传播学的原理、知识运用于政治、经济、教育、艺术、新闻等领域，以科学的思维方法、崭新的理论构架、最新的信息资料、缜密的理论阐述”① 形成这套丛书。因此可以说，中国的第一套传播学研究丛书就是从交叉研究开始的，它既是中国传播学研究本土化的里程碑，也是中国传播学交叉研究正式铺开的标志。在那样一个“传播学教育和研究几乎处于停滞状态”② 的时期，此套丛书实在是难得的硕果。

沙莲香主编的《传播学：以人为主体的图象世界之谜》是20世纪90年代初期出版的一部重要著作，作者认为：“文化与传播之间有着重要的联系。文化离不开传播，而传播本身就蕴含了文化的传播。从更广泛的意义上说，传播也是一种文化现象。”此著作具有鲜明的交叉研究特色，可以说是这一阶段有代表性的一部力作。这个阶段以文化与传播为主题的著作还有：王志章编著的《对外文化传播学引论》（1991），戴元光主编的《文化的撞击：西北文化传播研究》（1992），余也鲁、郑学檬主编的《从零开始：首届海峡两岸中国传统文化的探索座谈会论文集》（1994），关世杰的《跨文化交流学》（1995）等。

网络与传播研究在20世纪90年代已经引起了学界的关注，出现了一批著作。此外，在传播学与社会学、新闻学、医学、经济学、心理学、政治学、教育学、艺术学、舆论学、宣传学、法学等很多交叉领域也出现了一系列具有开创性意义的著作。根据浙江大学传播研究所辑录的《中国大陆传播学专著、译著要目》③，这个时期共出现了传播学交叉研究领域21个，著作80部。可以说，这是传播学交叉研究全面推进的阶段。图5-2较为形象地将这一阶

① 邵培仁：《艺术传播学》，南京：南京大学出版社1992年版，第336页。

② 王怡红：《传播学研究30年历史阶段考察》，《新闻与传播研究》2009年第5期。

③《中国大陆传播学专著、译著要目》，http：//cjr. zjol. com. cn/05cjr/system/2002/09/13/001285188. shtml［2018-01-20］.

段的研究展现出来：以关键词“传播”为核心，多学科相关研究围绕着“传播”概念全面展开，逐渐构成了“传播”中心辐射图。可以看到，“传播”与“新闻”的关系最为密切，“传播”与其他关键词之间的连接频次不多，但涉及面较广，主要是和其他社会科学相结合的交叉研究。整体图谱呈现出一定的网状结构，说明这个阶段传播学交叉研究在一些领域之间出现了初步联系，这对学科研究的整体化是具有意义的。

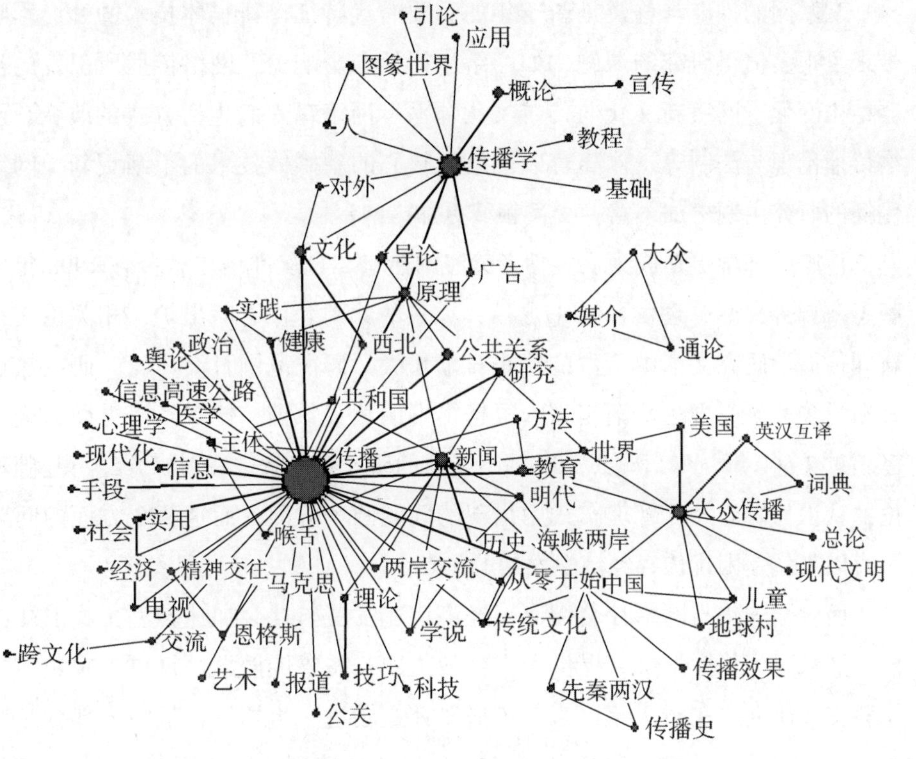

图 5-2　中国传播学交叉研究（1990—1996 年）的主题结构

（主题词频次≥1，共现频次≥1）

（三）阶段三（1997 年至今）：传播学交叉研究在深度和广度上继续拓展

从 20 世纪末到 21 世纪以来，传播学跨学科交叉研究进入快速推进阶段，在研究领域分化的基础上出现融合和再分化，同时也更加集中地体现在几大交叉领域之中。交叉研究使得传播学的显学地位日益突出。

中国加入世界贸易组织后，对外文化交流更加活跃，对于跨文化传播的研究进入一个更高的阶段。何道宽在 1983 年就在四川外语学院组建了“比较文化研究室”。关世杰的《谈传播学的分支——跨文化交流学》、吴予敏的《跨文化传播的研究领域与现实关切》、姜飞的《从学术前沿回到学理基础：跨文化传播研究对象初探》、林晓光的《中国由高语境文化向低语境文化移动的假说》等文章对跨文化交流的研究影响很大。

互联网的推广与普及是新千年的重要时代特征。新媒体技术的社会影响带来了很多值得研究的课题，如网络传播社会影响力、网络传播所引发的社会结构变化、网络新文化与传统文化体系、网络对人们生活方式的改变、网络传播伦理与法制等。伴随着以网络为核心的新媒体技术的不断更新，网络传播的研究主题更加丰富，交叉领域更加广阔。

传媒经济学更是成为众多学者关注的热点。自从邵培仁教授在 1998 年出版了《媒介经营管理学》一书之后，大量的此类著作不断出炉，相关论文在新闻传播学研究文章中所占的比重日渐增大，研究范围日渐广泛，研究热点日渐增多，研究方法日渐丰富。根据本书的相关数据，传媒经济方面的论文已超过 2 500 篇，专著超过 200 部。当前的研究热点集中在对媒介经济基础理论的认识与媒介经营管理实践中出现的问题两个方面，而这两个方面的问题一直以来就是困扰传媒经济学发展的焦点。

面对全球化与网络社会崛起、经济快速发展与社会加速转型，我国社会的发展状况为传播学研究提供了丰富的主题，需要传播学进行更多领域的跨学科交叉研究。在新千年以来，传播研究主题进一步拓展，其中大部分是交叉研究，如体育传播、健康传播、媒介与社会性别、媒介素养、媒介生态、媒介地理、媒介与农村发展、媒介伦理与法制、媒介经营与管理等。同时，在传播学派及其思想研究方面，出现了对哈贝马斯的“公共领域”、马克思主义传播思想、媒介霸权理论、符号理论的引入，以期待在传播学基础理论上有所建树。

40 年来，传播学交叉研究主要跨越了新闻学、社会学、文化学、政治学、舆论学、公共关系学、医学、经济学、心理学、广告学、艺术学、教育学、宣传学、信息学、管理学、知识学、伦理学、法学、语言学、营销学、网络研究、美学、生态学、地理学、人类学、历史学等学科领域，出现的具体研究方向更是不可枚举（表5-1）。一些新的交叉边缘性研究依然不断涌现。明安香认为，这种交叉融合的趋势必然会将传播学引向整合的全息文化研究。①

表5-1　传播学各交叉研究领域问世最早的及代表性专著

专著名称	著者	出版社	出版时间
《无形的网络——从传播学的角度看中国的传统文化》	吴予敏	国际文化出版公司	1988
《公关传播学》	宋林飞　周世康	南京大学出版社	1989
《医学传播学》	梁浩材	上海科学技术出版社	1989
《经济传播学》	邵培仁	江苏人民出版社	1990
《传播学：以人为主体的图象世界之谜》	沙莲香	中国人民大学出版社	1990
《传播心理学》	韩向前	南京出版社	1990
《政治传播学》	邵培仁	江苏人民出版社	1991
《广告传播学》	刘志明　倪　宁	中国人民大学出版社	1991
《艺术传播学》	邵培仁	南京大学出版社	1992
《教育传播学》	邵培仁	南京大学出版社	1992
《舆论传播学》	张学洪	南京大学出版社	1992
《现代宣传学概论》	戴元光	兰州大学出版社	1992
《社会传播学》	宋林飞	上海人民出版社	1993
《健康传播学》	北京医科大学	人民卫生出版社	1993
《传播社会学》	邵培仁　陈建洲	南京大学出版社	1994
《新闻传播学》	邵培仁　叶亚东	江苏人民出版社	1995
《科技传播学引论》	郭　治	天津科技翻译出版公司	1996
《信息传播原理》	倪　波	书目文献出版社	1996
《媒介经营管理学》	邵培仁	浙江大学出版社	1998
《知识传播学》	倪延年	南京师范大学出版社	1999

① 参见李思屈等：《中国新闻传播研究30年12大热点》，《中国传媒报告》2008年第1期。

续表

专著名称	著者	出版社	出版时间
《中国新闻传播法纲要》	魏永征	上海社会科学院出版社	1999
《传播道德论》	戴元光	上海大学出版社	2000
《传播语言学》	齐沪杨	河南人民出版社	2000
《整合营销传播学》	竺培芳　胡运筹	上海交通大学出版社	2000
《网络传播概论》	张海鹰　滕　谦	复旦大学出版社	2001
《学术传播》	烟玉明	第二军医大学出版社	2001
《传播美学导论》	姚鹤鸣	北京广播学院出版社	2001
《媒介素养通论》	陈龙	中南大学出版社	2007
《媒介生态学：媒介作为绿色生态的研究》	邵培仁	中国传媒大学出版社	2008
《媒介人种论》	海阔	中国传媒大学出版社	2008
《媒介地理学：媒介作为文化图景的研究》	邵培仁	中国传媒大学出版社	2010
《国家兴衰的传播动力机制研究》	廖卫民	中国传媒大学出版社	2011
《媒介趣味理论与媒介转型发展研究》	李蓉	中国传媒大学出版社	2013
《绿色关系网：环境传播和中国绿色公共领域》	徐迎春	中国传媒大学出版社	2014

从图 5-3 可以看到，在核心词汇“传播”的周围，“网络”“新闻”“中国”“文化”“历史”等关键词之间的连接也较为频繁，体现出多学科交叉研究中的重点，以本土化为基点的交叉研究是我国传播学交叉研究的重要特征。与“传播”形成联系的关键词数量上有了新的增长，“传播”+“历史”+“中国”、“传播”+“历史”+“新闻”、“传播”+“新闻”+“中国”、“传播”+“新闻”+“网络”、“传播”+“网络”+“中国”、“传播”+“新闻”+“文化”等关键词的三角连接最为强大，说明这些领域的研究成果数量相对较多。当然，整体图谱还是呈现出以“传播”为核心的“太阳系”图形，说明传播学交叉研究在整体上还处于相对分散的状态，各个学科似乎都在传播学“插一脚”，然后就离开了，而新闻、网络、文化等领域似乎离“传播”更近，更“钟情”于传播研究。

随着研究的不断深入，传播学交叉研究核心作者群也在形成。邵培仁在政治传播、艺术传播、教育传播、新闻传播、经济传播、传播社会、媒

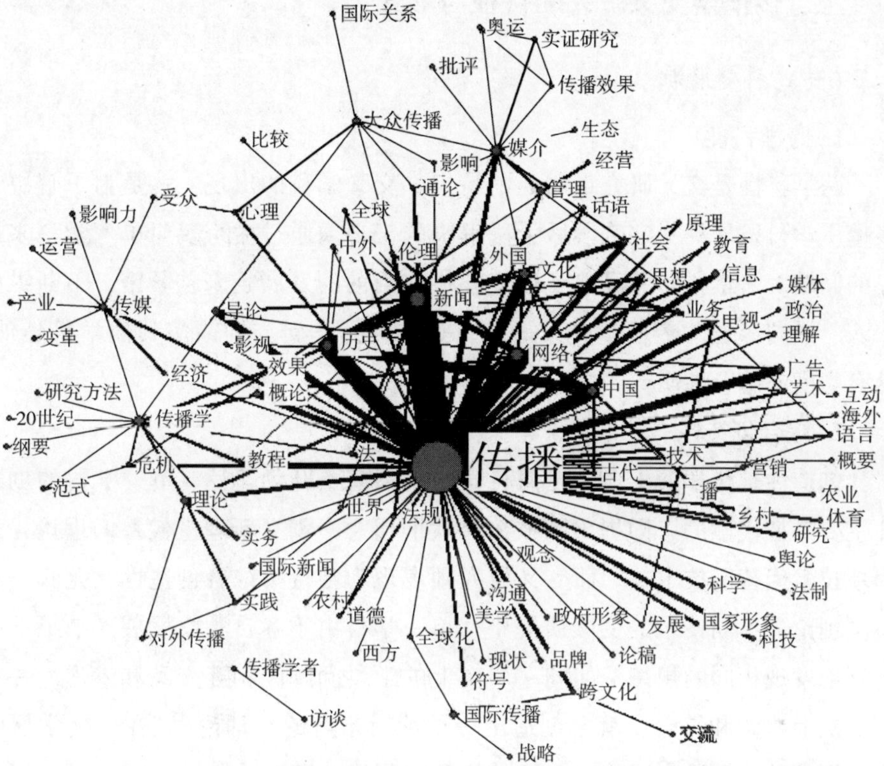

图 5-3　中国传播学交叉研究（1997—2017 年）的主题结构

（主题词频次≥1，共现频次≥1）

介经营与管理、媒介生态、媒介地理等很多方面做出了开拓性的工作，对中国传播学交叉研究贡献卓越。邵培仁还指导博士生对媒介人种论、媒介身份论、媒介认同论、媒介演化论、媒介歧视论、媒介愿景论、媒介排斥论、媒介公平论等二十几种媒介前沿理论进行深入研究，在中国传媒大学出版社出版了“21 世纪媒介理论丛书”，在首都经济贸易大学出版社出版了“传播与社会研究丛书”。戴元光、张国良、袁军、胡泳、胡钰、郭镇之、朱增朴等人在多个传播研究领域亦有很大建树。此外，童兵、胡正荣、李彬、张咏华、周鸿铎、雷跃捷、刘建明、崔保国、杜骏飞等学者的传播交叉研究也具有较大的影响。

三、传播学交叉研究的特征与形式

（一）科研特征

1. 跨学科性

跨学科性是交叉研究最明显的特点。交叉学科的出现，就是为了解决许多单一学科发展到一定阶段后无法解决的、必须通过横跨多门单一学科来研究的问题。跨学科研究反映了诸多学科在当前的发展越来越紧密，不断纵向深入、横向渗透。传播学交叉研究，是将传播学研究向诸多其他学科延伸，具有高度的综合性质。

2. 综合创造性

创造性是科学的生命，任何科学研究都离不开创造性。单一学科的创造性主要是替代性的，即提出新概念替代旧概念，创立新理论代替旧理论，发明新技术代替旧技术等。而交叉研究则表现为独特的综合创造性，尤其是在不同理论、不同技术的交叉研究中，单一学科由于各自独立发展，结果不断重复地发现相同的规律，如同一层次上的学科问题能相互交叉和渗透，并在高层次上协调和综合，就会创造出一种前所未有的新理论。① 在传播学研究中，鲜有替代性研究成果，多以补充和发展以往研究成果的形式出现。而在交叉研究方面，传播学的综合创造性得到了充分的体现。比如，作为独立经济实体的媒介需要盈利和进行内部管理，于是媒介学、经济学和管理学的知识汇成了媒介经营与管理研究。再如，关于国际新闻传播中的话语倾向研究，则需要分析国家意识形态、新闻制作过程、文本内容、媒介呈现形态等方面，其中包含了传播学、新闻学、国际政治学、叙事学等相关学科知识，而研究中始终以文本信息分析贯穿，可见传播学在此类研究中所具有的核心地位。

3. 主体协作性

维纳认为，在科学的交叉地带进行查勘和开垦工作“只能由这样的科学家来担任，他们每人都是自己领域的专家，但每人对他临近的领域都十分熟悉和有十分正确的知识，大家都习惯于共同工作，互相熟悉对方的思想习惯，

① 参见吴洁：《对交叉学科及其科研管理的思考》，《研究与发展管理》1997 年第 4 期。

并能在同事们还没有以完整的形式表达自己的新想法时，就理解这种想法的含义"①。一般来讲，传播学交叉研究学者很难具有研究所需要的多门学科知识，即使有，大部分也只是一般性了解，难以深入。因此，随着我国传播学研究的不断深入，以后的交叉研究应该走与其他诸学科的学人共同合作的道路。曾经进行过合作研究的葛岩教授认为，如果没有合作，很难完成跨度大的研究，而我们现存的体制在协作研究方面还有很长的路要走。②

4. 相对独立性

交叉研究一旦形成，并不是消极地依赖于原有的母体学科，而是有其自身的矛盾运动进程和体系结构，即相对独立性。在传播学交叉研究中，虽然是通过不同学科的概念、原理、方法和技术相互融合、相互借助而形成的，但并不是简单套用和机械叠加，而是经过创造和加工，使得彼此有机融合，形成一个全新的、系统的理论体系。比如，媒介生态学是媒介学和生态学学科交叉的产物，其中运用了现代生态学的基本理念，并将之融入媒介研究中。但媒介生态学已经形成了自己的一套研究理念、方法和思路，邵培仁教授提出了关于媒介生态学研究的"整体优化、互动共进、差异多样、平衡和谐、良性循环、适度调控"六大原则以及研究的核心范畴，并且进行了媒介生态"城堡"的构想与建设。这充分体现了媒介生态学作为一门已经脱离母体的新学科的独立性。

（二）基本形式

1. 移植型研究

这里的移植型研究，就是把传播学的科学概念、理论、方法等推广应用，转移嫁接到另一学科领域，使转化后的概念、理论、方法成为传播学交叉研究的新理论体系。这种形式主要体现在传播学和其他学科之间的移植。在社会科学部类内部，把传播学的理论、研究思路与方法运用到政治学、经济学、社会学、教育学、艺术学、军事学、文化学、民俗学、知识学、新闻学、舆论学等学科，分别产生了政治传播学、经济传播学、社会传播学、教育传播

---

① ［美］N. 维纳：《控制论》，郝季仁译，北京：科学出版社1963年版，第3页。

② 葛岩：《问题：跨学科对话、合作的可能途径》，《新闻大学》2008年第2期。

学、艺术传播学、军事传播学、文化传播学、民俗传播学、知识传播学、新闻传播学、舆论传播学等新学科。而管理学、法学、社会学、心理学、伦理学、美学、语言学、人类学等学科的理论、方法移植到传播学研究之中，则形成了媒介经营与管理研究、传播法学、传播社会学、传播心理学、传播伦理学、传播美学、传播语言学、媒介人种学等。从哲学的视野去审视传播则形成了传播哲学研究。统计学是应用数学的一个分支，将其嫁接到传播学研究中，则出现了传播统计学。传播学与医学等自然科学移植嫁接，便出现了医学传播学、健康传播研究；用地理学、生态学的视角去分析传媒，则形成了媒介地理学、媒介生态学研究。传播学跨学科部类进行交叉研究，不仅涉及基础科学，而且发展了许多应用科学，显示了传播学研究的广泛适应性。

2. 中心理论型研究

此类研究是指：在传播学交叉研究中，以其他某一学科理论为稳定的理论生长点，并以此为中心理论，进行发散思维，构筑新的理论体系。这实际上是将传播学作为整体和其他学科的某一理论进行交叉。这又分成两种形式。第一种，其他学科理论直接作为中心理论与传播学进行交叉。比如，偏见本来是一个心理学概念，是指根据一定表象或虚假的信息相互做出判断，从而出现判断失误或判断本身与判断对象的真实情况不相符合现象。将偏见研究成果作为中心理论，运用到分析当前大众传播媒介中的偏见问题，进行发散思维，从而构筑了媒介偏见论的理论体系。类似的研究还有媒介歧视论、媒介愿景论、媒介认同论、媒介崇拜论、媒介记忆论、媒介失忆论、媒介恐慌论、媒介恐怖论等。第二种，将其他学科的某些理论进行改造使用后作为中心理论与传播学进行交叉。比如，人种学是20世纪初期由文化人类学家所创立的一种研究方法。1964年，德尔·海默思将其引入传播学。1986年，戴维·莫利的电视受众研究将传播人种学研究引向大众传播领域。此后，“Ethnographic of Communication”作为一种方法论开始受到传播学界的重视。20世纪90年代末期以来，该研究方法逐渐升温，有人称之为人种学研究的转向，或者新受众研究。马尔库斯和费彻特认为，为了更加深入地研究媒介技术所带来的一系列变化，从人种学角度对媒介、社会重组、科技这三个广泛结构的经验基础之间的关系做一番探讨，将会很有意义。[①] 再如，相对于整个地球而言，空间是个地理学概念。而当空间相对于传播媒介的时候，便使原来的空间意义有了变化，形成了关于媒介空间论的探讨。类似的例子还有，将作为历史概念的时间放置于信息时代的媒介化社会里探讨，一个新的媒介研究角度——媒介时间论，即一种针对媒介的时间观念的研究便产生了。

3. 聚焦型研究

聚焦型研究是指多种学科及其研究力量集中投射到某一领域的研究形式。[②] 在大科学时代，许多研究课题不是个别研究者或者某门学科单独进行研究就能够奏效的。主题研究是我国传播学研究在 21 世纪第一个十年的重要特征。比如，政府形象传播与危机管理这样一个研究课题，需要从政治学、社会学、管理学、公共关系学和传播学多个学科共同投入，进行多重交叉与融合。这样的研究课题需要动用的知识领域太多，只有将从事各门学科的研究者组织起来共同协作，才有可能在这样的聚焦研究地带取得创新和突破。当前此类研究还有媒介政策与法制研究、新闻传播公信力研究、收视率研究、传媒与农村发展建设、国际传播等。

四、传播学交叉研究的特点与不足

（一）内容特点

1. 与传播学进行交叉的学科主要集中在社会科学范围之内

除了健康传播等个别研究兼有文理特征之外，大部分传播学交叉研究都是在社会科学范围之内的。可见，当前我国社会发展具体情况和传播学自身发展的阶段特点，决定着当前传播学交叉研究的社会科学性质。从传播学发展的历史来看，信息论、控制论、系统论对传播学的建立起了很重要的作用，因此相信随着研究的进一步深入，传播学和自然科学之间的交叉研究会不断增加。

① 参见邵培仁：《媒介理论前沿》，杭州：浙江大学出版社 2009 年版，第 84-85 页。

② 曹勇、吴永波、陈国清：《对交叉学科及其科研管理的理论思考》，《科学技术与辩证法》1995 年第 4 期。

2. 传播学交叉研究始终密切联系我国社会发展的现实问题

传播学研究的社会意义在于密切关注社会的重大现实问题。同时，从学科自身发展的角度来看，传播学研究需要不断地与其他很多学科进行交叉，这是学科发展到一定阶段的必然规律。比如，随着经济社会的不断发展，传媒产业不断兴起，经济管理视点下的传播学研究受到关注，大众传播与经济发展、媒介管理、公共关系、广告经营、媒介融合等研究迅速增加。近年来广受关注的媒介生态研究恰恰暗合了我国构建和谐社会的时代主题。对这样一些亟待解决的社会现实问题的关注，体现了我国传播学研究关注社会、解决问题的重要现实意义，研究主题的丰富又体现着传播学研究社会价值的广泛性。

3. 传播学交叉研究正不断追赶国际前沿研究并期待有所突破

当前大部分国际前沿研究都是传播学交叉研究。在服务社会和逐步构筑符合中国实际情况的“自己的”传播学研究的同时，一些学者开始关注国际前沿研究，使我国传播学研究逐步与世界接轨。浙江大学邵培仁教授近年来所进行的以媒介生态学、媒介地理学研究为核心的跨学科交叉研究成果丰硕，集中体现在《媒介理论前沿》一书中。此书以媒介理论为聚焦，以学术前沿为指标，通过宏大构架、多维视野和立体思维，对 19 种媒介理论和研究进行了分析论述，提出了一系列新颖、精辟的观点，体现出我国学者对世界传播学前沿的关注与参与。

（二）不足之处

1. 传播学交叉领域和主题丰富多样，但缺乏多样性的统一

传播学交叉研究的领域已经很多，成果已具规模，“但由于缺少多样性的统一，研究过程与理论资源的探索被简略化或单一化，致使多样性不过是研究者站在原地的东张西望”。[①] 对此，邵培仁教授的研究思路值得推广。邵教授以媒介生态学和媒介地理学相交融为理论核心视角，与其他诸多学科理论、概念进行交叉研究，形成了媒介愿景论、媒介认同论、媒介融合论、媒介仪式论、媒介人种论、媒介时间论、媒介空间论、媒介游戏论、媒介执政论、

① 王怡红：《传播学研究 30 年历史阶段考察》，《新闻与传播研究》2009 年第 5 期。

媒介崇拜论、媒介身份论、媒介歧视论、媒介弱智论、媒介失控论、媒介失声论、媒介失忆论、媒介恐慌论等。这些新研究领域的开拓和以往研究的最大不同，就在于多样的主题有了统一的核心研究视角，即媒介生态和媒介地理观念。

2. 一些交叉研究浅尝辄止，对国外成果有一定的依赖性

一些专著以交叉研究为名，将一些其他学科的相关概念和理论生搬硬套到传播学研究中去，肤浅、机械地拼凑到一起，而内容却平淡无奇，造成了“食而不化”。同时，交叉研究著作中存在主题雷同和低水平重复现象，抄录和堆砌国外现成的理论和数据较多，缺乏自我思考。还有一些著作，生搬硬套一些西方传播理论和研究模式，没有运用中国人擅长的思维方式和表述方式，没有将自己的研究植根于我国深厚的传统文化和当代学术的土壤之中，没有紧密联系中国国情和具体实际，令读者不得要领。因此，加强研究的原创性，结合我国国情和现实状况，在交叉地带不断地进行学科知识的融合创新，应当是深入研究的努力方向。

3. 跨学科合作存在着一些现实的困难

从目前中国新闻传播学界整体的引证行为来看，主要是本学科领域的中外著述，而对其他学科的最新研究进展则基本漠视。交叉领域的研究者竟然不关注其他相关学科的发展似乎是不可思议的，但这确实出现在传播学交叉研究之中。大学的系科网络仍然是现代大学的基本组织架构，资源的分配、教师的聘任和晋升、项目的评审等都是围绕系科来运作的。这种制度安排无疑增加了各学科间交叉研究的成本，也阻碍了交叉研究的进一步发展。跨学科合作既存在着途径、兴趣等问题，也存在着学科体制上的限制等问题。[①] 迄今为止的大部分交叉学科研究都出自传播学研究者圈内，呈现出保守的特征。

五、展望与结语

传播学交叉研究进一步取得突破，需要进一步走出自我的圈子，到更加广阔的学术领域中去，加强多学科合作，要欢迎其他学科学人到传播学的研

① 参见葛岩：《问题：跨学科对话、合作的可能途径》，《新闻大学》2008 年第 2 期。

究领域。同时，对国外成功经验的借鉴也很重要。比如，设立激励性资助项目，大学以“种子基金”的形式资助具有发展前景的交叉研究项目。而在我国已经有部分研究型大学通过设立各类学科交叉预研基金项目，大力扶持和促进学科交叉与融合。再如，改革教师聘任机制。威斯康星大学在20世纪90年代中期推出集群聘任制，取代了常用的双聘制。集群指投身跨学科研究的教师群，受聘人员在行政上归属某个系，但全部由学校专款聘任。目前，这所大学共有49个不同领域整合出来的集群，共聘任了140位左右的研究人员。集群已成为支持优先发展领域、吸引优秀科研人才、保持领先研究地位的重要手段。又如，改革项目评审机制。方法之一是在学科评审委员会内部倡导跨学科研究，增强他们对跨学科研究重要性的认识，以确保跨学科研究项目得到平等对待；方法之二是设立专门的跨学科项目评审委员会，从而避免与学科研究项目竞争同一项基金。英国经济与社会研究理事会建议在项目评审书中设置是否为跨学科研究项目的选项，如果是跨学科研究项目，申请者必须明确陈述涉及了哪些学科，以及为什么要包含这些学科，这样有助于在评审时选择合适的专家。它还建议评审委员会中应包含跨学科合作方面的专家，以确保研究项目跨学科合作的质量。这样一些成功的经验可以通过一定的吸收和改造，应用到我们国家的科研管理中来。①

纵观40年来传播学研究的发展，我们可以发现：虽然在个别时期历经波折，但是学科的整体发展形势始终旺盛。就像陈韵昭教授在《传播学原理与应用》（戴元光、邵培仁、龚炜著）一书的“序言”中所描述的那样：“不仅开设传播学的大学日见增多，还有传播学专业、传播学研究所亦相继建立……许多读者拿着书单四处寻购传播学书籍。”“就连个别怀疑过这门学科，或更提出过责问的同志，现今亦已不满足于仅仅知晓一点传播学ABC，而发奋钻研起传播学的XYZ来了。”② 随着研究者人数的不断增加和学者素质的普遍提升并趋向年轻化，传播学研究队伍不断壮大。而大批的文学、历史学、哲学、教育学、社会学、心理学、人类学、政治学、法学、经济学等各门学

① 黄华新、王华平：《论跨学科研究》，《光明日报》2010年3月16日第11版。

② 转引自邵培仁：《论中国当代传播学研究》，《杭州师范学院学报》1996年第2期。

科学者的不断加入，必然使得传播学的交叉研究成果更加丰富，走向深入。传播学交叉研究的进一步扩展和深入，不仅丰富和发展了传播学自身，也使传播学深深地渗透到广阔的其他学科领域。我们有理由相信：在未来的一百年中，分门别类的社会科学都会成为综合之后的一门学科。在这门学科里，传播学的研究会被各学科的学者格外重视，会一跃成为所有这些科学里面的基础。①

① 邵培仁：《传播学导论》，杭州：浙江大学出版社 1999 年版，第 66 页。

第六章

传播学派：何以可能与何以可为

学派，可以看作是学科发展和学术繁荣的重要标志。我国拥有五千年的文明史，文化悠久厚重，思想名人星光灿烂，学术研究自古就有成立学派的传统。早在春秋战国时期，社会变革，私学盛行，以儒、道、墨、名、法、阴阳为主要代表的各学派百家争鸣；汉以后主要以儒家学派为主；魏晋南北朝时期有以嵇康、阮籍等为代表的“玄理派”；宋元时期有程朱学派、陆王学派，以及自成一家的王安石、苏轼等；清末以康有为、梁启超为代表的维新派提倡经世致用之学，成为新学一派。[①] 近现代史上，由著名数学家陈建功、苏步青等创立的浙江大学微分几何学派被称为“陈苏学派”，又被称为“浙大学派”，在20世纪40年代蜚声中外，与当时美国的芝加哥学派和意大利罗马学派三足鼎立于国际数学界。而“清华学派”以其通才教育和精英培养的办学模式与理念，形成了治学为文的风格取向与文化气质，成为中国大学教育变迁乃至政治文化嬗变的一个特写和缩影。

新时期以来，我国高等教育各学科迅猛发展，学术水平整体实力与日俱增，各个学科建立学派的呼声越发高涨。响应时代的号召，传播学在经过改革开放40多年的长足发展后，终于开始出现建立学派的呼声，并随着我国社会科学的发展，呼声越来越大。

一、学派及其要素辨析

在人类漫长的文明发展史上，人们在不断的社会实践中形成了对客观世界的不同认识，并逐步形成了不同的思想。一些在思想上存在共同之处的人

① 倪波、纪红：《论学派》，《南京社会科学》1995年第11期。

相互吸引逐渐走到一起，形成了一些或紧密或松散的群体，思想家的不断联合逐步形成了“学派”的雏形。根据牛津词典的解释，学派是指“在哲学、科学、艺术等某个理论的或实践的知识领域内，由于受教于同一专门的大师，具有相同师承关系，或因原理方法和风格上的普遍相似而联系在一起的学者群体，他们遵循共同的教义、原理或规训，甚至规范的话语”[①]。学派最初的功能是区分彼此，之后逐渐发展出标志、宣传、沿袭、争鸣等功能。

关于形成学派的基本要素，有学者将其归纳为如下几个：有代表人物，有成员，有代表作，有主要贡献，有主要学术套路及独特的研究风格。[②] 还有学者认为学派概念的内涵应包含七个要素：相同的学科，相同或相近的观点和学术信念，相同的理论基础和理论阵地，相同的师承关系（核心人物和学术领袖），相同的学术符号系统（学术用语，概念，语境），相同的研究对象，共同结成一个集体（学会或研究机构，具有组织性、排他性、群体性）。[③] 综合以上研究并结合我国新闻传播研究情况，学科建制与科研成果、领袖人物与团队建设、学术争鸣这三个方面更为重要。一定规模的学科研究人群是科研成果数量与质量的保障，是形成学派的硬件基础；学派的领袖人物应当是在理论研究方面的领头人，只有那些掌握和创新学科研究的领袖人物才能够吸引观点相同或相近的追随者，从而形成学派；有学派就有争鸣，学术争鸣是学派的重要功能，是推动学术发展的有力手段，是展现学派存在的重要标志。

二、何以可能：中国传播学形成学派的可能性分析

（一）学科发展：中国新闻传播学派形成的基础

学科建制是学派发展的基础，学术团队的实力则需要学派团队的科研成果来表现，而科研成果的生产则需要依托该学科建制规模的发展，没有一定规模研究队伍的学科发展是不现实的，其学派建设更是无从谈起。在我国，

① ［英］特朗博，史蒂文森编：《牛津英语大辞典（简编本）》，上海：上海外语教育出版社2004年版，第2696页。

② 钱冠连：《以学派意识看汉语研究》，《汉语学报》2004年第2期。

③ 黄明东、陈梦迁，刘博文：《论学派要素培育与大学学术进步》，《教育研究》2015年第6期。

新闻传播学科的大发展是在改革开放之后，在20世纪80年代初，仅有中国人民大学、北京大学、复旦大学、北京广播学院、暨南大学、北京国际政治学院、河北大学和四川大学等少数学校开设或恢复新闻学专业[①]。40年的发展使得这一局面有了天翻地覆的变化，截至2015年底，全国有681所大学开设新闻与传播类专业，而“985”“211”大学中开设新闻与传播类专业的比例高达55.9%，这些学校拥有新闻与传播类专业教师6 912人（其中硕士以上2 943人），设有1 244个本科专业点，一级学科博士点15个，一级学科硕士点75个，二级学科博士点3个，二级学科硕士点13个，在校本科生超过22万人。[②] 2018年1月，国务院学位委员会发布，新增新闻传播学一级学科博士点8个，已有二级学科新增新闻传播学一级学科博士学位授权点2个，新增新闻传播学一级学科硕士学位授权点14个，已有二级学科新增新闻传播学一级学科硕士授权点10个，另外新增新闻与传播专业硕士学位授权点56个。[③]

传媒类专业学生的庞大数量是维持新闻传播学科教研队伍师资力量的重要保障，越来越多的学人投入新闻传播学科研究则带来了学科研究的持续进步与繁荣。根据浙江大学传播研究所的《中国大陆传播学专著、译著要目》和王怡红、胡翼青主编的《中国传播学30年（1978—2008）》中的“传播学主要著作目录”，并通过国家图书馆网站，笔者统计出，截至2017年底，中国共引进、翻译出版外国传播学研究著作377部；与此同时，中国共出版传播学原创著作2 291部，译著和原创著作共计出版2 668部。通过中国知识资源总库（CNKI），可以了解传播学研究论文发表的情况。本书选取子库为“信息与传播理论”，时间跨度为1978—2017年，共统计出159 976篇论文，足见传播学研究成果数量的庞大。通过中国知识资源总库的优秀博士、硕士论文数据库，以“传播”为关键词进行检索，得出在1978—2017年间，共有博士、硕士论文24 206篇，由此可以看出中国高层次传播学教育与研究的发展已经有相当规模。

① 王怡红、胡翼青：《中国传播学30年》，北京：中国大百科全书出版社2010年版，第8页。

② 张昆：《新闻传播教育年鉴编纂的必要性论析》，《现代传播》2016年第11期。

③ 参见 http://www.moe.gov.cn/jyb_xxgk/s5743/s5745/［2018-05-10］.

综上所述，无论从人数还是从科研成果来看，中国新闻传播学科研团队都已经形成了一定的体量，具有较为雄厚的实力。学术观点和学术信念的相同或相近会很自然地让一些学人走到一起，构成学派的雏形。所以，无论是高校还是研究院所都应当利用建设学派之际汇聚天下英才，形成具有特色的新闻传播研究的领域优势。目前，我国有如此多的高校和研究院所拥有新闻传播研究队伍，如果各个单位能够对当前我国新闻传播学术观点相同或相近的学者进行组合，提供机会让他们组合成若干团队深入某一具体领域的协作研究，那么在未来一定会取得新闻传播研究的突破。这样的局面一旦形成，构成学派的诸多条件也会逐渐满足，新闻传播学派必定会不断涌现。因此，当前中国新闻传播学术界学术团队的规模和科研实力为形成学派奠定了一定的基础条件。

（二）领袖人物：中国新闻传播学派建立的核心

领袖人物对于形成学派和科研院所的学科建设起着至关重要甚至决定性的作用，这些站在学术金字塔尖顶上的领袖人物不仅代表着科研院所的学术高度，还决定着一个学者群体的学术命运，甚至是一个学科的发展起伏。20世纪30年代的纳粹疯狂迫害犹太学者，致使著名学者拉扎斯菲尔德、卢因等人逃亡美国，为美国传播学研究做出了很大的贡献。第二次世界大战结束后，在美国躲避战乱的阿多诺等人回国，法兰克福学派才又得以发展。著名的哲学派别维也纳学派因为战争期间其学派领袖汉恩的病逝和石里克的遇刺身亡而解散了。因此，学派领袖对于学科发展和学派建立与维护的作用绝不能忽视。

经过改革开放以来40多年的学科发展，我国新闻传播学界出现了一批又一批站在历史潮头、学识渊博的优秀学者，他们笔耕不辍，著书立说，诲人不倦，积极参与学科建设，努力将新闻传播学建设成为中国人文社科诸学科中的显学，并与世界新闻传播学界接轨。穷尽式地找到所有中国当代新闻传播知名学者是不现实的，因为评价标准是多元的、见仁见智的。学术影响力是衡量学者学术水平的较为客观的标准，影响力大的学者更有可能得到信服和吸引团队，影响力大的知名学者最有可能成为学派的核心人物。通过作者发文数量和被引量的统计，能够寻找到相当部分的知名学者。要特别指出的是，即便运用科学统计方法进行统计，得出的结论也只能包含大部分知名学者，不是全部，但足以论证本书要说明的问题，即在全国范围内，有一批具有相当影响力的新闻传播学饱学之士，这些人具有承担学派领袖重任的潜质。

通过检索中国知网（CNKI）所列的 77 种新闻与传播研究杂志 1979—2017 年所发表的论文，对作者的发文量和被引量两部分指标进行分析，找出当前中国新闻与传播学研究的核心作者群，分析核心作者群的基本特征，找出这些学者产生重要学术影响的原因，以反映出新闻传播学的研究状况。在我国，由于新闻学和传播学有着非常紧密的学科关系，绝大部分传播学研究者同时是新闻学研究者，特别是新闻传播领域中的重要学者（研究成果的核心作者），他们所发表的论文大都既包含传播学领域的，也有很多新闻学领域的；同一研究成果既属于传播学，也可以算作新闻学研究。同时，中国知网数据库所收录的新闻与传播研究杂志并没有将新闻学研究论文和传播学研究论文截然分开，由此造成数据统计量过分庞大。考虑到传播学与新闻学研究人群的高度重叠，即便不进行论文的学科细分，仍然能够大致地将传播学领域的高影响力作者统计出来。因此，本章的论文研究部分所统计出的，是新闻与传播研究领域的核心作者。为了更进一步突出主要研究传播学的学者，通过将论文核心作者与传播学著作核心作者相结合的方式，最终得到中国传播学的核心作者群。

再次说明，以下对著者发文量和被引量的统计，只能部分地反映研究者的学术水平，统计数据只是反映出一些学者的受关注度。本书尝试统计出一个大致的核心作者群体只是作为分析学科发展的手段，而绝不是对本领域研究者进行排名。一个学者对学术和社会的贡献包括很多方面：学术思想高度，对学科建制的推动，培养出学生的数量与质量，以及更重要的个人品行，等等，绝不是发表作品能全面衡量的。通过找出本领域的核心作者群，分析这个群体的构成特点和研究状况，论证中国新闻传播研究存在很多可以成为潜在学派领袖的人物，这才是本书的真正目的。

本书的数据来源为中国知网的中国期刊全文数据库和知网空间。由于中国知网的数据是不断更新的，对此次数据统计的时间也应做一说明：统计的截止日期为2018年1月10日。本书首先根据普赖斯理论，个人的论文数大于m的科学家们所发表的论文总数恰好等于全部论文总数的一半，即核心作者的发文量至少应为m篇，从而确定核心作者的最低发文量。计算公式为：m≈0.749（nmax1/2），nmax为最高产的那位科学家所发表的论文数。由初步统计发现发文量最多的是1 176篇，根据公式可以计算出m≈26，即新闻与传播学核心作者的最低发文量应为26篇。从而我们把新闻与传播学领域发文超过26篇（包括26篇）的3 561人，列为预评核心作者。普赖斯还曾试图找出全体作者总数中杰出作者的比例关系，经过进一步推导和计算，得出：R≈0.812/nmax1/2。式中，R是杰出作者人数与全体作者总数之比。这是普赖斯得出的洛特卡定律的又一个重要推论。本刊最高发文量为1 176篇，求得R≈0.023 7，表明在新闻与传播学领域，CNKI中的稿件有杰出贡献的作者占所有作者的2.37%。

“核心作者”虽然是文献计量学的专业术语，但其测量方法并没有统一的标准。一般而言，某学术领域核心作者应具有2个重要特征，一是在学科内具有不可替代性即重要性，二是在学科内具有突出影响力。在文献计量学中，用于测评核心作者的指标有2个，一是发文量（重要性评价），二是被引量（影响力评价）。① 如果只以发文量这个指标来确定核心作者的候选人，也许有可能将发文量不高而被引量高的论文作者排除在外，这种方法在确定核心作者候选人的样本数据时将有失偏颇。但如果只以被引量这个指标来确定核心作者的候选人，由于被引在时间上的连续性以及其他一些原因而将发文多而被引少的学者排除在外，收集的数据也有失偏颇。所以，本书采用综合指数法对预评核心作者进行排序。利用综合指数法测定核心作者时不仅考虑发文量，而且考虑论文的被引量，测评结果将会更趋合理。综合指数法是一种以正负均值为基准，求每项指标的折算指数后再汇总成综合指数，然后按其大小对参评对象进行排序与评价的方法。综合指数表明不同计量单位的两个或多个指标的综合水平，值大者为佳，最大者则为最优。② 利用综合指数法计

① 钟文娟：《〈教育与经济〉1985-2009年核心作者测定与分析》，《教育与经济》2011年第1期。

② 秦寿康：《综合评价原理与应用》，北京：电子工业出版社2003年版，第10-12页。

算预评核心作者的发文量和被引频次的折算指数，计算公式为：发文量指数=预评核心作者发文量/预评核心作者平均发文量；被引频次指数=预评核心作者被引频次/预评核心作者平均被引频次。3 561位预评核心作者的平均发文量和平均被引频次分别为107.36篇和535.92次。如果对被引频次和发文量赋以相同的权重值，均为0.5，则预评核心作者的综合指数为发文量指数×0.5+被引频次指数×0.5，综合指数≥1（1即为综合指数的平均值）的作者即为核心作者。经过数据统计，并通过人工甄别将其他学科学者排除，我国新闻传播学领域共有49位核心作者，见表6-1。

表6-1　利用综合指数法确定CNKI中所列的77种期刊中的核心作者

序号	姓名	发文量	发文量指数	被引频次	被引频次指数	综合指数
1	陈力丹	1 176	10. 953 800 3	7 183	13. 403 119 87	12. 178 460 08
2	喻国明	676	6. 296 572 28	7 838	14. 625 317 21	10. 460 944 75
3	彭兰	172	1. 602 086 438	4 829	9. 010 673 235	5. 306 379 836
4	尹鸿	290	2. 701 192 25	3 774	7. 042 095 835	4. 871 644 043
5	蔡雯	258	2. 403 129 657	2 792	5. 209 732 796	3. 806 431 227
6	邵培仁	222	2. 067 809 240	2 951	5. 506 418 868	3. 787 114 054
7	丁柏铨	340	3. 166 915 052	2 276	4. 246 902 523	3. 706 908 787
8	吴飞	240	2. 235 469 449	2 661	4. 965 293 327	3. 600 381 388
9	蔡骐	145	1. 350 596 125	2 642	4. 929 840 275	3. 140 218 2
10	童兵	360	3. 353 204 173	1 464	2. 731 751 008	3. 042 477 59
11	郑保卫	337	3. 138 971 684	1 541	2. 875 429 169	3. 007 200 426
12	张志安	242	2. 254 098 361	1 973	3. 681 519 63	2. 967 808 995
13	汤书昆	166	1. 546 199 702	2 318	4. 325 272 429	2. 935 736 065
14	郭全中	433	4. 033 159 463	604	1. 127 033 886	2. 580 096 675
15	匡文波	158	1. 471 684 054	1 871	3. 491 192 715	2. 481 438 384
16	李良荣	109	1. 015 275 708	2 037	3. 800 940 439	2. 408 108 073
17	谢新洲	141	1. 313 338 301	1 856	3. 463 203 463	2. 388 270 882
18	董天策	225	2. 095 752 608	1 422	2. 653 381 102	2. 374 566 855

续表

序号	姓名	发文量	发文量指数	被引频次	被引频次指数	综合指数
19	赵振宇	303	2. 822 280 179	1 012	1. 888 341 544	2. 355 310 861
20	时统宇	388	3. 614 008 942	565	1. 054 261 83	2. 334 135 386
21	刘建明	281	2. 617 362 146	930	1. 735 333 632	2. 176 347 889
22	李彬	178	1. 657 973 174	1 437	2. 681 370 354	2. 169 671 764
23	李希光	230	2. 142 324 888	1 116	2. 082 400 358	2. 112 362 623
24	杨保军	216	2. 011 922 504	1 115	2. 080 534 408	2. 046 228 456
25	范以锦	304	2. 831 594 635	658	1. 227 795 193	2. 029 694 914
26	程曼丽	161	1. 499 627 422	1 179	2. 199 955 217	1. 849 791 319
27	胡智锋	211	1. 965 350 224	875	1. 632 706 374	1. 799 028 299
28	谭天	170	1. 583 457 526	1 050	1. 959 247 649	1. 771 352 587
29	郭镇之	147	1. 369 225 037	1 129	2. 106 657 71	1. 737 941 374
30	张涛甫	186	1. 732 488 823	908	1. 694 282 729	1. 713 385 776
31	靖鸣	234	2. 179 582 712	652	1. 216 599 492	1. 698 091 102
32	栾轶玫	190	1. 769 746 647	716	1. 336 020 302	1. 552 883 474
33	陈刚	197	1. 834 947 839	589	1. 099 044 634	1. 466 996 236
34	史安斌	143	1. 331 967 213	853	1. 591 655 471	1. 461 811 342
35	骆正林	167	1. 555 514 158	732	1. 365 875 504	1. 460 694 831
36	展江	157	1. 462 369 598	768	1. 433 049 709	1. 447 709 653
37	彭朝丞	282	2. 626 676 602	62	0. 115 688 909	1. 371 182 755
38	欧阳宏生	145	1. 350 596 125	737	1. 375 205 255	1. 362 900 69
39	陈昌凤	136	1. 266 766 021	768	1. 433 049 709	1. 349 907 865
40	曹鹏	236	2. 198 211 624	201	0. 375 055 979	1. 286 633 801
41	闵大洪	136	1. 266 766 021	654	1. 220 331 393	1. 243 548 707
42	张立伟	165	1. 536 885 246	494	0. 921 779 37	1. 229 332 308
43	郜书锴	179	1. 667 287 63	384	0. 716 524 854	1. 191 906 242
44	张昆	147	1. 369 225 037	539	1. 005 747 126	1. 187 486 082
45	魏永征	140	1. 304 023 845	562	1. 048 663 98	1. 176 343 912

续表

序号	姓名	发文量	发文量指数	被引频次	被引频次指数	综合指数
46	梁衡	214	1. 993 293 592	192	0. 358 262 427	1. 175 778 009
47	尹韵公	166	1. 546 199 702	421	0. 785 565 01	1. 165 882 356
48	陆地	162	1. 508 941 878	423	0. 789 296 91	1. 149 119 394
49	陆小华	144	1. 341 281 669	442	0. 824 749 963	1. 083 015 816

当然，以上数据不可能包含中国当代新闻传播学的所有知名专家，但这份名单足以说明中国新闻传播学界中领袖人群的影响力。陈力丹是新闻学研究的名家，喻国明专长于舆论传播实证研究和传媒产业研究，彭兰、蔡雯主要研究网络传播，尹鸿的研究跨电影与新闻传播，邵培仁是传播学研究的著名学者，丁柏铨主要关注新闻理论与党报研究，吴飞是传播社会学和国际传播的知名学者，蔡骐主要从事传播与文化及电视研究，郑保卫、童兵、李良荣、刘建明等更老一辈新闻传播学者时至今日仍然笔耕不辍。此外，表格上其他名家的研究领域遍布新闻传播学科，展现出当前学科研究名人的全面性。

在 49 位作者当中，41 位来自高等院校，占总数的 83. 67%。这说明新闻学与传播学研究的中坚力量在高等院校。其他 8 位来自研究院和媒体：中国社会科学院有 4 位（彭朝丞、尹韵公、时统宇、闵大洪），占总数的 8. 16%；另外还有 4 位，分别是《经济日报》社的曹鹏，四川省社会科学院的张立伟，《人民日报》社的梁衡，以及新华社的陆小华。

在 41 位高校研究人员中，中国人民大学有 8 位，复旦大学有 6 位，清华大学有 6 位，中国传媒大学有 4 位。这些学校的高影响力学者占了总数的 48. 98%，这些学校在国内新闻传播学一级学科点排名中都排在前列，而且也是国内较早的新闻学与传播学博士点授权单位。此外，武汉大学、北京大学、上海交通大学、浙江大学、暨南大学、南京大学、华中科技大学、北京师范大学、湖南师范大学、河北大学和河南理工大学也有学者入选核心作者名单。以上提及的学校大都在新闻传播研究方面实力较强，才会出现以上的高影响力人物，他们势必会进一步引领团队，发展出独具特色的学派研究。

（三）学术争鸣：学派崛起的重要途径

学术争鸣是不同学者对同一事物产生的意见纷争，因此可以看作是学派产生的根源。即所谓有学即有派，有派就有学术争鸣。“历史的事实告诉我们，凡是自由讨论的风气旺盛的时代，学术的发展是蓬蓬勃勃的，反之便看不到学术的进步，连社会的发展也因而停顿了。”① 改革开放以来，中国学术界气氛宽松，提倡争鸣。传播学界也围绕着许多主题出现了不同看法，一些学人通过学术杂志、网络等平台发表不同的观点，促进了学术繁荣，为未来传播学派的形成做了基础工作。

新闻传播学术界对学术论争进行过总结和分析，主要有：姚福申等在《二十世纪中国社会科学·新闻学卷》（赵凯等主编，2005）的第三编“二十世纪中国新闻学重大论争”中分析了 6 个学术论争；戴元光在《20 世纪中国新闻学与传播学·传播学卷》（戴元光等主编，2005）中，梳理了传播学发展的历史轨迹，其中在第七、八、九章分别提及和论述了发生在传播学研究领域内的学术论争；徐培汀在《中国新闻传播学说史》的“改革开放与新闻学术争鸣”一节，专门梳理了 7 个议题；邵培仁、廖卫民在《中国新闻与传播研究 30 年学术论争的历史考察（1978-2008）》一文中，总结了新闻传播学界论争的十大典型案例。

根据这些文献，结合笔者多年的观察，与传播学直接相关的典型案例主要有：传播学本土化的论争，传播学即宣传学的论争，传播史的论争，传媒与司法关系的论争，媒介经营管理与媒介经济研究的论争，互联网与新媒体研究的论争，跨文化传播的论争，传播研究方法与学术规范的论争，等等。

从论争主题出现的年代来看，20 世纪 80 年代初，学术界的“拨乱反正”在新闻学界引发了一系列著名的讨论，如“报纸是不是阶级斗争工具”的探讨，此时传播学的引入，特别是“信息”“受众”“传播内容”等概念对于国人重新认识新闻的定义、新闻价值以及新闻事业起到了很大的作用。比如，徐培汀、谭启泰的《试论报纸的性质》和王中的《论新闻》《论宣传》等。

20 世纪 90 年代，传播学界的学术交往变得更为频繁，新技术的发展带来

---

① 郭沫若：《三点建议》，《人民日报》1954 年 12 月 9 日。

了新的传播话题，如互联网对传统媒体冲击引发的“化为泡沫”的论争。1994年，朱光烈发表了《我们将化为“泡沫”——信息高速公路将给传播业带来什么》，认为大众传播者在未来会化为泡沫。1995年初，段京肃发表《“信息高速公路”与大众传播观念更新》予以回应，此后邵培仁的《论人类传播史上的五次革命》、李启的《试论传播学与新闻学的定位》、张咏华的《归于消失，还是再获新生？——试论传媒的发展前景兼与朱光烈先生商榷》均对该问题进行了进一步的探讨。邵培仁认为，“媒介的生存与发展似乎不遵循优胜劣汰、物竞天择的法则，好像更符合互动互助、共进共演的原理”，婉转地否定了“泡沫论”。这一时期另一著名论争集中于传播学本土化研究。李彬在《反思：传播研究本土化的困惑》一文中，认为“从本土化的实绩看，传统文化似乎不像被‘弘扬’，而倒像被拉到‘国际’博览会上拍卖，一切都得按‘接轨’的标准办理，结果就跟金发碧眼的西方女子穿一袭旗袍，让人总感到有种说不出的不伦不类”①。孙旭培先生在1997年主持《华夏传播论》课题的研究时，对“旗袍说”进行了反驳，认为：“即使出现金发碧眼的女子穿旗袍，也会如黑发黄皮肤的男子穿西装一样，没有什么大惊小怪的，更无所谓‘不伦不类’。因为一切美的东西，都可能成为全人类的。”② 邵培仁在1999年发表的《传播学本土化研究的回顾与前瞻》中，将传播学研究本土化分成了“传播学研究的中国化”和“传播学研究的中国特色”，前者着重从中国文化和历史中丰富传播理论，后者着眼中国现实解决当代传播实践问题，从而进一步厘清和阐明了传播学本土化的研究领域与方向。

21世纪的首次争鸣发生在2001年，李希光提出新闻传播学院的最终目标这一问题时，认为传播学主要为各种利益集团、组织公司、公关公司、各类工商企业服务，并推论传播学会使新闻学枯萎下去，最后是摧毁新闻学，因此新闻传播学院应当专注于新闻实务的教学。③ 潘忠党随即驳斥了这一言论，

---

① 李彬：《反思：传播研究本土化的困惑》，《现代传播——北京广播学院学报》1995年第12期。

② 邵培仁、廖卫民：《中国新闻与传播研究30年学术论争的历史考察（1978-2008）》，《中国传媒报告》2008年第1期。

③ 参见李希光：《求实创新：构筑有清华特色的新闻传播学院》，新闻传播资讯网，http：//www. woxie. com/news/woxie. asp？id=518［2018-05-10］.

认为“传播学培养的人才是为利益集团服务”的论断是完全错误的①，他号召中国传播学远离应用课题，服务于基础研究，“一味地追随政策制定者或一线的实践者，解答他们所提出的问题，就没有‘学者’的独立人格，没有独立的学术品位”。② 2007年，赵心树撰文《新闻学与传播学的命名、使命及构成——与李希光、潘忠党商榷》，认为传播学与基础传播学互不相等，传播学与新闻学互不平行；传播学中，研究与教学并重，相辅相成，缺一不可；教学中，理论与实践并重，同样重要；传播研究中，基础与应用并重；应用研究中，单用研究主属业界，广用研究主属学界；传播学中包括新闻学、公关学、广告学、媒体管理学、基础传播学以及其他子学科。李、潘之争部分发生于网络，个别用词很尖锐甚至情绪化，长时间流传于海内外网络社区。然而，传播学取代新闻学的主张并未消失。2007年，郜书锴在《走入黄昏的中国新闻学——30年中国新闻学的回顾与反思》一文中，抛出“黄昏新闻学”的观点，认为我国新闻学已经陷入“学术困境和穷途末路”，而“借传播学之浆解新闻学之困，实质上是在拯救的美名中充当新闻学的掘墓人”“新闻学慢慢滑向新闻传播学或传播学的场域，折射了新闻学的学术困境和穷途末路”③。此后不久，郑保卫发文《迈向辉煌的中国新闻学——与郜书锴同志商榷》予以回应，并从新闻传播的社会作用、新闻学的生存环境以及国家对新闻工作的支持来论证新闻学学术地位的日益巩固，声称新闻学正在“迈向辉煌”④。

胡鞍钢等人在2004年开展了“中国传媒迅速崛起”的实证研究，其结论是“2000年中国传媒实力居世界第二位”，这引起了新闻传播学者的质疑。黄旦、屠正锋在2006年撰文《也谈中国的传媒实力——评胡鞍钢、张晓群先生的〈中国传媒迅速崛起的实证分析〉》予以反驳，并在文尾写道：“记得

① 潘忠党：《无知才会出狂言》，新语丝电子文库，www. xys. org，www. xys2. org：http：//xys. xlogit. com/xys/ebooks/others/science/dajia/chuanboxue. txt［2018-05-10］.

② 《李希光，请别再误导青年学子了！请看潘忠党教授对李的批评》，http：//bbs. mediachina. net/index_ bbs_ show. php？b_ id=4 &s_ id=45502［2018-05-10］.

③ 郜书锴：《走入黄昏的中国新闻学——30年中国新闻学的回顾与反思》，《现代传播》2009年第3期。

④ 郑保卫：《迈向辉煌的中国新闻学——与郜书锴同志商榷》，《现代传播》2009年第6期。

在‘文化大革命’中，我们就曾颇为自豪地宣称，《毛主席语录》发行量居世界第二，仅次于《圣经》。为此，多少人激动得心旌摇动，热血沸腾。今天，无论如何我们不能再蹈这种自欺欺人的覆辙了，哪怕方法由信口开河换成实证，看上去科学了许多。”①

综观以上的学术争鸣，可以看到改革开放以来中国传播学界在不同年代对于时代主题的呼应、学科研究的不断深化和学者水平的日益提升。邵培仁、廖卫民认为，中国新闻传播研究学术争鸣的特性有：话语时代性、议题相关性、学术生产性、参与个人性。② 通过争鸣，传播学界对一些问题把握得更加准确，核心理论逐渐被提炼出来，持类似观点的学者更容易走到一起，也许在不久的将来，中国传播学派就会陆续诞生。

三、何以可为：创立中国传播学流派的历史任务

目前，中国传播学界已有建立学派的呼声③，但这离真正建立学派还有距离。综观世界传播学发展，学派的确立对学术群体及其主要观点的发扬光大具有推动作用。所以，建立中国传播学流派绝不是搞噱头、玩概念，而是要吸取西方国家成立学派进而推动整体学术发展的成功理念，在中国社会和学术环境中进行尝试性发展，以期待中国传播学的更大进步。

（一）培养学科独立意识，树立品牌意识，加强交流与合作

从学科建制的角度来看，一些具备条件的高校和研究机构可以通过建立学派扩大教学科研规模，令传播学教研队伍树立信心，促进学科发展。学派本身就是一个品牌，品牌意味着知名度、实力和社会认可。西方学界动辄出现一个新的学派，可是经过分析研究后，我们会发现其核心观点和成就未必有我们想象的那么高深，这就是西方人强调个性、提倡标新立异的“品牌意识”的结果。通过这样一种方式，其观点得到了更大范围的传播，并且容易

① 黄旦、屠正锋：《也谈中国的传媒实力——评胡鞍钢、张晓群先生的〈中国传媒迅速崛起的实证分析〉》，《新闻记者》2006年第1期。

② 邵培仁、廖卫民：《中国新闻与传播研究30年学术论争的历史考察（1978-2008）》，《中国传媒报告》2008年第1期。

③ 廖卫民：《冲锋在前线：一个传播学学派的崛起之道——解读邵培仁主著之媒介理论三部曲》，《山东理工大学学报（社会科学版）》2015第6期。

让别人记住。我们也可以用这样一种方式，展示新闻传播学的每一种新观点，推出更多的新闻传播学名人，使我们的学科发扬光大。

在我国历史上，学术大发展时期往往伴随着大量学派的产生。学派是个性化的，强调彼此之间的差异，所以学派的广泛建立必然导致相互之间的质疑、诘难、辩论，而通过相互之间的不断碰撞，每个学派的观点也会得到不断修正。在我国传播学领域，如果能够建立起学派并能够经常就学术问题进行交锋，那么我们的学科肯定能够得到更快的发展。更进一步，随着学术冲突的不断化解，新一轮的合作又将开始，而鲜明的特色使得学术群体寻找合适的合作伙伴变得更加容易，于是便可以形成新闻传播学界的良性循环与互动，促进学科发展。从历史上看，学派往往是学术发展到相当高度自然形成的，我们国家的一些高校和研究所群体的新闻传播学研究已经基本具备了条件，其他尚欠火候的院校也可以通过学派建设的过程来发展自我实力，这样似乎速度更快、思路更清晰。

（二）结合中国国情，提炼中国学理，体现中国智慧

改革开放以来，中国经济迅速发展，国力增强，国际影响力增大。目前很多外国学者和华人学者已经敏锐地看到了这一点：中国文化将越来越为世界所重视。中国国内很多学者也已经意识到：以人文社科为主的各学科的中国本土研究，已注定是即将掀起的不可逆转的浪潮，这浪潮远非在国内发生，而是在世界主动关注中国的历史必然下的全球涌动。在这不可逆转的潮流面前，谁先着手谁就将成为领潮人，他们的姓名和功绩必将永远铭刻于历史长河中。正可谓：世界潮流，浩浩荡荡，顺之则昌，逆之则亡！

习近平在《在哲学社会科学工作座谈会上的讲话》中指出，要按照立足中国、借鉴国外，挖掘历史、把握当代，关怀人类、面向未来的思路，着力构建中国特色哲学社会科学，在指导思想、学科体系、学术体系、话语体系等方面充分体现中国特色、中国风格、中国气派。学派建设正是中国特色研究的应有之义。邵培仁教授认为，建设中国特色传播学，就是“为了让传播学成为中国大众的精神食粮，为了让传播学成为适应中国需要的科学，为了让传播学成为中国文化的有机组成部分，为了让传播学的理论建树与世界文

化接轨”①，这体现了我国学术自觉性和理论的原创性，指明了本土理论研究之路。

（三）形成中国主张、中国视野，增强国际影响力

当前统领国际传播学界的仍然是“西方中心论”。文化差异、哲学矛盾以及研究方法差异严重影响了中国学人进入世界学术主流，影响了中国传播学的自身发展。中国学人要想走到世界学术的中心，不能总是跟在别人后面，而是要走出自己的路。中国特色的传播学研究，就是要纠正“西方中心论”统领下的学术思想，以亚洲人、中国人特有的文化传统、哲学观念和社会现状来研究传播学，发展以“和谐”为主旨的传播理念。这实际上是在丰富和发展传播学，不能让传播学走进欧美理念下的唯一路径，而是走出困境，并且踏出一条自己的道路。通过对学派建设的分析，我们有理由相信，在未来的若干年内，中国传播学派的建设将有可能蔚然成风，学科发展也可能进入一个新的提速期。

① 邵培仁：《传播学导论》，杭州：浙江大学出版社 1997 年版，第 16–20 页。

第七章

“两张皮”：传媒类专业教与研的历史与现状

随着高校扩招和学术水平的不断提升，新闻传播学作为独立的一级学科已经在我国高等教育中占有庞大的建制资源。根据相关统计数据，截至2015年底，全国有681所大学开设新闻与传播类专业，而“985”“211”大学中开设新闻与传播类专业的比例高达55.9%，这些学校拥有新闻与传播类专业教师6 912人（其中硕士以上2 943人），设有1 244个本科专业点，一级学科博士点15个，一级学科硕士点75个，二级学科博士点3个，二级学科硕士点13个，在校本科生超过22万人。[①] 2018年1月，国务院学位委员会发布，新增新闻传播学一级学科博士学位授权点8个，已有二级学科新增新闻传播学一级学科博士学位授权点2个，新增新闻传播学一级学科硕士学位授权点14个，已有二级学科新增新闻传播学一级学科硕士授权点10个。另外，新增新闻与传播专业硕士学位授权点56个。[②] 新闻传播学已经成为当前人文社科领域教学与科研的重要力量。

在这不可小觑的成绩背后，隐忧也一直伴随着学科的成长而存在着，其中饱受老一代新闻学者普遍诟病的一点就是每况愈下的新闻本专科实务教学质量。十余年前，某知名高校重量级新闻学者在学术会议上就公开谴责：“我们学院50多号老师，有十几个人逮着一门《传播学概论》抢得不可开交，而《新闻采访》竟然没人敢去上！”2012年9月，雷跃捷教授在全国新闻学研究

① 张昆：《新闻传播教育年鉴编纂的必要性论析》，《现代传播》2016年第11期。

② http：//www. moe. gov. cn/jyb_ xxgk/s5743/s5745/［2018-09-10］.

会一届五次理事会暨2012年中国新闻学学术年会上表示："相当一部分青年教师以新闻实践缺少学理为由，轻视或鄙视新闻实践。课堂上呈现出的是有些教师要么在夸夸其谈各种高深莫测的理论体系，要么照本宣科地宣讲别人撰写的新闻教材。"① 可见，新闻实务教学环节薄弱的问题在当前新闻传播专业教学中十分突出，青年教师更是众矢之的。

诚然，新闻传播专业本专科教学的实践性强，需要教师有过硬的以采、写、编为中心的专业技术能力，最好还拥有丰富的传媒业界从业经验。这一要求对于大部分新闻传播青年教师而言是不容易达到的，最直接的原因是当前高校引进人才（特别是引进年轻人）主要考察应聘者的学术研究能力，而专业实践动手能力往往不是重点。基于当前新闻院系教学与科研之间的矛盾，我国高校新闻传播学科实务与理论之间的关系值得探讨，其中原因既源于学科自身的特质与历史，也来自当代学术生态与社会大环境。

一、新闻传播学教学与科研关系发展历史溯源

大学筹办新闻专业最早出现于美国。不同于其他人文社会学科，新闻学在进入高校学术研究序列之前并没有理论积累期，而是纯粹出于美国新闻业界的一个目的：提升广大新闻工作者的社会地位。20世纪初，美国报业市场空前繁荣，但新闻业和新闻从业者的社会地位普遍低下，面对这一矛盾状况，以黄色新闻起家的报业巨头普利策向哥伦比亚大学高调捐款，希望通过在高校建立新闻学院来"提升采编这门专业的标准……把新闻提高到一个有学问的专业行列"②，在1912年终于促成哥伦比亚大学新闻学院的建立。很显然，新闻教育进入高校的初始目的是让美国新闻界提升身份，而非其学科知识高度和学术发展演化规律使然，亦即是说，在当时新闻作为实务本身并无足够的理论依托进入美国高校。这就意味着：新闻专业要想在高校真正立足，必须抓紧找到适合自己研究的领域与理论。这个违背正常学科知识生产逻辑的"逆向寻找"过程注定充满了坎坷和痛苦，新闻学界必须长期证明自身存在于

① 雷跃捷：《社会转型时期我国新闻传播教育的成就和问题》，载郑保卫主编：《新闻教学与学术研究》，北京：中国文史出版社2013年版。

② Pulitzer, Joseph, "The College of Journalism", *North American Review*, May, 1904.

高校的合理性，贯穿这一探索过程的便是新闻实务教学与理论研究的逐渐分离与割裂。

从19世纪70年代到20世纪20年代末，美国新闻教育普遍采取职业教育模式，在大学拥有独立建制后依旧沿袭这一做法。当时的新闻研究基本没有地位，饱受诟病，但走学术路线办学的思路已经开始形成，集中体现在威斯康星大学的布莱耶和芝加哥大学的帕克二人的新闻学理念之中。布莱耶认为，将新闻学定位于职业培训不足以支撑其立足于高校，必须将新闻学定位为社会科学，培养的学生不仅要会写新闻报道，还要了解所报道事件由以生成的社会。因此，他一方面赞成新闻专业化，另一方面反对新闻教育一味地迎合、追随业界，主张新闻教育应以业界批评家的姿态出现。① 帕克将新闻视为一种值得系统分析的研究领域，并希望通过报纸扩散社会科学的发现，帮助解决社会问题。② 虽然帕克身在社会学系，但他和布莱耶一样主张将报纸（新闻）作为一个社会机构、文化机构来研究，这就已经脱离了在原有新闻教育（实务职业教育）的狭窄框架中研究一些诸如“新闻采访技巧总结”“软新闻的写作”等技巧类问题。可见，从新闻学研究发轫之时，实务教学的技能性倾向和学理研究的社会科学倾向就开始走向各自不同的道路。

然而，唯实务中心的发展模式在当时的美国高校新闻专业教研中并没有很快地改变，这导致了学界对新闻院系更为严厉的质疑。20世纪30年代到40年代中期，美国新闻专业普遍的技能倾向、职业倾向的人才培养模式一再受到学界猛烈批评，有学者认为：有关新闻业的一切可以通过良好的通识教育和报纸工作习得，新闻学院没有履行起充当独立的报刊批评者的义务，没有将学生培养成称职的公共事务的裁判，而且没有意识到社会中正在发生一场大众传播的革命。③ 20世纪30年代著名的广播研究项目主持人拉扎斯菲尔德是社会学家，民意调查专家盖洛普离开新闻系投奔广告系之后才声名鹊起。过度重视职业培养导致新闻学以传统报业为中心，忽略了对广播等新兴媒体

① Bronstein, Carolyn and Vaughn, Stephen, "Willard G. Bleyer and the Relevance of Journalism Education", *Journalism Monographs*, June 1998, pp. 1-36.

② Zelizer, Barbie, *Taking Journalism Seriously: News and the Academy*, Sage Publications, 2004, p. 16.

③ 伍静：《中美传播学早期的建制史与反思》，济南：山东人民出版社2011年版，第33页。

的关注，学科研究视野狭窄且水平低下导致学科建制危机。此时的新闻学研究被迫走向了时髦的、有“硬科学”特色的行为科学研究，并开始向“传播研究”靠拢，放弃过度偏重实务教学，重新调整学科人员队伍，招聘没有新闻业界经验的社会科学博士充实教研队伍，因为再坚持以新闻实务为中心无疑是死路一条。

20世纪40年代中期以后，美国新闻学研究的主题全面转为大众传播研究。洛克菲勒基金会资助了一系列注重定量分析的传播过程与效果研究，诸如至今大家仍耳熟能详的“普林斯顿广播研究项目”“战时传播项目”“耶鲁传播研究项目”等。多学科学者共同介入传播研究，显示出新闻传播领域的多学科交叉属性，更进一步让新闻传播研究与传统意义上的以“采、写、编”为核心的新闻实务教学越走越远。施拉姆依靠其统计局教育主任的行政职务和大量政府经费成功地在新闻学院进行了传播学的建制化，之后传统意义的新闻学在新闻学院逐渐式微，以至于出现“绿眼罩人”和“卡方人”之争①。在一路饱受质疑和歧视的坎坷前行中，美国高校新闻学院被迫走出了一条将行为科学（为主）研究和新闻实务教学捆绑于一身的道路，这两份性质不同的工作是由于新闻学院建制的特殊性造就的，二者统一于“新闻”二字，但更多地割裂于工作性质与具体任务。那些曾在传媒业界饱经风霜、叱咤风云的资深记者、编辑，来到高校后仍然将主要精力用于新闻实务教学，他们以经验取胜，普遍没有博士学位，没有经过良好的社会科学研究培养，所以大都写不出高深的学术论文。经过严格社会科学教育的博士们进入新闻院系工作后，非常擅长运用各种研究方法进行科研，发表高水平的学术成果，从而获得学界的肯定，但他们很少甚至没有新闻业界实践经验。新闻学院教学与科研的“两张皮”状况就此形成。

二、改革开放以来我国新闻传播学教学与科研关系的发展与现状

我国新闻教育的大发展始于改革开放。20世纪80年代，传媒业以及很多

① ［美］罗杰斯：《传播学史：一种传记式的方法》，殷晓蓉译，上海：上海译文出版社2002年版，第485-490页。

相关行业需要大量新闻人才。为满足这一社会需求，不仅中国人民大学、复旦大学、北京广播学院、中国社会科学院等拥有较强新闻教研实力的单位不断扩招新闻专业学生，其他各省市的重点大学以及拥有新闻专业（甚至中文、政教专业等）的科研院所也扩充教学队伍、增加招生名额。对于当时的教研任务而言，以实务教学为中心是必然的，所有教师必须拥有熟练的“动手能力”。而在这个历史关头，中国新闻传播研究的历史遭际也表现出非同一般的特殊性。1982 年，美国学者施拉姆访华，为中国带来了传播学，同时也让国人认为传播学天然地归属于新闻院系，而施拉姆本人在国人眼中也理所应当地成了世界传播学的“鼻祖”。然而，施拉姆引导中国人走的传播学研究道路，却是希望中国传播学人研究“中国传统文化中‘传’的智慧”，并告诉国人传播学是一个“公交车站”，很多学科的研究者可以在此驻足。从研究专长来看，传统文化中“传”的智慧这一主题似乎更适合古代文学、历史学等专业去做，而在当时“整个中国传播学界对‘传播学’的整体面貌还处于混沌和懵懂状态，对传播学的跨学科起源、分支研究领域的发展、传播学研究的思想流派等知之不多，更无法顾及理论研究和生成理论的社会历史与知识脉络之间具有怎样整体与个别的联系”①，况且施拉姆毕竟是当时我们刚打开国门便主动“送货上门”的“权威”，拥有不证自明的正确性。施拉姆的倡议导致的后果之一，就是新闻作为实务的专业壁垒瞬间不见了。一时间，在传播研究的大旗下，文学、美学、历史学、社会学、政治学、心理学等很多学科的研究者特别是年轻学人蜂拥而至，热闹异常，其中很多学者后来成为中国新闻传播学界的知名人物。与美国新闻学被迫走上“新闻传播”之路不同，中国接受传播学更为主动，但我们在初始阶段所理解的传播学在很长一段时间是较为混乱的，这其中除了施拉姆的影响外，还有一些中国学人想当然的自我理解与阐释。所以，在很长一个时期，我国的新闻学照旧沿着原有思路发展，而我们的传播学研究则“跑马圈地”到了很多领域。不过无论怎样，与美国类似，此时的中国新闻传播研究已经开始逐渐摆脱实务教学的技能性倾向，朝着广阔的社会科学研究方向奔去。

---

①　王怡红：《传播学发展 30 年历史阶段考察》，《新闻与传播研究》2009 年第 5 期。

新闻传播学科研究方向的拓展导致了研究人群的多元，而不变的是毕业后要从事传媒实务工作的广大本专科学生，但此时的教学秩序不仅没有因此受到明显影响，反而获得很大的促进，本专科教学运行顺畅。从各高校新闻专业的学术处境来看，当时的人文社科学界早已有“新闻无学”的论调，这让新闻院系的教研队伍着实难堪。所以，能为新闻研究拓宽主题、增强学理性的教师是受到新闻院系欢迎的（哪怕这些人新闻业务能力有限），更何况很多专业理论基础课程需要更多理论功底深厚的教师，其中也包括作为学术后备力量的年轻教师。从教师专业素养构成的角度来看，此时的高校新闻系教师中，根本不缺业务能力强的教师，而理论功底深厚的科研人才却往往不多。同时，实务型教师和理论型学人之间在利益分配上并没有激烈的矛盾，这主要体现在评定职称等方面：在那个时代，新闻传播研究水平相对有限，档次普遍较低，所以大部分高校在评定职称时对学术成果要求也普遍不高，再加上“论资排辈”“老人老办法”等潜规则，新闻系科在晋升与发展方面的矛盾相对较少。此外，市场经济的社会大环境为广大新闻系教师提供了比本单位要广阔得多的财源机遇。在当时的新闻系教师中，很多人的实务能力很强，不仅在高校内工作得如鱼得水，在社会上特别是各类媒体单位的兼职也是做得风生水起。所以，一些外快多的老师少搞或不搞科研，评职称哪怕慢一些，心理也是很容易获得平衡的，何况当时高校在职称方面对教师施压普遍不大。一些专攻学术的教师，特别是年轻教师，坐得住冷板凳，将主要精力用在科研上，大都取得了很大的学术成绩。在那样一个传播学研究刚起步的阶段，很多年轻学人抓住了机遇，站在了历史的潮头，多出成果占尽先机，其中很多人成为当前的知名学者。他们通过学术大大延长和提高了自己的职业生命，通过“立言”在历史上留下了自己的名字。在这一时期，新闻院系教学与科研之间的矛盾是不激烈的，实务型教师的科研短板没有全面显现，他们与搞科研不太关心实务的理论型教师的矛盾也不突出。纯粹搞科研的教师的业务短板也基本不太显现，因为单位里有太多业务能力强的人，新闻实务教学完全不需要这些非新闻业务出身的人去操心。

20 世纪 90 年代中后期至 21 世纪初，新闻传播学术水平迅速提高，各大高校陆续获得新闻传播专业的硕士学位授予权，甚至是博士学位授予权和博士后流动站。与此同时，高校扩招速度加快。1999年，中国高校开始大扩招，新闻类专业是当时最热门的几个文科专业之一，各校新闻院系积极响应国家号召，成倍地增加招生计划，多收学生，做大家业，毫不含糊！这一时期，高校新闻传播专业系科数量大幅增加，各类形式和各级别层次的多元办学也很多。此时的新闻系已不能简单地用“新闻”两个字来概括了，而应当用传媒类专业来统称，具体包括：新闻学（报学），新闻学体育新闻方向，新闻学网络新闻方向，广播电视新闻学，广播电视编导，播音与主持艺术，数字媒体艺术，广告学，公共关系学，等等；办学层级有专科教育、本科教育、硕士研究生教育，甚至博士研究生教育与博士后流动站；办学形式上，除了通过各层级国家正式考试（高考、考研等）录取的全日制招生，还有成教、委培、自考、函授、夜大、短训班等五花八门的社会培训。新闻院系在数钱数到手软的同时，授课压力也排山倒海般地压在每个教职员工的身上，然而重赏之下必有勇夫，当时很多教师仅仅通过接名目繁多的各种课程就可以让家里的房产数量翻倍！很多老师为了多上课，不分昼夜，放弃假期，四处奔波，讲破嗓子。20世纪90年代末到21世纪初这段时间，我国高校新闻院系的师资力量还相对有限，竟完成了膨胀式的海量教学任务，实在可算作中国高等教育史上的一个奇景。当然，这一景观是高校诸多专业共同造就的，相较于文学、法律、经济、管理、艺术等许许多多兄弟院系，新闻院系在大扩招中的表现也只能算是一般水平。在这“经济形势一片大好”的阶段，教学质量受到一定影响是必然的，所以才有了始于2002年底的重视本专科教学运动。

由于学科建制的急速扩张，高校对新闻院系高级职称的评定也普遍给予倾斜。毕竟这么大家业的一个院系，没几个教授实在是不合适的。新闻专业先做大建制，以庞大的教学体量倒过来推动学术发展，这一点也颇具中国特色。同时，拥有新闻传播学（或文学、社会学新闻传播研究方向）博士学位的教师非常抢手，甚至说是一“博”难求，很多新闻系教师甚至在获得了硕士学位后就跳槽到了更好的高校。新闻院系对高学历的追求越发强烈，各高校之间新闻传播学术水平的竞争也日益激烈，各个单位纷纷培养年轻教师攻读硕士、博士，同时从其他高校挖人才，并积极招聘新闻专业硕士、博士。此时的新闻院系教师中，年过四十还努力考博士的大有人在，年轻教师群体更是普遍努力考硕进博。但人的精力毕竟是有限的，顾此失彼在所难免，很多专攻学术的教师往往在实务教学方面难以投入太多精力，以至于当时的很多高校流传着“上课能说得过去就行，不搞科研就是自毁前程”的说法。那些偏爱实务的教师则大都继续依靠新闻业务技能在高校上课，同时在传媒业界兼职，甚至少部分人自己开起了传媒公司、广告公司。两种不同类型的教师在事业发展上渐行渐远。

从这一阶段的教研关系来看，随着新闻传播学研究的不断深入，学术期刊上关于新闻技能总结类的论文越来越少，广大学人普遍放眼整个社会科学领域来研究新闻传播，即便那些本科阶段就学新闻、实务功底扎实的教师，也必须恶补社会科学的基础理论，以适应科研要求。因为当年的新闻系本科教学是实务导向的，把实务经验进行理论深化形成论文可以作为学术成果，但毕竟从质到量都有限，无法达到当前人文社科研究的高度。相反，那些本科阶段就在文学、哲学、社会学等专业学习的人，直接进入新闻院系工作或读了新闻传播硕士、博士后，往往如鱼得水，运用原来的社会科学的理论功底研究新闻传播，甚至会出更大的成绩，那些新闻系科班出身、“根正苗红”的教师未必能赶上！这一点和当年美国高校招聘没有传媒业界经验的社会科学博士进入新闻院系非常相似，可想新闻传播实务教学和科研之间的距离有多远！

科研工作需要有很好的理论基础，掌握多种研究方法，把握准学术发展动向，同时最好多参加一些学术会议和一些学术团体活动，这样可以和圈内学人特别是知名学者保持联系，为自己的学术发展提供源源不断的新动力。做一名优秀的业务教师也一样不容易。与搞好科研一样，将实务教学工作做好同样需要投入大量的精力和时间。一位优秀的新闻实务课教师，不仅要精通各种采、写、编设备，还要有高超的采访本领、写作能力。此外，做好新闻业务需要积累大量的实战经验，新闻采访中的应变能力和与不同群体打交道的能力是实务课教师水平高低的重要体现；同时，在业界有广阔的人脉不仅可以为学生实习提供便利，还可以让新闻院系从媒体那里获得各种源源不断的资源。所以，很多知名的新闻院系会到高级别媒体去挖经验丰富的资深编辑、记者到高校任教，同时也会让年轻教师到媒体挂职锻炼，因为对新闻院系来讲，学界和业界保持关系非常重要。

但是，科研实力直接决定各个新闻院所的专业排名，从而影响所招收学生的数量和质量，影响该校新闻专业的圈内名气和社会影响力，而这些因素又反过来影响各个新闻院系的领导政绩、教师发展前景以及实际收入。在市场经济的大环境下，在教育产业化的迅猛浪潮中，在学术竞争的迫切压力下，高校新闻院系围绕着传媒教育这块日渐膨大的诱人“蛋糕”展开角逐，无形竞争关系逐渐量化为具体的数据排名：各类各级别的课题、获奖，各级别的刊物发表，各类各级别的学术团体与学术会议，各类各级别的新闻传播研究基地，各高校新闻传播高级职称教师和拥有硕士、博士学位的教师的数量和比例，等等。在诸多指标中，实务教学的质量很少也很难被量化，理论至上已经成为最明确的风向标，而培养的学生在新闻实务方面的动手能力水平也不容易被量化为实务课教师的成果，课教得好往往流于学生的口碑，因为这不是量化指标，所以不容易进入高校的评价准则。有些高校较为重视课堂教学质量，会搞类似教学评课比赛的评估，但这个获奖荣誉也仅能算是职称评审中诸多要件中的一项，其权重远不如有质量的学术成果。这些量化指标就是国家政策的指挥棒，影响着每位教师的个人发展策略与精力分配。其结果是：高级职称教师明显增多，教师特别是年轻教师中拥有硕士、博士学位的比例大幅增加，学术论文发表数量和著作出版数量激增，课题越批越多，学科基地四处开花，各类基金到处涌动，学术团体层出不穷，学术会议从年头开到岁末……很显然，在这样一个学术繁荣的年代，以理论研究为中心成为高校新闻专业教师晋升职称的最佳选择。从个人发展的角度来看，职称至上被具体化为理论研究至上，而诸如教学水平和实务能力则逐渐被教师特别是青年教师忽视，毕竟每个人的精力都是有限的，把科研做好需要付出大量的时间和精力，哪里还有时间去搞新闻实务，更何谈业界经验！课上得再好，不如在重要期刊上发表一篇文章；把学生的业务能力培养得再强，不如自己有个国家课题！因为指挥棒的方向在理论，在文章，在课题，在学历！在这样单一的评价标准之下，理论型教师开始平步青云，实务型教师的声音却越来越小，直至完全失势。

甚至通过考察学术研究主题的变迁，都能明显体现出新闻院系评价体系的变化和不同类型教师在单位地位的变化。40 年来，中国传播学通过大量引进西方各个传播学派，并结合中国实际，拓展了大众传播的研究主题，质化研究不断出新，基于行为科学的量化统计研究方兴未艾。而传统新闻学相关研究进展相对缓慢，这一点与美国新闻学发展有很多类似之处。以实务研究起家的传统新闻学，在中国也逐渐式微。更多的学人从传统新闻学研究转向传播研究，即所谓更“理论化”的研究。这似乎暗合了高校作为理论研究机构的追求与规约，又明合了新闻院系中“学术派”教师的昌盛和“实务派”教师的失势。于是，从传统新闻学研究的式微到实务派教师的失势，可以清晰地看到传播学不可阻挡的渐进繁荣与高校新闻传播学术派教师的强势崛起，以实务为中心的职业教育模式与高校社会科学的理论研究模式这两张勉强黏合在新闻院系但性质不同的皮毛越发相互不适应，矛盾逐渐积累并爆发，终于导致在理论层面的传播学“全面夺权运动”和实践层面对新闻本专科实务教学持续的批评与反思。

关于传播学“取代”新闻学的论调由来已久。2001 年，清华大学李希光教授提出警告，认为传播学“使新闻学枯萎下去”，甚至“最后是摧毁新闻学”①。更为突出的事件发生在 2009 年，浙江大学 2007 级传播学博士研究生郜书锴在《现代传播》杂志发表文章《走入黄昏的中国新闻学——30 年中国新闻学的回顾与反思》，抛出了“黄昏新闻学”的观点，认为我国新闻学已经陷入“学术困境和穷途末路”，而“借传播学之浆解新闻学之困，实质上是在拯救的美名中充当新闻学的掘墓人”，“新闻学慢慢滑向新闻传播学或传播学的场域，折射了新闻学的学术困境和穷途末路”②。此文发表之后，中国人民大学郑保卫教授随即发文予以回应，声称新闻学正在“迈向辉煌”③。抛开这场论战具体涉及的观点辩护，最耐人寻味的是：当时除了郑保卫教授一人站出大呼“保卫新闻学”，全国新闻传播学界竟然无人再回应。此二事件非常明显地体现出传播学与传统新闻学在学术话语权方面的争夺，标志着中国传播

① 李希光：《求实创新：构筑有清华特色的新闻传播学院》，新闻传播资讯网，http：//www.woxie.com/news/woxie.asp？id=518［2018-09-10］.

② 郜书锴：《走入黄昏的中国新闻学——30 年中国新闻学的回顾与反思》，《现代传播》2009 年第 3 期。

③ 郑保卫：《迈向辉煌的中国新闻学——与郜书锴同志商榷》，《现代传播》2009 年第 6 期。

学在理论话语权层面的“全面夺权”。而不争的事实是：传播研究在中国全面铺开，传统新闻学研究也早已步入新闻传播学的研究领域，经典意义上的传统新闻学研究已经不多见了。

当历史步入21世纪的第二个十年，中国新闻传播学的博士已经遍布国内各个高校的新闻院系，拥有高学历、能胜任重大科研项目的学人越来越多，其中不乏年轻有为的后起之秀。但是此时能胜任实务课的教师却越来越少，整体水平也越来越低了。尤其在青年教师中，高校评价体系造就了为数众多的中国“卡方人”，他们往往缺乏甚至没有传媒实务能力，更谈不上有业界经验，以这样的新闻实务素质去任教本专科实务课程，无疑就是误人子弟！而考察那些年龄较大并拥有高级职称的教师，其中很多也是20世纪八九十年代从其他学科转投过来的，他们中的大部分人在新闻采、写、编方面又能有多少本领！只是当年新闻院系需要能发表论文的人，从而掩盖了他们的短板罢了！三十年河东，三十年河西，现在的青年教师经常成为实务教学的反面典型，一些老学者认为很多年轻人在处理实务教学与理论研究的关系上，显得“懒惰”“势利”“急功近利”“太自我”。实际上，当前新闻实务教学所出现的问题表现在当下，而根子早在30多年前就已经扎下，只是到了新千年以后更进一步地恶化，成为严重问题。其中的原因，既包含新闻传播学科的发展与历史遭际，又有中国市场经济大发展和高等教育产业化的宏观影响，还有高校政策制定所引发的内部竞争的综合作用。

虽然学术型年轻教师经常因为实务教学的问题受到指责，但他们依然是受到高校青睐的“香饽饽”。放眼当下，翻开任何一个新闻院系的招聘计划，要求拥有博士学位大都是“起步价”。教师想评定高级职称，一定数量的重要刊物论文、专著、高级别的课题等已经成了基本要件，一些高校对教师评副高以上职称的要求甚至达到了必须拥有国家级课题！所以，每当评定职称等重要的利益分配时，学术成果多的教师往往吃香。成为教授是教师至上的荣誉，可以让教师获得精神层面的社会肯定和物质层面的丰厚回报。这不仅对四五十岁的中年教师很重要，对那些二三十岁、物质基础薄弱的青年教师来讲更为重要。如何让自己变得对单位更“有用”是每个人都会慎重考虑的问题。那些搞实务、较少或不搞科研的教师，在当前的高校评价体系下，就显得越发窘迫。因为现在的科研要求与压力较十几年前大得太多，而搞科研需要理论功底与耐得住寂寞的性情，那些长年忙实务的教师，由于大部分时间与设备、人群打交道，大都处于一种媒体人的社交状态中。如果还让他们一头扎进图书馆查资料、做调研、搞理论创新，实在是分身乏术，况且也没有学术状态。但是他们在评定职称等方面往往会很吃亏。当前大部分高校新闻院系中，就连实验岗的教师在评职称时也需要论文。压力是来自多方面的，领导也会告诫那些发表论文少的年轻教师："你看某某，和你一起进校，人家发表了这么多论文，马上就要上副高了，你可要抓紧啊！"一些教师长期承担大量课程任务，仅仅在年底多拿到一些课时费，被领导道一声"辛苦了"；另一些教师上课不多，但集中精力发表了很多论文，在得到领导肯定的同时，还获得了不菲的科研奖励，成为单位的"明日之星"。在这种评价体系之下，教师之间相互没有"看法"是不可能的。近年来，一些名校规定，入校工作三年或五年之内评不上副高，就必须自动走人。推而广之，高校如果按照这个思路发展，在不遥远的未来，那些年过四十的讲师估计就得悉数被迫离开高校另谋职业了。可想而知，现在高校的青年教师科研压力有多大！

在教与研的矛盾之中，青年教师根据自身的情况进行了取舍，选择更符合自身的发展道路，分化成各具特色的群体。根据笔者入行近 20 年来的观察，可以把教师分成以下几种人群角色：①"超人"：在新闻实务和科研两个方面都做得非常出色，教学与科研两个方面都非常优秀。这类人往往能力超群，能同时胜任多种不同工作：一个肩膀在电视台架起摄像机，另一个肩膀在高校扛住实务教学；一只手写学术论文，另一只手搞传媒策划；一会儿现身于学术会场，一会儿出现在媒体发布会。这种人完美地弥补了新闻院系建制的先天不足和后天矛盾，如果高校多一些这样的人，那么从美国到中国的新闻院系教学与科研之间的矛盾则根本不会出现。可惜的是，这样的人少之又少，大部分人只能做好一份事情。②"强人"：此类人往往拼命多发论文，争取早日评职称。在工作中，满足课时任务后一般不多上课，多上理论课少代实务课，在教学上不求有功但求无过，更没有多少时间与传媒业界打交道，但一旦评上高级职称后往往会扩大交际圈和扩散社会影响力。这种角色在当前新闻院系是主流，大家普遍认为这是在高校成功的稳妥途径。③"闲人"：

教学和科研两方面都不太突出，在水平不高的档次上兼顾，虽然做不出太大的成绩，但也不让自己太累，对于评职称等功利性追求的态度较为平和，清心寡欲，所以处世较为随和闲适。但单位靠这样的人是不会有大发展的，从长远来看，未来高校一旦末位淘汰，这种休闲日子恐怕也会岌岌可危。④“浪人”：基本放弃科研，以实务为核心，在单位内基本代业务课，大部分精力都在传媒业界闯荡，甚至自己开公司，一副豁出去的架势“浪迹”于社会，希冀打拼一片新天地。他们从高校的评价标准中解脱出来，有了适合自己的新的成功理念，保持自己随时离开体制的能力。当然，高校里这么放得开的人并不多见，但每个单位都有。实际情况的复杂性是以上四种角色难以完全概括的，具体到某个人，很多时候可能显现出多种角色的杂糅，或是阶段性的演化。

以上的诸多因素变化直接或间接地影响到本专科学生的实务教学环节。笔者曾在一次学术会议上结识了某“211”高校搞新闻摄像的一位年过五十的副教授，他对当前实务课的评价具有代表性：“回想 20 年前，一个班的学生上实务课时都精神倍儿足，上午上课积极提问，下课后都摩拳擦掌，到下午实际操作课时大家都争先恐后地试用机器。当时学校对于上课的时间、地点都给予足够的宽容，老师们经常带着学生到街头采访拍摄，回来后还和学生们一起写稿、编片，大家在一起经常忙到半夜，谁也不在乎是不是还在上课时间，老师的课外辅导都是无偿的。现在技术好的年轻人少了，大家都在忙论文，上课自然调动不起学生的积极性。再说以前的新闻系毕业生工作好找，到媒体能进编、拿高薪，现在不行了，学生们现在都是多条腿走路。上课时你往台下一看，一多半的同学低着头，不是看考研教材，就是做公务员题目……”可见，高校评价体系、学科建制特点、教学队伍结构、扩招以及传媒业界发展都会直接或间接地影响到学生对新闻专业的态度。20 世纪 80 年代，传媒业蒸蒸日上，新闻系毕业生备受追捧，学生的学习劲头自然高涨。20 世纪 90 年代，中国电视业进入黄金发展期，高社会地位和高薪吸引着广大学子学习新闻的热情。新千年以来，传媒业持续结构性调整，报业开始萎缩，电视台人满为患，传媒制作公司、广告公司和新媒体公司发展得还不够成熟，流动性极大，这种工作无异于“打工”，新闻专业毕业生想在正规媒体拿到事业编制、过上前辈们那样的“体面”日子变得非常困难，于是导致考研人数激增。而此时正值高校新闻专业学术实力增强，大幅度增加的硕士点、博士点为考研大军提供了新希望，延缓了社会就业压力，为一部分学子提供了更多的职业选择机会。那些读研特别是读博的学生往往会选择进入科研院所工作，这又为高校输送了源源不断的学术型人才。综上，我国新闻传播教学与科研似乎进入了一种新的循环，传媒类专业毕业生的多元选择，在一定程度上掩盖了当前新闻实务教学偏弱的弊端。但是，学生对读大学的宽容度增强、期望值下降、以社会人的成熟心态面对现实的态度等因素，并不可以成为回避新闻院系教学与科研矛盾的借口。解决问题的出路在哪里仍需认真思考。

三、教学科研评价体系双轨制：可能的解决方案与潜在的困难

以上分析的情况，并不是非常明显地体现在所有新闻院系中。很多高校的新闻专业负责人适时地发现了本单位教学与科研之间的矛盾，第一时间着手解决问题。比如，到业界聘请一些业务能力突出的编辑、记者到学校兼职实务教学，招聘实验岗专业教师从事新闻实务教学相关工作。同时，很多高校也会抓准机会引进一些有意愿从媒体转行到高校工作的、有成就的媒体工作者。但是，那些拥有高级编辑职称（正高）或播音指导职称（正高）的业界高手来到高校工作，即便在实务教学方面业绩突出，也必须从事科研工作，否则在高校也无法享受到正高待遇，甚至被批评。好在这一人群年龄普遍偏大，社会经验丰富，知道如何适应高校游戏规则。他们无一例外地抓紧时间结合多年的业界经验，找到适合自己研究的领域，很快出成果，迅速打开局面，以最快的速度成为称职的大学教授。这一人群大都是少有的“超人”，非常了解自己和社会环境，可以自行弥补新闻建制中教学与科研的矛盾。与当年美国新闻院系不同，中国的这些“绿眼罩人”来到高校后，非常智慧地避免了与高校“卡方人”的冲突，主动迎合学术并成功消弭了可能的矛盾和自身的危机。但是，这并不等于问题的解决，从制度层面进行建设变得迫切起来。

美国作为新闻学院建制最早的国家，在新闻专业教师职称的评审中实行

“双轨制”①，他们根据教学与学术发展的需要，既招聘拥有博士学位的学术型教师，又招聘具有多年业界从业经验的实务型教师，并为这两类不同类型的教师实行不同的考核、评估标准，鼓励搞学术为主的老师多出研究成果，同时鼓励搞实务的教师继续从事传媒实践，多发表媒体作品来替代科研成果。这样一来，两类教师的矛盾被不同的标准自然化解，大家保持互相尊重，彼此相安无事。

国内的很多高校也已经实施了类似的政策。2011 年，浙江大学将教师分为学术型和教学型两类，对于教学型教师实行学生评价等机制，此类教师只要多上课，如果课程的整体评价均较高且能维持一定年限，就可以评上高级职称。这对于忙于新闻实务的教师而言，无疑是好事。与此同时，学术型硕士和专业硕士的区分也是近年来硕士研究生培养的重大改革，专业硕士可以不写毕业论文，只需要搞好毕业设计（新闻节目、影视短片）即可。如果毕业设计出色，或者参加高级别比赛获得了名次，该学生一样可以被评为优秀毕业生，其指导教师也同样获得荣誉和晋升机会。近年来，专业硕士在国内迅速普及开来，不仅展示了我国实务型专业在高校发展的成功转型，更为普遍下降的硕士研究生培养质量找到了一个不能再好的托词。

评价体系双轨制确实是解决新闻实务教学与理论研究之间矛盾的好办法。这个方案顾及了实务型教师的利益，让他们能在高校安心培养面向传媒业界的人才；同时，学术型教师也不必过多陷于实务教学，可以全身心地投入学术研究。大家的责权利分明，相安无事。一些高校新闻院系在专业硕士培养体系中就确定了实务型导师的地位，这有利于两类人才的差异化发展，也符合了新闻院系建制的特点和使命。问题似乎就这样得到了解决，但在中国全面实行这个政策并非易事。在学者治校的理念之下，一个教师想要在高校获得长足的发展（职称、仕途等），不做学术恐怕难以走远。放眼全国各个高校，学校层面、学院层面的领导大都由教授、博导担任，那些主攻实务的教师，在评上副教授之后一般再难有太多的发展，除非他们及时调整发展策略，在学术上做出突破性成绩。对于实务型教师来讲，要么主动变成“超人”“强

① 参见伍静：《传播学教育在美国》，《西南民族大学学报》（人文社科版）2006 年第 12 期。

人”，要么一定程度放弃追求去过“闲人”的悠闲日子，或者干脆豁出去彻底投向业界。单一化的评价标准在国内新闻院系仍是主流。在中国，量化指标对于高校发展具有重要意义，指标看似冰冷无情，却可以最大限度地维护公平、遏制腐败。新闻实务课的业绩如何全面、客观、公正地衡量，仍然是高校需要花力气解决的事情。

相较而言，文史哲等专业的发展历史悠久，学科更成熟，科研实力更强，新闻传播专业作为新兴学科明显不占优势。高等学府以学术研究为核心和支撑点，科研是高校区别于其他社会机构的最重要特征。而新闻院系与生俱来的以职业技能教学为重的特点与高校唯学术为终极追求的规约之间的矛盾，如何在恰当的程度内获得包容并充满智慧地得以解决，进而获得更大的发展，在培养出合格新闻人才的同时，做出流传后世的真学问？这一宏伟理想仍需要高等教育界、新闻传播学界乃至传媒业界同人继续共同努力！

第八章

中国传播学：理想、现实与展望

20世纪50年代至60年代，西方的现代传播概念已经介绍到我国，但只是作为“批判资产阶级”的靶子，并没有得到真正的发展。改革开放后，中国学术界逐渐恢复了自我活力，并开始逐步走向繁荣。打开国门后，许多新知识、新学科被系统地引进和研究，其中就包括传播学。1978年10月，日本新闻学会会长内川芳美教授访问中国，分别在上海和北京介绍了传播学。1982年4~5月间，传播学科建制的创始人施拉姆访华，他在人民日报社主楼顶层的大礼堂，面对数百人做了一个关于传播学的报告，回答了听众的提问。[①] 1982年11月，中国社会科学院新闻研究所在北京举办的第一次全国传播学研讨会上提出了“系统了解、分析研究、批判吸收、自主创造”的16字方针，认为传播学要结合中国实际，建立起符合中国国情的、有中国特点的新闻学或传播学。[②]

20世纪80年代，个体得到尊重，使得人们能够拥有自我的观点，思想创新成为潮流。言论自由的放宽使得学人可以去研究更多和更广阔的课题，充分地表达自我观点并且公开发表、广为传播。20世纪90年代，经济社会不断发展，各种新现象、新问题层出不穷，为传播学提供了丰富的研究课题。1997年后，传播学进入了快速发展时期，原创论著、论文大幅度增加。这一方面得益于传播学学术研究多年的积累，另一方面也回应着以网络为核心的新媒体的迅猛发展和层出不穷所带来的巨大社会变革。21世纪以来，传播学研究保持着快速发展，成为一门名副其实的显学。不仅学术界内部对传播学

① 陈力丹：《中国传播学研究的历史与现状》，《国际新闻界》2005年第5期。

② 邵培仁：《传播学导论》，杭州：浙江大学出版社1997年版，第17页。

的学科地位予以确认，整个社会对于这门新学科也给予了积极的肯定。随着研究者的不断增加和学者素质的普遍提升并趋向年轻化，传播学研究队伍不断壮大，大批的文学、历史学、哲学、教育学、社会学、心理学、人类学、政治学、法学、经济学等各门学科的学者不断加入，使得传播学研究成果更加丰富，走向深入。

一、中国传播学研究的规模概况

自20世纪50年代开始，我国的传播学研究经历了引进、开垦、培植、播种、收获与发展的不同阶段。1978年后，日本和美国的一些知名传播学者相继访问我国，介绍西方传播学的概念、理论与方法。20世纪80年代，以美国学者施拉姆等所著的《传播学概论》、联合国教科文组织的报告《多种声音，一个世界》等中译本的出版为标志，传播学开始受到我国学术界的关注，随之出现了一系列传播学研究的论著。早在1978年7月，郑北渭编译发表了《公共传播学的研究》和《美国资产阶级新闻学：公众传播学》两篇文章，在新闻传播界引起反响；第一部介绍西方传播学的论文集《传播学（简介）》于1983年问世。自20世纪80年代初，中国传播学的研究从翻译国外传播学经典作品开始。原创著作和译著是理论探讨和实践经验相结合的表述，是一个学科研究领域中取得进展和成就的重要表现形式，它的变化发展从一个侧面说明了一个学科研究的进展情况。[①] 结合前面章节，在这里做一个总结。截至2017年，中国共引进翻译并出版外国传播学研究著作377部，出版传播学原创著作2 291部，共计出版传播学书籍2 668部。

从表8-1中可以看到，中国传播学著作、译著出版总量呈现出整体趋势不断增长、个别年份略有起伏的态势。20世纪80年代，中国传播学开始起步，这个时期的学人们偏重学习、引进国外研究，整体著作出版速度较为缓慢，而且主要以译著为主，对传播学的基本理论、主要模式和研究方法等进行了全面介绍和探讨。整个80年代的传播学专著和译著各自均有十几部出

① 张健康：《论中国大陆传播学的引进、发展与创新》，《徐州师范大学学报（哲学社会科学版）》2003年第2期。

版，虽然数量不多，却为此后的传播学研究积累了基本学科知识，提供了直接的资料来源。

表 8-1　中国传播学原创著作与译著出版情况统计　　单位：部

年份	原创著作	译著	年份	原创著作	译著
1981	1	1	2000	39	25
1982	0	0	2001	65	8
1983	0	0	2002	68	11
1984	0	3	2003	72	20
1985	0	3	2004	88	24
1986	1	1	2005	113	25
1987	3	1	2006	92	14
1988	5	2	2007	91	10
1989	6	6	2008	87	16
1990	14	3	2009	74	19
1991	11	4	2010	100	12
1992	8	4	2011	149	23
1993	13	0	2012	142	18
1994	15	2	2013	158	23
1995	9	0	2014	176	16
1996	10	0	2015	190	23
1997	26	4	2016	198	30
1998	19	6	2017	220	11
1999	28	9			
合计 2 668（部）					

20 世纪 90 年代，中国传播学研究发展加快。1997 年，新闻学与传播学成为国家一级学科，这对于传播学的发展、学术地位的提升具有划时代的意义。传播学研究已经从基本知识介绍与评析阶段逐渐过渡到自主创造的阶段，传播学的研究领域有了很大的拓展，传播学本土化研究，新闻传播与经济发

展、公共关系、广告经营研究、传播技术、媒介使用研究等，不断地形成研究的大势和主题。[①] 这一阶段的传播学著作出版数量比较稳定，共出版传播学原创著作逾百部，出版译著 30 余部。

新千年以来，传播研究主题的拓展发展较为迅速，如媒介批评、传播伦理研究、传媒政策与法制研究、新闻传播公信力研究、收视率研究、舆论监督研究、媒介经营与管理研究、传媒制度研究、传播观念研究、健康传播、媒介与社会性别、媒介素养教育、媒介环境学、媒介地理学、传媒与农村发展建设、政府形象传播与危机管理、国际传播、广告研究等。当然，媒介融合与新媒体等相关研究也随着媒介技术的迅猛发展而不断出新。传播学科著作出版呈现出繁荣景象。

同时，根据 CNKI 中国全文期刊数据库，在子库“信息与传播理论”中，共统计出 1978—2017 年发表的论文 159 976 篇，足见传播学研究成果的庞大数量。通过对中国知识资源总库优秀博士、硕士论文数据库以“传播”为关键词进行检索，发现在 1978—2017 年间共有博士、硕士论文 24 206 篇，可以看到中国高层次传播学教育与研究的发展已经颇具规模。

二、中国传播学研究的理想与现实

我国传播学人在将西方传播学具有奠基性的经典著作引进国内的同时，也根据对传播学的认识和学科发展规划进行取舍。在这个过程中，16 字方针中的“系统了解、分析研究、批判吸收”都可以体现在译著出版上，即“我国传播学想要建设成什么样子”这个问题基本可以通过所引进的译著加以回答。因此，传播学译著的引进与出版可以看作是我国传播学界对传播学发展的理想。与此同时，传播学原创著作不断出版，我国学界自身的知识生产成果构成了我国传播学发展的实际状况，即我国传播学发展的现实。于是，我国传播学发展的理想与现实便在译著和原创著作的比较中得以展现。

沿袭本书研究的惯例，以下采用社会网络分析方法，对传播学原创著作和译著的主要主题词的共现情况进一步绘制出知识图谱，以便大致反映出该

① 王怡红：《传播学研究 30 年历史阶段考察》，《新闻与传播研究》2009 年第 5 期。

领域研究主题的结构，即主要的学术方向、学术兴趣和学术领域。具体做法是：将收录统计的 2 291 部原创著作和 377 部译著的主题词进行录入，先选择频次不少于 2 次的主题词，然后计算它们中任意两个主题词在所有著作中同时出现的次数，并将共现计算得到的数据用社会网络分析中常用的 Pajek 软件进行可视化，这样就得到了图谱。图谱中的每个顶点代表一个主题词，顶点之间的连线代表这 2 个词有同时出现在一部著作中的情况，线条粗重的说明它们共同出现在同一部著作中的次数多，反之则共同出现在同一部著作中的次数少。绘制出的是原创著作和译著研究的整体图谱。

（一）高频主题词比较分析

由于传播学原创著作较多，共有 2 291 部，所以在进行高频词统计时，选择词频不少于 10 次的主题词得到表 8-2。

表 8-2　中国传播学原创著作（1983—2017 年）高频主题词统计（词频≥10）

主题词	词频	主题词	词频	主题词	词频	主题词	词频
传播	1146	经营	32	体育	18	传媒	12
概论	301	教育	32	创新	18	政府	12
媒体	295	数字	30	全球	18	媒介批评	12
新闻	223	心理	27	案例	18	思想	12
媒介	176	技术	25	大众媒体	18	危机	12
网络	149	品牌	25	美国	17	互动	12
文化	128	媒介素养	22	受众	16	影视	12
中国	119	伦理	22	战略	16	策划	11
大众传播	90	艺术	22	文学	16	生态	11
历史	85	转型	22	应用	15	少数民族	11
新媒体	79	媒介融合	21	全球化	15	语言	11
社会	69	政治	21	互联网	15	建构	11
电视	54	国际	20	西方	14	变革	11
管理	48	舆论	20	传播史	14	公共关系	11
发展	47	广播	20	研究	14	模式	11

续表

主题词	词频	主题词	词频	主题词	词频	主题词	词频
国际传播	46	对外传播	20	国家形象	14	符号	11
信息	45	实践	20	方法	13	女性	10
广告	41	法	19	世界	13	沟通	10
产业	37	营销	19	策略	13	马克思主义	10
跨文化	35	实务	19	外国	13	危机传播	10
理论	35	研究方法	18	话语	12	文化传播	10
经济	34	科技	18	法规	12	市场	10

在377部译著中，本书选取了词频不少于5次的主题词作为高频主题词进行统计（见表8-3）。

表8-3 传播学译著（1981—2017年）高频主题词统计（词频≥5）

主题词	词频	主题词	词频	主题词	词频	主题词	词频
传播	128	理论	15	电视	7	权力	5
媒介	66	政治	12	跨文化	7	话语	5
大众传播	46	网络	11	伦理	6	舆论	5
媒体	41	经济	11	方法	6	全球传播	5
文化	29	新媒体	10	世界	6	广告	5
概论	25	新闻	10	影响	6	全球	5
信息	25	人际传播	10	效果	6	应用	5
社会	24	研究	7	数字	6	科学	5
美国	16	研究方法	7	传播学	6	模式	5
历史	16	法	7	技术	5		

由于原创著作数量远超译著，所以整理出的高频关键词（词频≥10）也较多。分析排名较靠前的主题词可以发现，原创著作主题词排名前十的是：传播，概论，媒体，新闻，媒介，网络，文化，中国，大众传播，历史。译著主题词排名前十的是：传播，媒介，大众传播，媒体，文化，概论，信息，社会，美国，历史。经过对比可以发现，传播、概论、媒体、媒介、大众传

播、文化、历史这 7 个关键词是共同的，说明我国学界在引入国外传播学的时候，最关注的部分大都出现于我国原创研究中。传播、媒体、媒介是传播研究的核心词汇，概论意味着对教材性质作品的引入较多，而国内原创教材更是层出不穷，体现出了中国特色的强大“内需”。大众传播是重要研究领域，是传播学研究的最重要分支。文化和历史则体现着传播与文化和传播史的相关研究的相对重要性。

三个不同的词汇显示出引进译著和原创著作的区别。译著中的“美国”说明译著中有相当部分介绍关于美国的传播和传播研究，与此对应的是原创著作对于中国传播与传播研究的关注，体现出了学以致用和关注本土的特色。“信息”是译著中的重要关键词，这个传播学核心词汇的高频出现体现出译者对传播学科本质研究的把握。“社会”一词体现出西方传播学基于社会研究传播的基本视角，这应当成为我国传播研究特别是跨学科交叉研究时的重要原则。中国研究的重要特色体现在“新闻”和“网络”两个词汇上。由于我们的传播学研究队伍起家于新闻专业，用传播学的思路剖析新闻现象、重构新闻理论的新闻传播学这个交叉领域最为活跃。此外，网络社会的崛起决定了关于网络传播的研究不断增多，这也是我国传播研究呼应现实的表现。

综观表 8-2 和表 8-3 的高频词，译著的高频词汇大都在原创著作高频词汇中出现，显示出原创著作研究在主要方向上与译著的一致性。这也意味着中国传播研究的理想与现实情况在研究主题层面的整体一致性。

（二）高被引主题词比较分析

为了更加直观、形象地展示原创著作和译著之间的主要差异，本书特选取了此二类著作的高频主题词，形成图 8-1 和图 8-2 两张图谱。

很明显，“传播”是原创著作最核心的词汇，其重要性远远超过其他词汇；而译著中的“传播”虽然也是最重要的词汇，但其频次仅是排名第二的主题词“媒介”频次的 2 倍，所形成的图形是较为成熟的蛛网分布。这说明学界理想中的传播研究是多个传播学核心词汇同生共存的，我国传播学发展的现实情况是传播研究展开有限，造成了个别主题词的过分庞大。

从主题词共现规律可以分析上述情况的成因。对于原创著作，“传播”+

图 8-1 中国传播学原创著作（1983—2017 年）的主题结构

（主题词频次≥10，共现频次≥1）

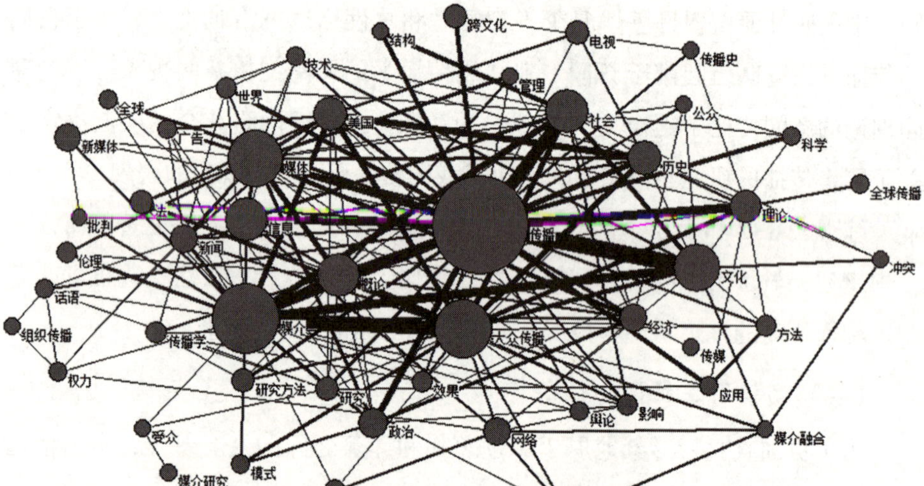

图 8-2 中国传播学译著（1981—2017 年）的主题结构

（主题词频次≥5，共现频次≥1）

“概论”和“新闻”+“传播”构成了传播研究的主要部分，其他主题词之间连接相对少了很多；译著则不同，“传播”+“文化”、“传播”+“社会”、“传播”+“概论”、“传播”+“理论”之间的连接相对匀称。这说明译著引进从整体上看相对均衡，而原创著作的现实发展却有很大的偏向性。“传播”+“概论”是典型的教材主题词搭配，“新闻”+“传播”体现出新闻学与传播学之间的密切关系，同时也反映出我国以新闻系为班底的传播学研究队伍。

从图形整体来看，原创著作形成了以“传播”为核心的“太阳系”形图谱；译著则形成了由“传播”“媒介”“媒体”“大众传播”等主要词汇构成的多边形图谱。原创著作的主题词中，“传播”“概论”“媒体”“新闻”“网络”“媒介”“中国”等主要主题词之间的连接过分紧密，而其他词汇之间的连接相对过弱，这是明显的研究方向和研究领域失衡的表现。造成这种现象的原因，主要是上面所提到的教材编写与以新闻学人为班底的传播学研究队伍这两点，研究类型的失衡和扎堆、研究队伍的盲动性与此也不无关系，跟风式的低水平迂回是中国传播研究中常常看到的现象。

综上，译著的引进整体看来更为科学、合理，其中所体现出的是中国传播学人对传播研究的理解和高瞻远瞩的学科发展战略眼光。我国传播研究的现状是鱼龙混杂的，虽然其中不乏相对有价值的部分，但研究领域的过度集中、教材与基础性介绍的著作过多、研究谱系性较差等问题普遍存在，这种状况的改变有待于研究的深入和研究队伍整体水平的提高。

三、突破西方传播学发展轨迹——中国传播学研究的特色成就扫描

（一）模式研究

模式是理论的简化形式，是思想的辅助工具。在传播学发展史上，许多学者都试图通过用建立模式的方法来简单明了地说明其传播思想，著名的模式有拉斯韦尔模式、香农—韦弗模式、施拉姆循环模式、德弗勒环形模式、库利夫妇模式、罗杰斯—金凯德辐射模式、阳光模式等。综观西方传播模式，几乎“都存在一个普遍性的缺陷，即试图透视三五种传播元素来回答、解释所有的传播问题和传播现象，因而常常顾此失彼，出现片面性”①，其中媒介

① 肖容：《整体互动论：独树一帜的传播模式——略论邵培仁的传播学研究》，《徐州师范学院学报（哲学社会科学版）》1992年第3期。

的作用也被片面化，需要进行改进。早在20世纪80年代末，当大多数学人还在努力学习和吸收西方传播学理论的时候，邵培仁就敏锐地发现了西方模式的问题，并提出了著名的“整体互动模式”（见图8-3）。这一模式在吸收中外传播经典模式优点的基础上，对人际传播系统、大众传播系统和网络传播系统进行了宏观的观照，其整体性、互动性、动态性和实用性很好地弥补了以往模式的片面性，对大众媒介在其中的作用做了全面的分析。邵培仁“整体互动论”的体系和模式，摒弃了长期困扰中国学者的“西方中心主义”，注意联系中国国情，能结合中国实际和吸取中国传统文化中有益的营养，并对传播现象用唯物、辩证、整体、发展的眼光加以分析，被传播学界认为是独树一帜的具有中国特色的研究体系[①]。

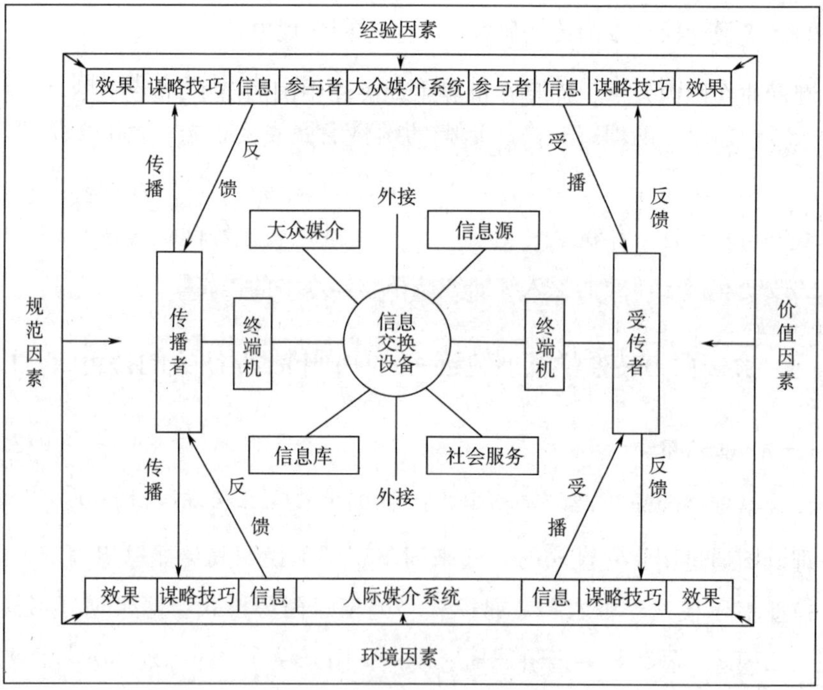

图8-3 邵培仁整体互动模式

---

① 张健康：《论中国大陆传播学的引进、发展与创新》，《徐州师范大学学报（哲学社会科学版）》2003年第2期。

在20世纪末，中国互联网事业迅速发展，对于新媒介的理论分析很多，其中也有一些文章谈到基于新媒介的模式，但是基本上流于泛泛而谈，大家似乎对模式研究不甚感兴趣。模式的创新需要新的哲学思想、价值立场和现实理念的支撑，绝非凭空臆想，直至今日，真正能独树一帜的、具有一定影响力的应是“整体互动模式”。

（二）本土研究

改革开放以来，中国经济迅速发展，国力增强，国际影响力增大。近年中国举办的一系列国际活动表现出一个正在崛起的大国在迫切展示自己时抑制不住的冲动。西方再不敢小觑中国，外国人对中国的关注更多、更主动。眼下很多外国学者和国外华人学者都已经敏锐地看到了这一点：中国文化将越来越为世界所重视。中国国内很多学者现在也已经意识到：以人文社科类为主的中国学术本土研究，注定要成为中国学界即将掀起的不可逆转的浪潮，这浪潮远非在国内发展，而是在世界主动关注中国的历史必然下的全球涌动。在这不可逆转的潮流面前，谁先着手谁就将成为领潮人，他们的姓名和功绩必将永远铭刻于历史。

传播学研究的本土化一直贯穿于中国传播学的研究之中。早在1982年11月，中国社会科学院新闻研究所在北京举办的第一次全国传播学研讨会上，与会学者认为对西方传播学要采取实事求是的态度，不要简单否定，也不要简单肯定；要根据中国的实际情况和我国新闻事业的传统，对传播学做具体分析，千万不能照抄照搬。传播学在本土化的发展过程中，虽然遭受过质疑、非议与波折，但是总体看来还是不断向前发展的。本土化是决定传播研究在中国发展命运的最根本性问题，也是中国传播学持续快速发展的必然途径。① 邵培仁教授认为，传播学研究本土化，实际上包括了“传播学研究的中国化”和“传播学研究的中国特色”两种说法。建设中国特色传播学的目的是：让传播学成为中国大众的精神食粮，让传播学成为适应中国需要的科学，让传播学成为中国文化的有机部分，让传播学的理论建树与世界文化接轨。② 中国

① 陈月明：《传播学研究本土化再认识》，《东南传播》2009年第9期。
② 邵培仁：《传播学导论》，杭州：浙江大学出版社1997年版，第16-20页。

化的传播学研究，基本上是以古为主、以今为辅，致力于中国文化中传播理念和传播智慧的展现和弘扬；中国特色的传播学研究，基本上是以今为主、以古为辅，着力于中国当代传播活动中现象的分析和问题的解决。它们虽各有侧重，但并不互相排斥。相反，它们都以"本土"为研讨的核心，以"本土"为耕耘的园地，互相包容，互相渗透，互相支持，相互靠拢，协调共进。①

对传播学的基本态度，可以概括为四句话、十六个字：系统了解，分析研究，批判吸收，自主创造。在引进西方传播学理论的同时，中国传播学人在 20 世纪 80 年代就开始了原创尝试。代表性的著作主要有：居延安的《信息·沟通·传播》(1986)，戴元光、邵培仁、龚伟的《传播学原理与应用》(1988)，吴予敏的《无形的网络——从传播学的角度看中国的传统文化》(1988)，邵培仁主编的"当代传播学丛书"(1990)，沙莲香主编的《传播学：以人为主体的图象世界之谜》(1990)，徐培汀、裘正义的《中国新闻传播学说史》(1992)，关绍箕的《中国传播理论》，余也鲁、郑学檬主编的《从零开始：首届海峡两岸中国传统文化的探索座谈会论文集》(1994)，李敬一的《中国传播史·先秦两汉卷》(1996)，孙旭培主编的《华夏传播论》(1997)，王洪钧主编的《新闻理论的中国历史观》(1998) 等。进入 21 世纪以来，传播学本土化得到了进一步的发展，代表成果有多卷本《20 世纪中国新闻学与传播学》，周月亮的《中国古代文化传播史》(2000)，方汉奇主编的《中国新闻传播史》(2002)，金冠军、戴元光主编的《中国传播思想史》(古代卷，近代卷，现当代卷)(2005)，房晓红的《中国古代文化传播概要》(2006)，邵培仁的《媒介生态学》(2008)、《媒介地理学》(2010)，陈嬿如的《心传：传播学理论的新探索》(2010)，谢清果的《和老子学传播——老子的沟通智慧》(2010)，潘祥辉的《华夏传播新探：一种跨文化比较视角》(2018) 等。不难看出，本土化研究在中国传播学研究中占据着相当大的比重。

综观 40 多年来传播学的本土化研究，成果从无到有，质量逐渐提升，研

① 邵培仁：《传播学本土化研究的回顾与前瞻》，《杭州师范学院学报》1999 年第 4 期。

究方向日益丰富，特别是有很多其他学科背景的学人参与，使得传播学本土化研究更加贴近当代中国社会和中国文化，逐渐形成了研究特色。关注社会现实是学界服务社会的重要体现，也是理论联系实际这一原则的要求。在当前，如何更加和谐、平衡、稳定地发展是摆在每个中国人面前的问题。这种问题意识是传播学研究的一个重要着眼点。张健康认为，21世纪中国传播学本土化发展的目标是形成真正具有中国特色的传播学理论体系，为世界传播学的发展贡献自己的力量，使中国传播学本土化研究不仅是引进的后继而且是引领的前奏，反哺国际传播学的发展。①

（三）交叉研究

传播学的交叉研究，是传播学在自我发展的过程中，不断地与其他学科和其他领域彼此渗透、彼此结合、相互作用而形成新兴学科或研究领域。作为一门新型学科，传播学是生长在多门学科汇合交叉地带的一棵“大树”②，汇聚了诸多学科理论，促进了当代学科间的联袂发展。1988年，吴予敏的《无形的网络——从传播学的角度看中国的传统文化》，从传播学和文化学交叉的角度剖析中国的传统文化，开创了研究中国传统文化的新视角。1990年6月，我国第一套传播学本土化研究成果“当代传播学丛书”出炉，丛书包括《经济传播学》《政治传播学》《教育传播学》《艺术传播学》《新闻传播学》。主编邵培仁“将传播学的原理、知识运用于政治、经济、教育、艺术、新闻等领域，以科学的思维方法、崭新的理论构架、最新的信息资料、缜密的理论阐述”③形成这套丛书。因此可以说，中国的第一套传播学研究丛书就是从交叉研究开始的，它既是中国传播学研究本土化的里程碑，也是中国传播学交叉研究正式铺开的标志。

30余年来，顺应着社会进步和学术发展需要，中国传播学交叉研究主要跨越了新闻学、社会学、文化学、政治学、舆论学、公共关系学、医学、经济学、心理学、广告学、艺术学、教育学、宣传学、信息学、管理学、知识

---

① 张健康：《新世纪中国大陆传播学本土化的发展》，《中国传媒报告》2010年第3期。
② 邵培仁：《传播学》（修订本），北京：高等教育出版社2007年版，第1页。
③ 邵培仁：《艺术传播学》，南京：南京大学出版社1992年版，第336页。

学、伦理学、法学、语言学、营销学、网络研究、美学、生态学、地理学、人类学、历史学等学科领域，出现的具体研究方向更是不胜枚举。一些新的交叉边缘性研究依然不断涌现。其中，跨文化传播、网络与新媒体传播、媒介经营与管理等交叉研究领域成果非常丰富。传播学交叉研究成果占30年来传播学研究成果的大部分。明安香认为，这种交叉融合的趋势必然会将传播学引向整合的全息文化研究。①

（四）范式研究

库恩在20世纪70年代的《科学革命的结构》中使用了范式（paradigm）的概念，它是指一个共同体成员所共享的信仰、价值、技术等的集合。瑞泽尔认为，范式是存在于某一科学论域内关于研究对象的基本意向。它可以用来界定什么应该被研究、什么问题应该被提出、如何对问题进行质疑以及在解释我们获得的答案时该遵循什么样的规则。传播学是多学科的跨学科研究，是一门多学科交叉、融合型学科，其学科身份的正当性与合法性经常受到质疑。卡茨认为："传播研究定然是一个交叉学科的领域，依我看来，它总是面临分崩离析的危险。一方面，文化研究趋向于人文传统和人类学，不再聚焦传媒；另一方面，主流的影响研究以社会心理学和政治学为根基，而制度分析正在重返社会学。传播研究领域所面临的挑战是将这些成分捏合在一起……"② 我国传播学研究范式基本以借鉴国外为主，20世纪末有学者开始反思，认为传播学应"对其自身研究的本质和合理性有自觉的反思和关照"③。胡翼青提出了新人本主义范式，传播学"范式革命"是"在'信息人'研究的旗帜下，新人本主义范式得以整合经验主义、批判主义和技术主义范式的理论和方法，以一种'综合传播学'的面貌，进行别开生面的传播研究"④。范式总是依据一定的哲学观。潘知常、林玮认为，对于大众传媒的根本缺憾的讨论，应当从"大众传媒作为世界"的角度入手。作为一部欲望机器，大众传媒只有在

① 参见李思屈等：《中国新闻传播研究30年12大热点》，《中国传媒报告》2008年第1期。

② 潘忠党、陈韬文，艾利休·卡茨：《跨学科的传播学经典演绎：对话艾利休·卡茨》，《传播与社会学刊》2008年第3期。

③ 金兼斌：《传播研究典范及其对我国当前传播研究的启示》，《新闻与传播研究》1992年第2期。

④ 胡翼青：《传播学：学科危机与范式革命》，北京：首都师范大学出版社2004年版，第3页。

人类的手中，按照人类的意志而不是按照自己的意志发展，同时，大众传媒只有作为人类的朋友、只有作为“你”，而不是作为人类的工具、不是作为“它”，也不是作为人类的敌人、不是作为“他”，才有可能扬长避短、趋利避害。[①] 长期以来，中国社会科学研究受到“西方的现代性范式”影响，这一范式影响在传播学研究中也存在，“以控制论为代表、以社会控制为根本目的、以信号传递为基本观念、以实证主义自然科学为基本模式的传播学”[②] 大量引入我国，造成我国传播学落入了机遇现代性范式的“机械论世界观”和“科学主义”的西方窠臼[③]。

中国传播学要在国际上获得学术地位和话语权，就必须开创属于自己的原创范式。“传播学研究中的传统学派和批判学派面对诸多难题也有点捉襟见肘、自顾不暇，甚至整个人文学科似乎都处在一种平庸乏味的状态下，而媒介生态学派却在大展拳脚、开疆拓土，呈示出空前的生机与活力。”[④] 邵培仁敏锐地看到，求和平、促发展、谋合作，是当今世界不可阻挡的历史潮流。他的媒介生态学研究由注重人的生存性指标转向人的发展性指标；由注重反映量的硬指标转向反映质的软指标；由注重单项性指标转向集束性指标；由注重共通性指标转向人性化指标；由注重社会财富指数转向个人幸福指数；由注重追求最大经济效益转向追求适度经济效益；由注重追求最大活动空间转向追求适度活动空间；由注重追求物质财富转向追求精神财富。一句话，就是要以建设绿色媒介生态为最高追求和最大目标。他把关怀的目标由“人的生存”转向“媒介生存”，令具有浓厚本土色彩的传媒生态研究浮出水面。对人—媒介—社会—自然四者良性互动关系的探讨已经超越了“媒介作为环境”的研究，以整体优化原则、互动共进原则、差异多样原则、平衡和谐原则、良性循环原则、适度调控原则来实现生态和谐、科学平衡的哲学理念。媒介生态学在发展、创新中不断探索，逐步形成原创性、独特性和本土性的媒介生态理论。这一理论切实预防学术思维的西方化或美国化，大力加强学

① 潘知常、林玮：《潘多拉的魔盒：大众传媒作为世界》，《新闻与传播研究》2001 年第 4 期。

② 潘忠党：《解读凯里 · 跨文化嫁接 · 新闻与传播之别》，《中国传媒报告》2005 年第 4 期。

③ 袁靖华：《生态范式：走出中国传播学自主性危机的一条路径》，《中国传媒报告》2010 年第 1 期。

④ 邵培仁：《当代传播学的生态转向与发展路径》，《当代传播》2010 年第 5 期。

术思维的中国化和主体性，积极建构既立足于本土又放眼于世界的、具有中国特色而又文化多元的话语研究范式和理论体系。“媒介生态范式”体现了学术自觉性和理论原创性，是我国传播学范式研究的一大创新。

四、中国传播学研究的未来展望

中国传播学研究的主要目标，就是要发展本土特色的传播学研究，以充实和构建具有独立性和自主性的中国传播学。通过我们的努力，让中国传播学研究能为世界传播学研究提供新的参照，为世界传播学发展提供东方思想源泉，以中国文化传统及其思维方式为传播学研究创造新的价值，在传播学研究中吸收中国特有的语词、语汇及论述方式，并创造出独树一帜的传播学中国学派。

中国传播学研究的主要任务是：提炼中国学理，提高中国学术水平，形成中国学派。学科建设上，我们要不断突破传播理论旧有的传统范式和既有成果，结合媒介社会发展，提炼新观点，摸索新研究模式，形成新思维方式和新理论体系。研究者们要多从中国传统文化中汲取智慧，借鉴其他学科的理论成果，形成多学科融合、交叉研究，同时吸引各科学人进入传播学这一领域，进一步壮大队伍，提高整体学术水平，形成实力强劲的学术研究群体。在此基础上，建立能够体现中国主张的传播学中国学派。中国学理的提炼、中国学人的崛起、中国学派的形成，终将推动中国传播学愈加具有特色，进入世界学术主流并拥有应有的地位。2008 年 4 月，首届华文新闻与传播学术期刊国际论坛上所形成的《杭州宣言》，就体现了世界华人传播学界的胆识与愿景：我们将致力于促进华文新闻与传播学术的全球传播，我们将增进彼此之间的交流与合作，我们将营造生态优良的学术家园，我们将致力于提高华文新闻与传播期刊的学术地位。在坚持“以历史为经，以现实为纬；以媒介为经，以社会为纬；以规律为经，以意义为纬；以中国为经，以世界为纬”①的原则下，中国传播学研究正不断超越自我，向世界传播学主流研究迈进。

① 邵培仁：《媒介生态学：媒介作为绿色生态的研究》，北京：中国传媒大学出版社 2008 年版，序言。

中国传播学研究的主要趋势有：本土化，交叉化，生态化。本土化体现了我国传播学的研究立场。如果传播学研究不同中国特定的历史、社会、文化条件相结合，不在中国五千年民族文化的土壤上生长出来，不能指导具体的媒介活动，而只是简单地贩卖、照搬和空谈西方媒介理论，那必然会遭到人们的拒绝，甚至反对。交叉化是当前传播学的主要研究方法。学科内部和学科之间的融合和交叉是学术发展到一定高度时的必然结果，学科交叉可以产生新学科和新的研究成果。结合传播学和其他诸学科，中国传播学研究出现了一系列重要的研究成果，如媒介生态学、媒介地理学、媒介人种学等，数不胜数。传播学交叉研究不仅丰富了传播学自身发展，也为其他诸多学科开辟了新的发展道路。生态化是当前中国传播学的重要研究范式。它是本土化的范式，体现了中国文化传统中最深刻的哲学思想。生态哲学范式是克服了二元对立的现代性思维范式，恢复了中国传统哲学中人与自然的整体化世界观，强调合一的和谐，实现多样的统一。此范式可以渗透到传播学方方面面的研究中，可以自成一家，代表着中国传播学研究的前沿与突破。本土化、交叉化和生态化三者相互补充、相互促进，将对未来的中国传播学研究产生巨大的推动作用。

附　　录

附录 1

中国媒介融合研究现状的分析和评价（2006—2011）：基于文献计量和内容分析的双重视角

随着数字技术的不断进步和网络传播的迅速发展，"媒介融合"已经日益成为国内新闻传播学界的一个研究热点。于是，对这些研究成果本身进行一次科学学意义上的分析与评价也就成了一个有意义的议题。但经过查询，我们发现目前尚缺少这方面的文献。基于这些考虑，本文拟以中文社会科学引文索引库（CSSCI）中收录的相关论文为研究对象（"题名"或"关键词"中含有"媒介融合"的论文，检索时间为 2012 年 3 月 10 日），以文献计量和内容分析为双重视角，综合运用词频统计法、科学知识图谱方法、内容分析法等多种文献研究方法，对目前国内媒介融合研究的现状，包括论文发表数量、发表期刊、主要研究机构和作者、高频关键词及研究主题结构、主要研究内容等进行较全面的分析和评价，以利于以后问题研究的深化。

一、论文的文献计量研究

（一）论文数量分布

经检索，共获得 164 篇论文，其年度分布统计结果见附图 1-1（2011 年的论文数量为 41 篇，由于该年的数据未齐，所以没有进入附图 1-1），较早的相关论文出现在 2006 年，共 8 篇。[①]由附图 1-1 还可以看出，自 2006 年起，对于媒介融合研究的相关论文数量一直呈逐年增长态势，而且从趋势上看还远远没有达到饱和，因此，国内媒介融合的研究尚处于初期的扩展阶段。

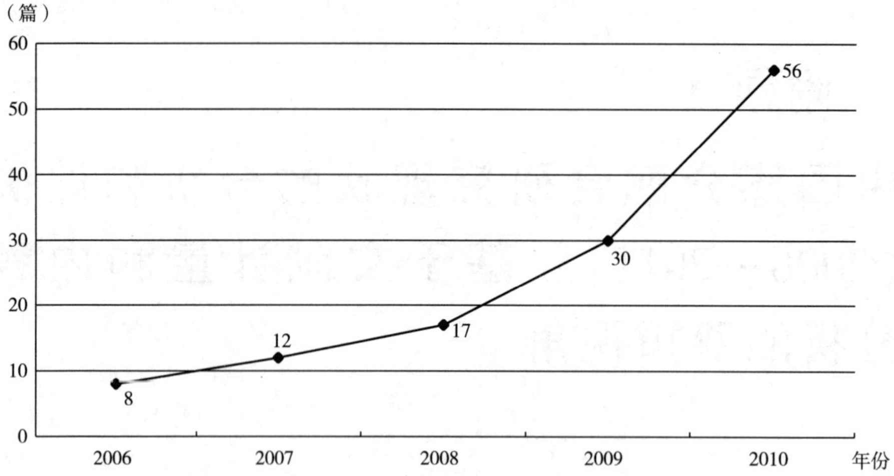

附图 1-1　2006—2010 年论文发表数量

（二）发表期刊分布

经统计，164 篇论文发表在 43 种期刊中。其中，发表论文最多的 4 种期刊是《国际新闻界》（28 篇）、《现代传播：中国传媒大学学报》（24 篇）、《新闻记者》（15 篇）和《当代传播》（15 篇）。发表论文在 3 篇及以上的只有 15 种（见附表 1-1）。

附表 1-1　发表论文最多的期刊

期刊	篇数	期刊	篇数	期刊	篇数
国际新闻界	28	中国广播电视学刊	6	新闻界	3
现代传播：中国传媒大学学报	24	新闻与传播研究	5	编辑学刊	3
新闻记者	15	新闻大学	5	求索	3
当代传播	15	出版发行研究	4	中国青年政治学院学报	3
编辑之友	13	中州学刊	4	当代电影	3

（三）机构分布

对论文第一作者的机构进行统计，发现共有 60 个机构。附表 1-2 列出了前 13 个发表论文在 3 篇及以上的机构名单。

由附表1-2可以看出，国内发表媒介融合研究论文最多的前三家单位是：中国人民大学、中国传媒大学和复旦大学。而这前三名和紧随其后的四川大学、华中科技大学、暨南大学、武汉大学以及上海大学，均拥有新闻传播学一级学科博士点。

附表1-2 发表论文最多的机构排名

研究机构	篇数	研究机构	篇数	研究机构	篇数
中国人民大学	24	暨南大学	7	河南大学	3
中国传媒大学	22	武汉大学	7	上海大学	3
复旦大学	10	湖南师范大学	4	中国青年政治学院	3
四川大学	9	中南民族大学	4		
华中科技大学	8	渤海大学	3		

（四）作者分布

按文章的第一作者统计，发现共有第一作者130个，其中只发表一篇文章的有108位，发表2篇文章的有15位，3篇及以上的只有7位，分别是中国人民大学的蔡雯（6篇），中南民族大学新闻传播学院的陶喜红（4篇）和中国人民大学新闻学院的喻国明（4篇），以及复旦大学新闻学院的邓建国、暨南大学新闻与传播学院的谷虹、中国人民大学新闻学院的许颖和中国人民大学的郑保卫（各3篇）。这说明该领域的研究确实还处于起步初始阶段，相对稳定而高产的作者还很少。

（五）论文研究的主题分布

按关键词统计，发现164篇论文中共出现380个不同的关键词，总的使用频次为607次。附表1-3列出了频次在3次及以上的前17个关键词。

由附表1-3可以看出，媒介融合研究中频次较高的关键词有“媒介融合、新媒体、新闻传播、产业融合、三网融合”等。总体来看，关键词的使用还比较多样和分散，除“媒介融合”本身外，其他高频关键词并不多。这说明，目前的研究态势主要是围绕“媒介融合”这个中心的发散型或者说是辐射型研究。

附表 1-3　频次在 3 次及以上的关键词

关键词	频次	关键词	频次	关键词	频次	关键词	频次
媒介融合	148	融合新闻	4	传媒产业	3	媒介素养	3
新媒体	9	新闻教育	4	创新	3	媒介融合时代	3
新闻传播	6	资源整合	3	人才培养	3		
产业融合	5	网络媒体	3	舆论引导	3		
三网融合	5	教育改革	3	传统媒体	3		

为了进一步反映出各个研究主题之间的关系结构，下面我们用社会网络分析方法对这些主要关键词的共现情况进一步绘制出知识图谱，以便大致反映该领域研究主题的结构，即主要的学术方向、学术兴趣和学术领域。具体做法是：先选择频次不少于 2 次的关键词，然后计算它们中任意两个关键词在所有论文中同时出现的次数，并将共现计算得到的数据用社会网络分析中常用的 netdraw 软件进行可视化，这样就得到了附图 1-2。附图 1-2 中的每个顶点代表一个关键词，顶点之间的连线代表这 2 个词有同时出现在一篇论文中的情况，线条粗重的说明它们共同出现在同一篇论文中的次数多，反之则说明它们共同出现在同一篇论文中的次数少。

观察附图 1-2，可以很明显地得到两个结论：一是研究的整体状态明显呈现出中心辐射型的“太阳系式”图形，而不是紧密的蜘蛛网型，由此可以看出，当前的媒介融合研究还处于初期扩展的研究阶段。二是媒介融合的研究涉及众多的相关主题，这表明该研究领域是一个多学科共同关注的领域，是多学科的联合体。就涉及的研究主题看，相关的就有“新媒体”“新闻传播”“产业融合”“三网融合”“融合新闻”“资源整合”“网络媒体”“传统媒体”，以及“新闻教育”“教育改革”“人才培养”“舆论引导”“媒介素养”等。从学科看，则涉及了新闻学、传播学、信息学、社会学、舆论学、经济学、管理学、教育学等多个学科。

二、论文研究的内容分析

相比于文献计量研究方法重在发现知识的生产方式而言，内容分析法则

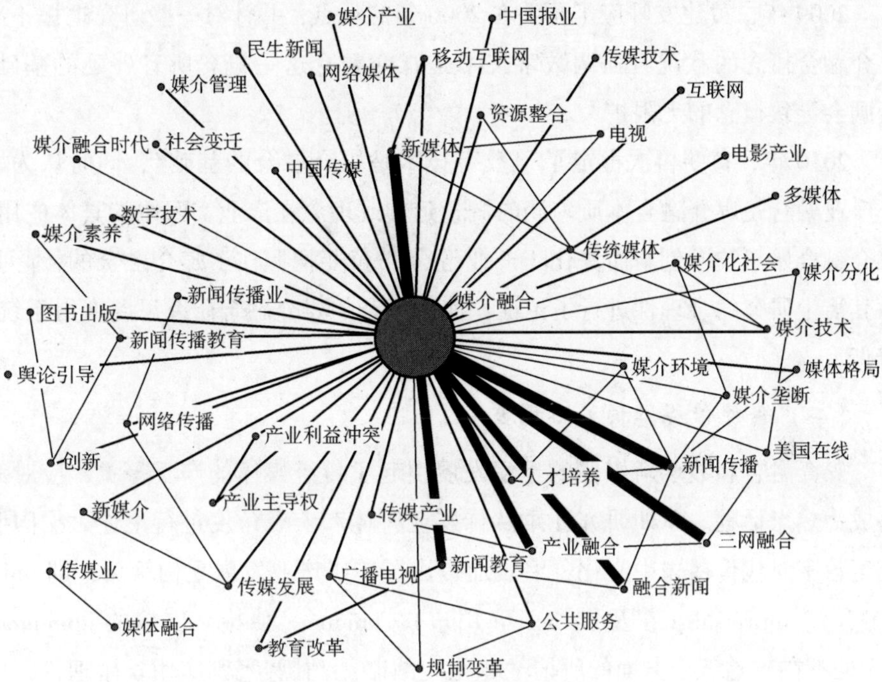

附图 1-2　媒介融合研究的主题结构（关键词频次≥2，共现频次≥1）

有利于我们对论文的研究主题进行更详细的分析。经过阅读各篇论文，我们发现研究论文所涉及的主题可以大致地分为以下七种类型：概念与研究理路的厘清，传统传媒业的策略调整，媒介产业的融合过程，媒介产业格局变化，法律规制的调整，社会大视野下的多学科理论探索，新闻传播专业教育与媒介素养培育。

（一）概念与研究理路的厘清

概念是逻辑思维的起点。媒介融合是一个问题域，包含着许多研究内容，对其中不同问题的强调，体现出研究者们对媒介融合这个问题域的研究视角差异，更体现出对媒介融合这一概念的理解偏向。

2006 年，蔡雯特别强调了媒介融合是在数字技术与网络传播的推动下，各类型媒介通过新介质真正实现的汇聚和融合。[②]在这里，蔡雯指出了媒介融合概念的核心部分，即数字技术使得各种类媒介信息转化成同一的比特形态，从而实现了多种媒介的融合。

2009年，黄建友呼应了蔡雯在2006年的观点，并针对一些研究把握不准媒介融合概念的状况，强调数字技术是媒介融合这一概念所有外延的基础，否则会导致概念的无限扩大。[3]

2010年，黄斐再次肯定了“数字技术是媒介融合的基础”，同时认为媒介产业融合是媒介融合本质内涵的概念延伸或理念在产业实践中的具体应用，媒介融合始于技术创新而深化于产业融合。[4]黄斐把握住了媒介融合的核心并对其衍生研究的合理性进行了论证，使得庞杂的媒介融合研究思路变得系统、清晰。

（二）传统传媒业的策略调整

媒介融合和数字新媒体的迅猛发展引起了传统媒体的广泛警觉，应对策略成为热点话题。早期研究注重从传媒业整体和宏观角度进行论述。喻国明基于数字时代传播去中心化，宏观地提出了传媒产业发展重构策略，即unite（融合）、universal（普及）、user（用户）、unique（独特）支撑的ubiquitous（无处不在）这五个方面的所谓“U化”战略[5]；杜骏飞则应用长尾理论，提出传统媒体在数字技术条件下开拓市场利润空间[6]；林晖认为可从人才、经营、盈利、内容四个方面进行融合模式的转变。[7]

随着广电数字化的开展，数字化成为传统媒体的发展共识，而“三网合一”更是迎来了对“全媒体”的呼唤。谷虹、黄升民在反思“全战略”的基础上，预测了从垂直的、线性的产业链模式向产业价值网转变的平台化趋势。[8]谷虹还基于“三网融合”构建了平台构建、平台竞合、平台规制的“平台理论”三大理论版块。[9]从横向共进的平行模式到纵横交错的网状平台建构以及理论版块划分，体现出研究者对问题复杂性的认识逐渐深入和分析理路的逐渐清晰，理论的可行性和可操作性也逐渐增强。此外，费菲、朱羽君、付晓光、曾凡斌、徐红、尹章池、郭慧[10]分别对广播、电视、报纸、电影、出版业等具体媒体的策略调整展开讨论，印证了数字化以及全媒体的发展理念，推进和拓展了对具体传统媒体如何融合、怎样融合的认识。

（三）媒介产业的融合过程

媒介产业融合是基于媒介技术融合所具体呈现出的媒体结构调整，是媒体作为产业的实体形式变迁，是媒介融合研究中最易引起注意的部分。2008年之前的媒介产业融合研究主要集中在阶段、层次的预测方面。许颖将媒介产业融合分成媒介互动、媒介整合和媒介大融合三个层次⑪。彭兰认为媒介融合将带来业务形态融合、市场融合、载体融合、机构融合等更多层面的变革⑫。蔡骐、吴晓珍将电视网台融合过程分成战略融合、文化融合和操作融合三个层面。⑬

2008年之后的研究跳出了经验性的预测，转向更为丰富的研究视角。2010年，鲍立泉、吴廷俊开始从纯数字技术的视角对媒介融合发展趋势进行解读，认为跨媒体内容生产、传播渠道透明和个人信息终端融合是媒介融合传播技术路径的三大模块。⑭邓瑜则进一步地跳出了媒体运作的局部视角，认为媒介融合应包含媒介内容系统、媒介网络系统、媒介终端系统、媒介规制以及媒介主体的身份融合。⑮从关注媒体组织内部结构调整到关注媒体外部环境与内部各层面的同步调整，从注重产业本身到强调技术前提的理念预设变化，体现出研究者对媒介融合发展阶段的认识演进。

（四）媒介产业格局变化

媒体产业格局变化意味着跨媒介、跨行业的调整，是当代社会的一项巨大变革，相关研究体现出强烈的政策跟随性。2006年，陈力丹等从技术角度看到了媒介融合趋势不可阻挡，认为基于产业融合而诞生的大媒体产业是一种具有跨国家、跨产业、跨媒介特点的新型产业生态和产业群。⑯喻国明也认为传统媒介一向自守的介质壁垒将被冲破，传媒市场的版图和游戏规则将被极大改写。⑰2008年，随着文件《关于鼓励数字电视产业发展若干政策的通知》（国办发〔2008〕1号）的下达，彭兰认为IT业、电信业等产业的力量向传媒业渗透将是无法回避的事实。⑱郑保卫等则认为，报纸、广播、电视、互联网、手机“多媒体并存”的新媒体格局已经在我国初步形成。⑲进而肖赞军预测，未来传媒市场将演化成一种竞争性垄断的市场和网络型寡占市场，传统传媒业的纵向市场结构裂变为横向市场结构。⑳2009年底，两大跨地域媒体组合㉑发生后，徐舫州等认为集团化组建是传媒市场竞争与扩张的必然结果㉒。陈卓认为媒体组织的重构必然要经历设置过渡性部门的“量变”，从而最终实现建构全媒体生产平台的“质变”。[23]在国务院2010年1月发布的《关于印发三网融合总体方案的通知》和2010年6月发布的《关于印发三网融合试点方案的通知》中，将推进三网融合作为当时一段时期应对国际金融危机的重大举措和培育战略性新兴产业的重要任务，孙玉双、孔庆帅据此提出传统媒体与新媒体之间的内容融合势在必行，接收终端的融合引人注目。[24]可见，此类研究是建立在相关国家政策基础之上的，这更体现出媒介产业融合研究“实践先行”的特点。

（五）法律规制的调整

媒介融合引发了电信、广电和互联网等产业的大融合，随之不可避免地触及相关法律法规与行业制度的调整。如何打破原有的行业壁垒和规制障碍同时实现平稳过渡，是摆在中国媒介融合进程中的重要议题。蔡雯在2006年就对我国的规制障碍表示过忧虑，认为体制改革迫在眉睫。[25]此后的研究大致可分为外国经验借鉴类和我国现状分析类。在借鉴国外经验类中，蔡雯、黄金具体考察了美国、英国、新加坡等国家和中国香港的媒介规制改革后，指出我国行政区域划分所导致的行业垄断与资本市场的封闭造成了媒介资源的浪费和流失[26]。肖赞军更广泛地考察了世界发达国家和发展中国家的媒介融合情况，同样得出结论：技术革命与产业革命无法遏制，中国传媒规制改革势在必行。[27]在我国现状分析类中，肖燕雄提出法律政策整合、管理分散、管理国际化和技术中立四个方向性的原则[28]。张志提出在媒介产业结构出现的水平分离性演变中，媒介政策显露出模块化变化趋势[29]。朱春阳认为政策规制需要由政府管理机构的“独白”转向行政力量和社会性规制力量之间的“对话”，并由此提出“竞争—合作—垄断”的三维分析框架。[30]2011年，杨路索建议取消多头管理，建立综合管理协调部门。[31]岳芃则认为在国家、产业管理部门、企事业单位以及社会公众与媒介信息技术的互动过程中有效实现各方利益的有机整合，是实现“三网融合”的充分必要条件。[32]研究者对传媒规制的关注与媒介融合研究同步进行，研究内容从借鉴和总结国外经验开始，进而结合国情提出具体改革建议。

（六）社会大视野下的多学科理论探索

媒介融合发生于传媒，影响波及政治、经济、文化等多个社会领域，必然涉及社会大视野和多学科的探讨。媒介社会学是研究媒介融合的重要理论视角。孟建、赵元珂认为推动媒介化社会形成的核心动力就是媒介融合。[33]蒋晓丽、任雅仙建议用生态中心主义的生存范式构建和谐媒介生态系统、和谐社会与生态文明。[34]郑保卫、王静认为，个人和社会生活组织方式的变化既是数字化带来的传媒生态变化的一个结果，同时又改变着传媒活动和传媒生态。[35]张晓锋认为媒介化社会形成于媒介技术、受众信息需求、媒体影响力和建构力这三大逻辑。[36]

此外，崔林从技术哲学的角度提出“自由度”与“保真度”的双螺旋悖论。[37]纪莉从文化研究理论视角认为，媒介融合不仅在技术上实现共融，并且更深层次地影响人类经济活动、社会活动和文化形态。[38]刘行芳站在政治哲学的高度，指出媒介融合将推动公民社会的成长和公权力的调整，促使媒介融合与社会变革的互动。[39]于婷婷、窦光华从信息社会学的角度讨论了如何在媒介环境重构的同时兼顾信息社会生态平衡的问题。[40]以上研究普遍重视以先贤思想作为理论根据，袭承了哲学、政治学、社会学、文化研究、信息论等多学科的丰富理论基础，整体视野开阔，对媒介社会的形成合力分析与生态思想、权力调整、公权与公民社会的讨论具有很强的现实意义，兼具较强的理论性。

（七）新闻传播专业教育与媒介素养培育

媒介融合作为重要的传媒变革，势必引起新闻传播教育者的关注，进而影响到专业教学的调整。这个主题的研究主要经历了从技术培养到素养培育的过程。高钢认为应打破专业之间的壁垒，使学生在具有丰富知识积累和跨媒体思维的“宽”“厚”基础上，掌握专业媒体工作的技能。[41]黄建友同样强调技术的重要性，认为新闻人才应具备熟练运用各种采访与编辑工具的能力和超强的信息筛选和组合能力。[42]可见，以上这种观念强调的是知识和技术，培养的是复合型、专家型人才，蔡雯、汤天甜、黄楚新、李建伟、邓建国[43]等也持类似观点。

2010年，讨论核心开始逐渐转向媒介融合背景下的媒介素养培育。在此之前，高钢[44]和黄建友[45]都提到了要对新闻传播专业学生进行“通识教育”，可算是这个领域研究的前奏。张艳秋提出应促进公众媒介素养以实现媒介监管[46]。单波、陆阳则对“技术化”培养进行了反思，提出新闻传播教育的“融合”是科学性、人文性、综合性和专业性的统一[47]。从单纯技术培养到立体的媒介素养培育，这体现出研究者对新闻传播人才培养的宏观把握越发清晰，相信更为具体的指导意见和培养方案应该会在不远的将来陆续出现。

三、几点结论和进一步的讨论

（一）结论

通过对164篇媒介融合研究论文的文献分析和论文内容分析，得出了以下几点结论：

（1）论文数量呈逐年增长态势。从发表这些论文的期刊看，《国际新闻界》《现代传播：中国传媒大学学报》《新闻记者》《当代传播》发文相对较多；从研究机构的分布看，中国人民大学、中国传媒大学和复旦大学的发文量排名前三位，但从整体看，高产研究机构还不多；从地区看，北京、上海的研究单位发文量占到了总数的近半数，这表明北京、上海等大城市对媒介融合研究的重视；从作者来看，在130位第一作者中，108位作者只发过1篇论文，蔡雯（6篇）、陶喜红（4篇）、喻国明（4篇）相对高产。

（2）目前媒介融合研究的论文主题主要有七个，即概念与研究理路的厘清、传统传媒业的策略调整、媒介产业的融合过程、媒介产业格局变化、法律规制的调整、社会大视野下的多学科理论探索、新闻传播专业教育与媒介素养培育。

（二）局限或问题

通过阅读这些论文，笔者发现，目前的研究至少还存在以下一些局限或问题，需要引起重视。

（1）媒介融合是一个以技术变革为核心的问题域，数字技术引发了传媒界多层面、全方位的调整，导致媒介融合研究涉猎的范围过于宽泛，造成研究内容的含混不清。而相关的概念梳理型论文往往论证了大部分研究主题的合理性，主要因为数字时代的媒体变革大都可以与新技术扯上关系，而这极易造成媒介融合研究庞杂而含混的尴尬局面。所以，媒介融合研究总是会出现一些过度偏离核心的讨论，总需要不断地再出现厘清概念和明确发展方向的纠偏研究。

（2）由于我国媒介融合研究整体上仍处于起步阶段，因此从研究主题来看，主题间相对独立，相关性不够丰富，至今还未形成系统的研究框架。论述主题始终以传统大众传播媒体为主，体现出强烈的“媒体中心”研究取向。因此，在三网融合的背景下，超越传媒的本位思想，研究中结合其他产业力量进行综合分析，将会为理论创新提供更为广阔和全面的视野。同时，媒介融合研究的整体演进呈现出实践先行的特点。学界的任何分析与预测都不如业界的一个大动作：2009年之前的研究成果每年递增有限，而2010年后研究论文增长速度明显加快，其主要原因还是三网融合的实质进展。所以，媒介融合是一个典型的实践先导型研究领域，“理论跟随实践”的特征明显。

（3）学科发展可以分为学科理智发展和学科制度发展两个层面：学科理智包括学科知识和理论体系，强调的是知识的内在逻辑；学科制度包括学术标准、准则和学科建制，强调外在形构。[48]媒介融合显然是在媒介“技术→产业”调整的背景下出现的研究领域，其内部的学科核心和知识体系都还处于摸索式的构建时期。所以，媒介融合研究最大的特征是：外在推动力强大，内在学术理论支撑力不够。而学科发展需要学科理智和学科制度的互动共进，不可偏废。当前，媒介融合形势变化迅速，所有的分析与论断都仅仅是一个时期的阶段性总结。因此，完整的媒介融合研究图景一时难以形成，学科发展的全貌还有待于进一步发展。总之，在继续关注媒介融合实践的同时，注重理论分析、加强理论构建以提供足够的学科理智支撑力，应该是当前研究的重中之重，而多学科视角下的媒介融合研究似乎让我们看到了一条可行的进路。

注释：

①这8篇论文是：《国际新闻界》于2006年第5期至第7期组稿6篇探讨媒介融合，分别是蔡雯的《媒介融合前景下的新闻传播变革——试论“融合新闻”及其挑战》，王岚岚和淡凤的《聚焦媒介融合和公共新闻——密苏里新闻学院副院长 Brian Brooks 教授系列

讲座》，赵劲的《日本手机传播及媒介融合趋势考察》，彭兰的《从新一代电子报刊看媒介融合走向》，孟建和赵元珂的《媒介融合：粘聚并造就新型的媒介化社会》，许颖的《互动·整合·大融合——媒体融合的三个层次》。另外2篇为：王积龙、刘肖：《2006年美国出版业如何增值》，《编辑之友》2006年第5期；肖燕雄：《论应对媒介融合的法制管理原则》，《新闻界》2009年第6期。

②㉕蔡雯：《媒介融合前景下的新闻传播变革——试论"融合新闻"及其挑战》，《国际新闻界》2006年第5期。

③黄建友：《论媒介融合的内涵及其演进路径》，《当代传播》2009年第5期。

④黄斐：《试论媒介融合的认知及实践误区》，《新闻记者》2010年第8期。

⑤喻国明：《关于当前中国传媒产业发展的战略思考》，《山西大学学报（哲学社会科学）版）》2007年第1期。

⑥杜骏飞：《新媒介策略："长尾"时代的双重博弈》，《国际新闻界》2007年第5期。

⑦林晖：《核心信息增值，带来纸媒的春天——平面媒体的多媒体融合之路》，《编辑学刊》2007年第3期。

⑧谷虹、黄升民：《三网融合背景下的"全战略"反思与平台化趋势》，《现代传播：中国传媒大学学报》2010年第9期。

⑨谷虹：《产业视角下中国媒介融合研究的演进路径和核心议题——2005—2009年中国媒介产业融合研究综述》，《国际新闻界》2010年第3期。

⑩分别是：费菲：《广播业：行进在与网络的互动和融合中》，《现代传播：中国传媒大学学报》2009年第1期。朱羽君、付晓光：《创新与现代媒体的核心竞争力——CNN2008年美国大选报道策略分析》，《现代传播：中国传媒大学学报》2009年第2期。曾凡斌：《美国报网融合的主要特点问题及发展展望》，《编辑之友》2010年第1期。徐红：《媒介融合、渠道拓展与国产电影的市场策略》，《北京电影学院学报》2008年第3期。尹章池、郭慧：《关于出版媒介融合的综合性研究》，《编辑之友》2009年第5期。

⑪许颖：《互动·整合·大融合——媒体融合的三个层次》，《国际新闻界》2006年第7期。

⑫彭兰：《从新一代电子报刊看媒介融合走向》，《国际新闻界》2006年第7期。

⑬蔡骐、吴晓珍：《媒介融合趋势下的电视台网融合之道》，《中国广播电视学刊》2008年第2期。

⑭鲍立泉、吴廷俊：《论媒介融合的传播技术路径》，《现代传播：中国传媒大学学报》2010年第3期。

⑮邓瑜：《媒介融合的多维分析》，《现代传播：中国传媒大学学报》2011 年第 1 期。

⑯陈力丹、付玉辉：《论电信业和传媒业的产业融合》，《现代传播》2006 年第 3 期。

⑰喻国明：《直面数字化：媒介市场新趋势研究》，《国际新闻界》2006 年第 6 期。

⑱彭兰：《融合趋势下的传媒变局》，《新闻战线》2008 年第 7 期。

⑲郑保卫、李洋、郭平：《试论当前我国媒体格局变化的现状及特点》，《国际新闻界》2008 年第 3 期。

⑳肖赞军：《产业融合进程中传媒业市场结构的嬗变》，《新闻大学》2009 年第 3 期。

㉑2009 年 12 月 28 日，湖南卫视并购青海卫视。2009 年 12 月 31 日，上海广播电视台与宁夏广播电视总台合办宁夏卫视频道协议正式签署。

㉒徐舫州：《我国跨地域跨媒体传播发展研究》，《现代传播：中国传媒大学学报》2010 年第 7 期。

㉓陈卓：《试论媒介融合进程中媒体组织重构的路径》，《国际新闻界》2010 年第 4 期。

㉔孙玉双、孔庆帅：《中国媒介融合的现状、表现形式与未来》，《科技与出版》2011 年第 4 期。

㉖蔡雯、黄金：《规制变革：媒介融合发展的必要前提——对世界多国媒介管理现状的比较与思考》，《国际新闻界》2007 年第 3 期。

㉗肖赞军：《媒介融合时代传媒规制的国际趋势及其启示》，《新闻与传播研究》2009 年第 5 期。

㉘肖燕雄：《论应对媒介融合的法制管理原则》，《新闻界》2006 年第 6 期。

㉙张志：《论数字时代媒介政策的“模块化”趋势》，《国际新闻界》2008 年第 9 期。

㉚朱春阳：《媒介融合规制研究的反思：中国面向与核心议题》，《国际新闻界》2009 年第 6 期。

㉛杨路索：《媒介融合时代我国传媒行业政府规制的探讨》，《编辑之友》2011 年第 8 期。

㉜岳芃：《媒介信息融合与产业规制制度改革》，《当代经济科学》2011 年第 2 期。

㉝孟建、赵元珂：《媒介融合：粘聚并造就新型的媒介化社会》，《国际新闻界》2006 年第 7 期。

㉞蒋晓丽、任雅仙：《媒介融合的生态批评》，《四川大学学报（哲学社会科学版）》2008 年第 4 期。

㉟郑保卫、王静：《数字化对传媒生态的影响》，《兰州大学学报（社会科学版）》

2008 年第 5 期。

㊱张晓锋：《论媒介化社会形成的三重逻辑》，《现代传播：中国传媒大学学报》2010 年第 7 期。

㊲崔林：《媒介进化：沉默的双螺旋》，《新闻与传播研究》2009 年第 3 期。

㊳纪莉：《在两极权力中冲撞与协商——论媒介融合中的融合文化》，《现代传播：中国传媒大学学报》2009 年第 1 期。

㊴刘行芳：《媒介融合与社会变革互动的四个趋势》，《中州学刊》2010 年第 6 期。

㊵于婷婷、窦光华：《信息社会学视角下的媒介融合》，《当代传播》2010 年第 2 期。

㊶㊹高钢：《媒介融合趋势下新闻教育四大基础元素的构建》，《国际新闻界》2007 年第 7 期。

㊷㊺黄建友：《媒介融合趋势下新闻教育改革探讨》，《当代传播》2008 年第 6 期。

㊸分别是：蔡雯：《以新闻教育改革推进新型新闻传播人才培养》，《国际新闻界》2010 年第 10 期。汤天甜：《媒介融合背景下新闻教育理念与人才培养模式探析》，《中国大学教学》2010 年第 8 期。黄楚新：《媒介融合背景下的新闻传播教育创新》，《当代传播》2010 年第 6 期。李建伟：《媒介融合趋势下的编辑出版专业人才培养模式探索》，《河南大学学报（社会科学版）》2011 年第 3 期。邓建国：《管窥美国新闻传播院校媒介融合课程改革中的经验与教训——以南加州大学新闻系的试错为例》，《新闻大学》2009 年第 1 期。

㊻张艳秋：《融合文化下媒介监管的新转向：促进媒介素养》，《国际新闻界》2010 年第 12 期。

㊼单波、陆阳：《媒介融合与新闻传播教育的“融合”》，《新闻记者》2010 年第 3 期。

㊽李泽彧、赵凤娟：《我国高等教育学学科建设：基本轨迹及未来取向》，《中国高教研究》2010 年第 3 期。

（本文发表于《浙江传媒学院学报》2013 年第 1 期）

附录2

中国文化创意产业研究现状的分析和评价：2005—2011

随着经济社会的发展，文化已经成为经济的重要组成部分。大力发展文化产业，不仅顺应了文化经济化的历史潮流，还可以展示一个民族的文明程度和国家的“软实力”。文化创意产业是文化产业的核心与灵魂，是以文化内容创作成果为核心价值，以知识产权保护为特征的产业。[1]近十余年来，以英国为代表的西方国家以“创意”为核心发展文化产业获得巨大成功，并取得了丰厚的经济效益。[2]这些国外实绩引起了我国文化产业业界与学界的关注，特别是在党的十七届六中全会提出加强文化建设后，文化产业尤其是文化创意产业迎来了新的发展机遇。

近年来，我国文化创意产业研究已经积累了一定的成果。通过这些研究成果，我们可以看到一支不断壮大的研究队伍，也可以发现当前文化创意产业的研究主题、研究层次等特点，对这些研究状况的分析与评价就成为一个有意义的问题。基于这些考虑，本文拟从文献计量学的角度，综合运用词频统计法、科学知识图谱方法、内容分析法等多种文献研究方法，对目前国内文化创意产业研究的现状，包括论文发表数量、发表期刊、主要研究机构和作者、高频关键词及研究主题结构、主要研究内容等进行较全面的分析和评价，以利于以后问题研究的深化。

一、研究数据的收集

考虑到本文的研究目的是对近期的文化创意产业研究状况做比较“系统而全面”的文献计量学分析，本文从 CSSCI 中文社会科学引文索引库中选择数据。其具体的收集方法是：选择1998—2011年CSSCI来源数据库，在“题名”和“关键词”栏中输入“文化创意产业”，“检索逻辑关系”选择“或”，然后将检索得到的数据下载并进行格式转换，内容包括论文的题名、作者、机构、关键词、发表期刊、发表时间、基金、参考文献等信息，最后建立起194篇文化创意产业研究论文的Excel数据表（数据检索时间为2012年3月10日）。

二、论文产出结构分析

（一）论文数量分布

194篇论文的年度分布统计结果见附图2-1（2011年的论文数量为24篇，由于该年的数据未齐，所以没有进入附图2-1），最早的相关论文出现在2005年，共3篇。经查阅，这几篇论文是：上海社会科学院厉无畏和于雪梅发表在《上海经济研究》的《关于上海文化创意产业基地发展的思考》[3]，同是上海社会科学院的张文洁发表在《云南社会科学》的《英国创意产业的发展及启示》[4]，以及中国人民大学金元浦发表在《人文杂志》的《经营文化，大竞争时代的都市博弈》[5]。

由附图2-1还可以看出，自2005年起，文化创意产业研究的相关论文数量一直呈现逐年增长态势，而且从趋势看还远远没有达到饱和，因此，国内文化创意产业的研究尚处于初期的扩展阶段。

（二）发表期刊分布

经统计，194篇论文发表在107种期刊中，这说明论文的发表载体是非常分散的。其中，发表论文最多的3种期刊是《现代传播：中国传媒大学学报》（14篇）、《北京社会科学》（10篇）和《新视野》（6篇）。发表论文3篇及以上的只有18种期刊（见附表2-1），而且这18种期刊本身所属的学科也极其多样和分散，这既说明了文化创意产业研究本身可能是一个多学科共同关注的研究领域，涉及了文化学、经济学、新闻学与传播学、艺术学、管理学、图书馆情报与文献学、法学等多个学科，也说明该领域的研究还处于初始阶段。

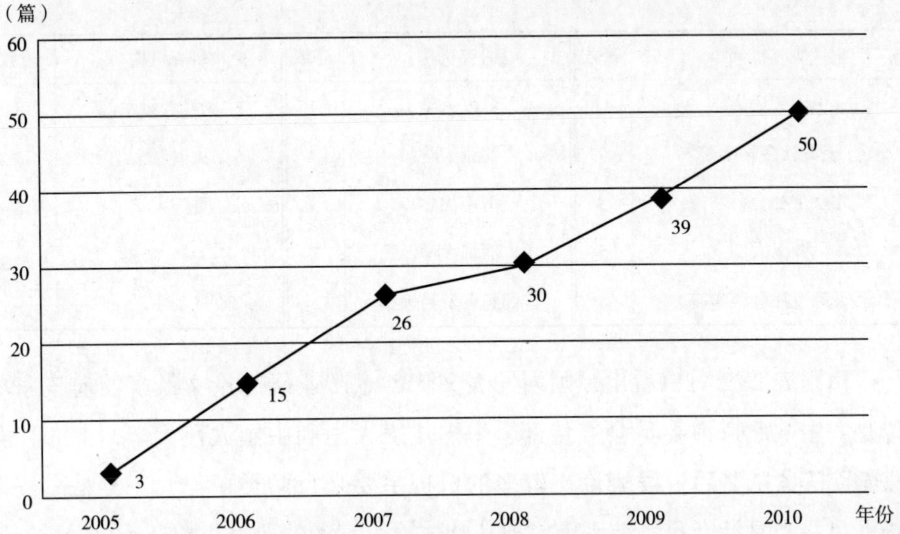

附图 2-1　2005—2010 年文化创意产业论文发表数量

附表 2-1　发表论文最多的期刊

期　刊	篇数	期　刊	篇数	期　刊	篇数
现代传播：中国传媒大学学报	14	经济地理	4	城市问题	3
北京社会科学	10	深圳大学学报	4	浙江学刊	3
新视野	6	国家行政学院学报	3	中国流通经济	3
上海经济研究	5	电影艺术	3	科技管理研究	3
科技进步与对策	5	求是	3	中国地质大学学报	3
亚太经济	4	中国特色社会主义研究	3	统计与决策	3

（三）机构分布

对论文第一作者的机构进行统计，发现共有 101 个机构。附表 2-2 列出了发表论文在 3 篇及以上的前 19 个机构名单。

附表 2-2　发表论文最多的机构排名

研究机构	篇数	研究机构	篇数	研究机构	篇数
中共北京市委员会宣传部	12	福建省社会科学院	4	浙江传媒学院	3
中国传媒大学	11	清华大学	4	中共北京市委党校	3

续表

研究机构	篇数	研究机构	篇数	研究机构	篇数
中国人民大学	11	武汉大学	4	中国社会科学院	3
上海社会科学院	9	北京大学	3	中央财经大学	3
北京市社会科学院	5	济南大学	3	重庆大学	3
暨南大学	5	深圳大学	3		
天津市社会科学院	5	首都经济贸易大学	3		

由附表2-2可以看出，国内发表文化创意产业研究论文最多的前三家单位是：中共北京市委员会宣传部、中国传媒大学和中国人民大学，上海社会科学院等紧随其后。发表论文较多的机构主要来自两类单位，一类是高校系统，另一类是社会科学院系统。但从整体看，高产的研究机构还不多。

（四）作者分布

按文章的第一作者统计，发现共有第一作者160位，其中只发表1篇的有144位，发表2篇的有11位，3篇及以上的只有5位，分别是中共北京市委员会宣传部文化产业改革发展办公室的孔建华（10篇），中国人民大学文学院的金元浦（7篇），天津市社会科学院经济社会预测研究所的王琳（5篇），济南大学管理学院的张振鹏（3篇），以及北京市社会科学院《北京文化创意产业发展研究》课题组（3篇）。这说明该领域的研究确实还处于起步阶段，相对稳定而高产的作者极少。

三、研究论文的内容分析

（一）论文研究的主题分析

按关键词统计，发现194篇论文（其中4篇论文缺关键词）中共出现433个不同的关键词，总使用频次为721次。附表2-3列出了频次在3次及以上的前20个关键词。

由附表2-3可以看出，文化创意产业研究中频次较高的关键词主要有“创意产业、文化产业、文化创意、文化经济”等。总体来看，关键词的使用还比较多样和分散，除“文化创意产业”本身外，其他高频关键词并不多。

这说明，目前的研究主要是围绕“文化创意产业”这个中心的发散型或者说辐射型研究。

附表 2-3　频次在 3 次及以上的前 20 个关键词

关键词	频次	关键词	频次	关键词	频次	关键词	频次
文化创意产业	152	发展模式	5	文化	4	人才培养	3
创意产业	19	产业集群	5	英国创意产业	3	文化事业	3
文化产业	16	知识产权	5	知识产权保护	3	全球化	3
文化创意	11	金融危机	5	版权保护	3	产业发展	3
文化经济	10	集聚区	4	文化创新	3	产业链	3

为了进一步反映各个研究主题之间的关系结构，下面我们用社会网络分析方法对这些主要关键词的共现情况绘制知识图谱，以便大致反映该领域研究主题的结构，即主要的学术方向、学术兴趣和学术领域。具体做法是：先选择频次不少于 2 次的关键词，然后计算它们中任意两个关键词在所有论文中同时出现的次数，并将共现计算得到的数据用社会网络分析中常用的 NetDraw 软件进行可视化，这样就得到了附图 2-2。附图 2-2 中的每个顶点代表一个关键词，顶点之间的连线代表这两个词有同时出现在一篇论文中的情况，线条粗重的说明它们共同出现在同一篇论文中的次数多，反之则共同出现在同一篇论文中的次数少。

观察附图 2-2，可以很明显地得知：

（1）研究的整体状态明显呈现出中心辐射型的“太阳系式”图形，而不是紧密的蜘蛛网型。仅此一点就足以表明，当前的文化创意产业研究还处于初期扩展的研究阶段。

（2）文化创意产业的研究涉及众多相关主题，这表明该研究领域是一个多学科共同关注的领域，是多学科的联合体。就涉及的研究主题看，相关的就有“文化产业”“创意产业”“文化经济”“知识产权”“版权保护”“集聚区”“全球化”，以及“经济转型”“高等教育”“人才培养”“管理模式”“发展策略”“可持续发展”“产业链”“出版改革”“动漫产业”等。从学科看，则涉及了文化学、新闻学与传播学、艺术学、经济学、管理学、图书馆

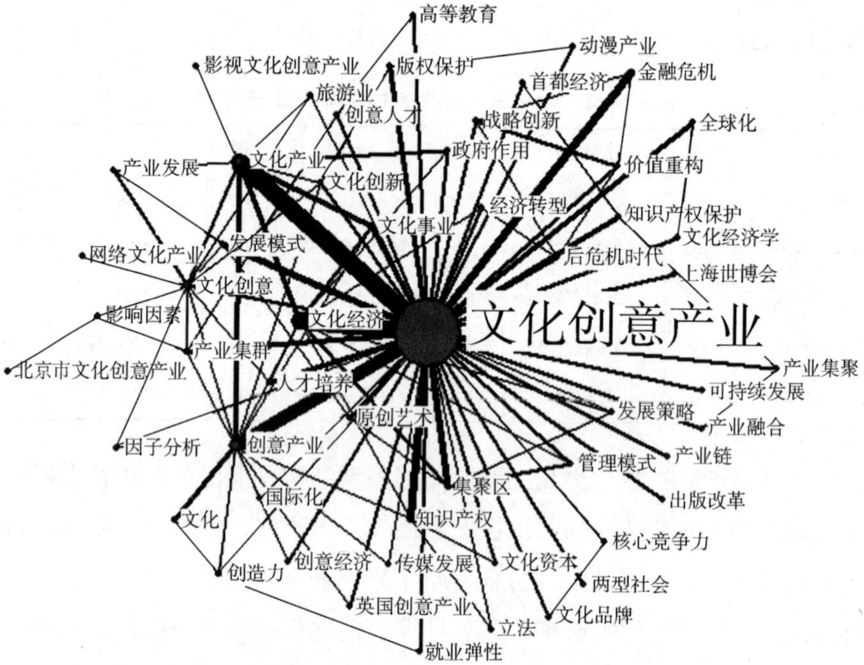

附图 2-2　文化创意产业研究的主题结构（关键词频次≥2，共现频次≥1）

情报与文献学、法学等多个学科。

（3）一些研究主题已经开始形成独自的研究领域，如文化产业、文化经济、创意产业等。其中，“文化产业”+“创意产业”+“文化创意产业”、“文化经济”+“文化产业”+“文化创意产业”、“文化经济”+“集聚区”+“文化创意产业”等，已经形成了比较稳定的“三角形”连接结构；另外，还有一些研究主题，虽然目前的数量不多，但是也已经开始逐渐形成独自的研究领域，如网络文化产业、动漫产业、影视文化创意产业、北京市文化创意产业等，相信在以后的发展中，对这些领域也不可小视。

（4）在附图 2-2 中，还有一个关键词——“英国创意产业”比较特殊，值得特别关注。因为这意味着：英国作为世界文化创意产业的发源地，在发展模式、政策方面等都比较成熟，因此加强对英国等先进国家文化创意产业的产生背景、措施、成效、特色等方面的分析、借鉴和研究，并结合我国实际情况提出相关的政策和建议也将是一个需要持续进行的课题。

（二）论文研究的内容分析

通过关键词词频统计及共现知识图谱分析，我们大致已直观地了解了国内近几年来文化创意产业的研究状况，但更详细准确的分析显然还需要通过阅读论文的摘要和正文来获取。经过阅读我们发现，这些论文大致涉及以下几方面的研究。

1. 相关概念与理论的研究

这方面论文的主要目的是介绍文化创意产业的相关知识，厘清概念，推动研究。其中，最早的一篇是金元浦于2006年发表的《当代世界创意产业的概念及其特征》，该文章从历史角度来阐释文化创意的概念，认为创意产业是“以创意为核心，向大众提供文化、艺术、精神、心理、娱乐产品的新兴产业”[6]，强调“创意”是文化产业发展的重心。李世忠在《文化创意产业相关概念辨析》（2008）中肯定了创意的重要意义，但其定义更强调个人在创意生产中的核心作用，认为文化创意产业是“依靠个人的知识、智慧、技能、灵感、天赋，通过科技与艺术这两大手段，对文化资源进行创造、重构、嫁接和提升并与其他产业融合，生产出具有文化艺术元素的高附加值的产品与服务，以满足人类感性需要和理性精神需求的产业”[7]。2009年，金元浦在《文化创意产业的多种概念辨析》一文中又再次谈了概念问题，他从国外的文化创意产业发展与概念演变视角审视和分析了我国的文化创意产业，提出文化创意产业的发展要依靠科技和文化的“两翼齐飞”，并形成跨行业的新兴产业集群[8]。同年，李蕾蕾的《文化创意产业集群的概念误区与研究趋势》继续文化创意产业集群的话题，在梳理和纠正概念理解的同时，又提出应当把“文化创意产业集群和园区当成是由艺术家和创意阶层、文化艺术公司、项目生产、社会关系网络、创意环境、知识、信息和创新机制，以及公民消费者融合一体的复杂生态系统”[9]。概念的理解反映着实践的状况与偏向，在文化创意产业这样一个实践先于理论的领域，关于概念的共识形成，显然还有待于产业界进一步的实践、发展和理论界更深入的研究、探讨。

2. 地区个案研究

作为一种大规模的专业化分工和协作活动，文化创意产业强调以集群化的形式来适应文化全球化和日益加剧的文化市场竞争。城市是经济和文化的交汇处，也是各类经济、文化活动配套最完善的场所，因此是文化产业集群的主要地点。在我国，直辖市和省会城市往往是一些政治、经济和文化的中心，也是文化创意产业发展的重点优先发展地区，其文化产业集群相对密集，所以大部分中国文化创意产业的个案研究也往往来自这些城市。这些地区个案研究反映着我国文化创意产业的实际状况和发展水平，也是相关理论研究的主要实践来源和实验基地。

北京是我国的政治、经济和文化中心，也是文化创意产业研究的重点地区。作为首都，北京各类文化活动频繁，加之各类文化产业研究单位众多，所以关于北京文化创意产业的研究的数量是最多的，探讨的主题也最为丰富。经统计，研究北京文化创意产业的论文共有37篇，研究的内容较为多样，并且随着年份的变化，研究主题也不断演进。2006年，文化创意产业研究刚刚起步，该年度的研究主题主要集中在引介和意义探讨方面，至于意义主要体现在哪些方面则见仁见智。有的论文认为发展文化创意产业可以提升软实力[10]，有的论文认为可以促进发展现代服务业[11]，还有的论文提出可以从国际化战略的高度去看待文化创意产业发展[12]。2007年和2008年研究北京文化创意产业的论文开始侧重具体建构，即如何结合城市特色发展文化创意产业。例如，2007年孔建华在《北京市宋庄原创艺术集聚区的发展研究》中提议建设艺术聚集区[13]，北京市社会科学院《北京文化创意产业发展研究》课题组的《北京体育创意产业研究》一文建议大力发展体育创意产业[14]，李建盛在《智慧资本、表征资本、产业资本与北京文化创意产业》中则提出了"智慧资本、表征资本、产业资本"是发展北京文化创意产业的关键要素[15]，体现出了研究的深入和以实务为导向的理论建构。2008年的研究开始转向呼应奥运，如北京奥运与首都文化创意产业的发展[16]和后奥运时代的北京文化创意产业发展[17]等，并开始对北京文化与经济的融合进行总结和思考[18]，研究论文提出的"产业集群"概念是实践和理论研究走向深入的重要标志。自2009年起，研究方法开始多样化，实证研究开始出现[19]。例如，王振如、钱静的《北京都市农业、生态旅游和文化创意产业融合模式探析》一文具体考查了北京产业间融合的问题[20]，体现了对产业集群研究的延续和展开。2010

年的研究则已经涉猎北京与国外大城市的产业比较[21]，对旧景观的生态改造[22]，以及从空间布局的角度来思考文化创意产业对城市的重塑与改造等更深入的问题[23]。整体看来，对北京的文化创意产业研究已经逐步开始理论化，但以实践为问题导向、讲求实用性仍是主要特点。

和北京相呼应，上海则是另一个文化创意产业研究的焦点。作为海派文化的代表，上海文化创意产业研究显然也是学界和业界关注的重点。经统计，研究上海文化创意产业的文章有7篇。从内容看，2008年之前的研究主要集中在整体规划与展望方面。例如，厉无畏、于雪梅的《关于上海文化创意产业基地发展的思考》（2005）提出了要在上海发展文化创意产业集群，文章认为上海的文化产业基础好，集聚区内产业业态完整，创意思维交流频繁，辐射功能强大，适宜发展文化创意产业基地。[24] 2007年，王如忠又提出了上海的文化创意发展发展战略[25]，认为应从体制、基金、人才、市场等几个方面来加强建设。2009年研究的一个新亮点是关于世博会的相关研究[26]，2010年后则开始出现从空间的角度来探讨城市的空间建构与重塑等问题。兰洁认为，上海世博会所体现的空间生产与文化创意的互动启示着未来的城市发展[27]；孔翔、钱俊杰则基于景观、空间和社会三者之间的关系，将上海田子坊的产业演替、空间重塑及其中的社会关系进行全面分析，具有强烈的现实意义[28]。可以看到，近年的上海文化创意产业研究开始转向借鉴西方相关理论进行中国实际问题的分析和思考。

与北京文化创意产业研究相比，上海研究的一些主题比北京要早，如产业集群。这体现出上海作为老牌工业城市所具有的扎实基础。近年来的研究中，上海的研究注重西方理论的借鉴，同时注重用多学科视角来分析上海在文化创意产业发展过程中所出现的新问题。北京的研究则体现在探讨内容的广泛性和丰富性，强调理论创新对产业实践的推动。更为重要的是，从论文发文统计来分析，北京的文化创意产业研究关注者远远多于上海，所以在未来的一段时间里，北京的研究将继续在国内占主导地位。

此外，还有些论文对其他城市和地区的文化创意产业进行了研究。这些研究中，经验总结类文章居多，如岳芃的《西安文化创意产业的产业关联度分析》[29]、黄茂的《文化创意产业与区域城市发展的培育——以广西北部湾经济区为例》[30]、陶骏的《杭州打造全国文化创意产业中心的对策——基于互动关系研究》[31]、顾作义和颜永树的《广东文化创意产业现状及发展思路》[32]等。还有少数以产业经济相关理论来分析文化创意产业具体问题的研究，如陈美霞的《福建文化创意产业的SWOT分析》[33]等。相较而言，这些研究的水平、层次和数量都不及北京、上海的论文，但也已开始起步。

3. 对动漫、影视等前沿热点问题的研究

高科技和新创意的结合是文化创意产业的重要特征，好创意往往集中在新技术的发展点上。动漫、影视作为视听新技术运用最为前沿的领域，越发成为当前文化创意产业的热门。6篇对动漫产业的研究论文可以分成两类：借鉴类和对策类。《第五届动漫节·动漫创作暨文化创意产业论坛纪要》(2006) 把大量的篇幅给了日本动画协会会长、手冢动画公司董事长松谷孝征对日本漫画的介绍[34]，从中可以看到我国研究者向动漫强国学习的渴求心态。《“功夫熊猫”踢翻两岸三地文化创意产业梦》(2008) 借美国电影《功夫熊猫》对比分析了中国两岸三地动漫产业的现状，认为：《功夫熊猫》戳破了两岸三地的文创美梦，揭开了不忍卒睹的真实：动画电影在我们由上而下主导推动下，似乎投注再多的硬设备也无法产出内容创意，呼喊再多的政策口号产业价值链始终不全；反观美国好莱坞电影工业，却能在原有自然生成的体系下轻松挪移文化元素，再加以组织性的运作。[35]

其余的四篇是：孙文华发表在《中国版权》的《中国动画的版权保护与发展前景》(2006)[36]，潘绮文发表在《科技管理研究》的《广东省发展动漫产业的对策建议》(2008)[37]，殷俊、孟育耀发表在《西南民族大学学报（人文社会科学版）》的《提升动漫产业文化张力的策略分析》(2011)[38]，徐贤如、于春丽发表在《浙江艺术职业学院学报》的《文化创意产业视角下的“中国动画学派”》(2011)[39]。这四篇文章分别从产权保护、发展策略和学派建设三个方面建构了中国动漫的发展道路，但即便在这几篇提建议的文章中，也随处可见对国外经验的介绍，如在《文化创意产业视角下的“中国动画学派”》一文中，分别介绍了日本、美国、苏联等国的动漫创作与发展，体现出我国当前动漫产业的“学习”主题。

影视产业的研究论文初期主要集中讨论的是产业化背景下的影院运营与

资本运作。例如，熊澄宇和赵建国的《符号资本的重组扩张之旅——新影厂的文化创意产业路径探析》（2007）[40]，陈旭光和肖怀德的《文化创意产业与活动经济链条——关于影院产业经营策略的思考》（2009）[41]，这两篇论文结合产业实践发展历史和文化资本相关理论对当下的影院发展提出了对策。2010年，胡智锋和李继东的《中国影视文化创意产业的三大问题》（2010）[42]和《对影视文化创意产业若干问题的思考》（2010）[43]两篇论文则跳出仅从影院资本运作的角度看待影视文化创意产业，认为当前中国影视文化创意产业主要存在着"创意不足、文化不强、产业不大"三大问题，创意的创造力、艺术的生产力、产业的推动力和政策体制的生命力是我国影视文化创意产业的基本问题。从影院资本与市场的调整，逐渐过渡到以"创意"为本的思考，体现了中国影视产业出于生存考虑的问题意识变迁，而对内容和产业体系的反思则体现了当前学界对影视市场的警醒，预示着以后的改进方向。

4. 对港澳台及国外文化创意产业的介绍与研究

在研究的起步阶段，借鉴先进国家和地区的有益经验无疑可以加快我国文化创意产业的发展。因此，这方面的论文也占了相当的比例，如对港澳台产业状况进行整体介绍的文章就有：王鹏的《香港文化创意产业的发展及其启示》（2007）[44]，祁湘涵的《粤港澳创意产业合作的历程、现状及未来构想》（2009）[45]，王鹏的《澳门博彩业与文化创意产业的融合互动研究》（2010）[46]，徐信贵和陈伯礼的《台湾文化创意产业营造中的政府角色与功能》（2010）[47]，刘小新的《美学经济与创意产业：台湾观点述评》（2010）[48]等。

对国外文化创意产业研究的论文中，对英国文化创意产业的介绍较为丰富，主要有《英国创意产业的发展及启示》（2005）[49]、《文化创意产业推动英国转型》（2007）[50]、《英国创意产业发展及其对我国的启示》（2008）[51]、《英国文化创意产业发展模式及启示》（2010）[52]。这四篇文章都是从整体上对英国文化创意产业的概览式介绍，其中《英国文化创意产业发展模式及启示》开始转向对社会经济结构转型和产业发展模式的中观分析，体现出对外国经验引进的研究开始逐渐具体、深入。

此外，还有些研究进行了外国产业发展与国内的比较研究，如吴绍阶发表的《从韩国经验看重庆市文化创意产业发展》[53]、王晖发表的《北京市与纽约市文化创意产业集聚区比较研究》[54]等。显然，将外国经验与本国实践相结合，从而探讨我国文化创意产业发展道路的思路值得肯定。

四、几点结论和进一步的讨论

通过对194篇文化创意产业研究论文的文献分析，可以初步得到以下几点结论：

（1）论文数量呈逐年增长态势。从发表这些论文的期刊看，《现代传播：中国传媒大学学报》、《北京社会科学》和《新视野》发文相对较多；从研究机构的分布看，中共北京市委员会宣传部、中国传媒大学和中国人民大学的发文量排名前三位，但从整体看，高产研究机构还不多；从地区看，北京、上海等地的研究单位发文量占了总数的一半，这表明北京、上海等大城市对文化创意产业研究的重视；从作者来看，在160位第一作者中，144位作者只发过1篇论文，孔建华（10篇）、金元浦（7篇）、王琳（5篇）相对高产。

（2）目前文化创意产业研究的论文主题主要有四个方面，即相关概念与理论的研究、地区个案研究、对动漫和影视等前沿热点问题的研究、对港澳台及国外文化创意产业的介绍与研究。

通过阅读这些论文，我们同时还发现，目前的研究至少还存在以下一些问题，需要引起重视。

（1）研究者们对文化创意产业研究的一些概念还存在理解偏差，这对学术沟通造成了一定的障碍。概念理解的差异既是一个理论问题，又是一个实践问题。不断探讨内涵，逐步形成建立在共识基础上的概念核心，是一个需要继续的方向。当前，文化创意产业的学科边界尚不分明，逐步形成以“创意”为核心的主要研究领域，应当是学科发展的重要策略。

（2）由于我国文化创意产业的研究整体上仍处于起步阶段，因此从研究主题上看，大多集中在总论和引介上面，主题之间相对独立，相关性不够强。研究内容呈现出：重经验，轻理论；重评论，轻数据；重宏观展望，轻微观分析。研究思路上囿于经验总结，对问题的探讨往往浮于表面，一旦谈及可行性建议时则泛泛而谈或浅尝辄止。因此，在拓展研究领域的同时，还应注重研究内容之间的内在联系。

（3）从学科制度的高度来看，学科发展可以分为学科理智发展和学科制度发展两个层面：学科理智包括学科知识和理论体系，强调的是知识的内在逻辑；学科制度包括学术标准、准则和学科建制，强调外在形构。[55]我国文化创意产业研究显然是在文化产业市场迅速发展的背景下催生出来的研究领域，其内部的学科核心和知识体系都还处于摸索式的构建时期。所以，当前文化创意产业研究最大的特征是：外在推动力强大，内在学术理论支撑力远远不够。而学科发展需要学科理智和学科制度的互动共进，不可偏废。因此，在文化创意产业各个研究领域理论基础均有限的情况下，完整的文化创意产业研究图景一时难以形成，学科发展的全貌还有待于进一步发展。总之，在继续关注文化创意产业实践的同时，注重理论分析、加强理论构建，以提供足够的学科理智支撑力，应该是当前研究的重中之重，也是踏出我国文化创意产业研究出路的明智选择。

参考文献：

[1] 李思屈，李涛．文化产业概论［M］．杭州：浙江大学出版社，2010：15.

[2] 李思屈，李涛．文化产业概论［M］．杭州：浙江大学出版社，2010：159-164.

[3] 厉无畏，于雪梅. 关于上海文化创意产业基地发展的思考［J］. 上海经济研究，2005（8）：48-53.

[4] 张文洁. 英国创意产业的发展及启示［J］. 云南社会科学，2005（2）：85-87.

[5] 金元浦．经营文化，大竞争时代的都市博弈［J］．人文杂志，2005（4）：58-61.

[6] 金元浦．当代世界创意产业的概念及其特征［J］．电影艺术，2006（3）：5-10.

[7] 李世忠．文化创意产业相关概念辨析［J］．兰州学刊，2008（8）：162-164.

[8] 金元浦．文化创意产业的多种概念辨析［J］．同济大学学报（社会科学版），2009（1）：47-48.

[9] 李蕾蕾．文化创意产业集群的概念误区与研究趋势［J］．深圳大学学报（人文社会科学版），2009（4）：66-67.

[10] 王书昆，王树林．发展文化创意产业，提升北京软实力［J］．新视野，2006（2）：22-25.

[11] 王树林．现代服务业：北京经济发展第一支柱产业［J］．新视野，2006（4）：30-33.

[12] 北京市社会科学院《北京文化创意产业发展研究》课题组．北京文化创意产业国际化战略研究［J］．北京社会科学，2006（6）：18-22.

[13] 孔建华．北京市宋庄原创艺术集聚区的发展研究［J］．北京社会科学，2007（3）：76-82.

[14] 北京市社会科学院《北京文化创意产业发展研究》课题组．北京体育创意产业研究［J］．北京社会科学，2007（4）：23-27.

[15] 李建盛．智慧资本、表征资本、产业资本与北京文化创意产业［J］．北京行政学院学报，2007（6）：59-62.

[16] 金元浦．北京奥运与首都文化创意产业的发展［J］．河北学刊，2008（3）：38-41.

[17] 樊兰萍．后奥运时代北京文化创意产业的发展［J］．中国青年政治学院学报，2008（6）：51-54.

[18] 孔建华．北京文化经济的融合与兴起——基于文化经济规划文本视角的历史考察（1996—2007）［J］．新视野，2008（1）：30-34.

[19] 刘飒．北京市文化创意产业发展实证研究［J］．经济管理，2009（2）：42-48.

[20] 王振如，钱静．北京都市农业、生态旅游和文化创意产业融合模式探析［J］．农业经济问题，2009（8）：14-18.

[21] 王晖．北京市与纽约市文化创意产业集聚区比较研究［J］．北京社会科学，2010（6）：32-37.

[22] 孔建华，杜蕊．北京工业厂区改造中的自然拾掇与有机更新［J］．城市问题，2010（3）：93-97.

[23] 高宏存．文化创意产业催生北京城市空间新布局［J］．学术探索，2010（5）：31-34.

[24] 厉无畏，于雪梅．关于上海文化创意产业基地发展的思考［J］．上海经济研究，2005（8）：48-53.

[25] 王如忠．上海文化创意产业发展的战略思路与对策研究［J］．上海经济研究，2007（10）：76-83.

[26] 金元浦．上海世博会：文化创意产业发展的重要契机［J］．探索与争鸣，2009（4）：47-50.

[27] 兰洁．空间生产：上海世博会对文化创意产业发展的启示［J］．探索与争鸣，2010（5）：64-66..

[28] 孔翔，钱俊杰．浅析文化创意产业发展与上海田子坊地区的空间重塑［J］．人文地理，2011（3）：46-50.

[29] 岳芃．西安文化创意产业的产业关联度分析［J］．西安交通大学学报（社会科学版），2008（6）：13-16.

[30] 黄茂．文化创意产业与区域城市发展的培育——以广西北部湾经济区为例［J］．城市发展研究，2009（8）：101-105.

[31] 陶骏．杭州打造全国文化创意产业中心的对策——基于互动关系研究［J］．浙江学刊，2009（3）：212-215.

[32] 顾作义，颜永树．广东文化创意产业现状及发展思路［J］．学术研究，2009（2）：17-23.

[33] 陈美霞．福建文化创意产业的SWOT分析［J］．福建论坛（人文社会科学版），2010（2）：29-34.

[34] 王岳，王坤坤．第五届动漫节·动漫创作暨文化创意产业论坛纪要［J］．北京电影学院学报，2006（5）：71-77.

[35] 李天铎，卓珊．“功夫熊猫”踢翻两岸三地文化创意产业梦［J］．电影艺术，2008（6）：55-58.

[36] 孙文华．中国动画的版权保护与发展前景［J］．中国版权，2006（5）：41-43.

[37] 潘绮文．广东省发展动漫产业的对策建议［J］．科技管理研究，2008（2）：27-30.

[38] 殷俊，孟育耀．提升动漫产业文化张力的策略分析［J］．西南民族大学学报（人文社会科学版），2011（1）：140-143.

[39] 徐贤如，于春丽．文化创意产业视角下的“中国动画学派”［J］．浙江艺术职业学院学报，2011（1）：67-74.

[40] 熊澄宇，赵建国．符号资本的重组扩张之旅——新影厂的文化创意产业路径探析［J］．电视研究，2007（4）：24-26.

[41] 陈旭光，肖怀德．文化创意产业与活动经济链条——关于影院产业经营策略的思考［J］．当代电影，2009（2）：32-36.

[42] 胡智锋，李继东．中国影视文化创意产业的三大问题［J］．现代传播（中国传媒大学学报），2010（6）：62-64.

[43] 胡智锋，李继东．对影视文化创意产业若干问题的思考［J］．东岳论丛，2010（1）：5-14.

[44] 王鹏．香港文化创意产业的发展及其启示［J］．亚太经济，2007（6）：32-36.

[45] 祁湘涵．粤港澳创意产业合作的历程、现状及未来构想［J］．国际经济合作，2009（2）：47-52.

[46] 王鹏．澳门博彩业与文化创意产业的融合互动研究［J］．旅游学刊，2010（6）：57-65.

[47] 徐信贵，陈伯礼．台湾文化创意产业营造中的政府角色与功能［J］．管理现代化，2010（2）：41-43.

[48] 刘小新．美学经济与创意产业：台湾观点述评［J］．亚太经济，2010（5）：135-139.

[49] 张文洁．英国创意产业的发展及启示［J］．云南社会科学，2005（2）：85-87.

[50] 代杨．文化创意产业推动英国转型［J］．经济导刊，2007（11）：63-66.

[51] 李雪玲．英国创意产业发展及其对我国的启示［J］．现代管理科学，2008（9）：87-88.

[52] 李淑芳．英国文化创意产业发展模式及启示［J］．当代传播，2010（6）：74-76.

[53] 吴绍阶．从韩国经验看重庆市文化创意产业发展［J］．探索，2008（2）：100-102.

[54] 王晖．北京市与纽约市文化创意产业集聚区比较研究［J］．北京社会科学，2010（6）：32-37.

[55] 李泽彧，赵凤娟．我国高等教育学学科建设：基本轨迹及未来取向［J］．中国高教研究，2010（3）：33-36.

（本文发表于《浙江树人大学学报》2013 年第 3 期）

主要参考文献

［1］（美）宣伟伯．传学概论［M］．余也鲁译述．香港：海天书楼，1983.

［2］（美）沃纳丁·赛弗林，小詹姆斯·W. 坦卡特．传播学的起源、研究与应用［M］．陈韵昭，译．福州：福建人民出版社，1985.

［3］（英）丹尼斯·麦奎尔，（瑞典）斯文·温德尔．大众传播模式论［M］．祝建华、武伟，译．上海：上海译文出版社，1987.

［4］刘则渊，陈悦，侯海燕．科学知识图谱：方法与应用［M］．北京：人民出版社，2008.

［5］汤建民．基于中文数据库的知识图谱绘制方法及应用［M］．杭州：浙江大学出版社，2010.

［6］戴元光，邵培仁，龚炜．传播学原理与应用［M］．兰州：兰州大学出版社，1988.

［7］邵培仁．传播学导论［M］．杭州：浙江大学出版社，1997.

［8］邵培仁．传播学．北京：高等教育出版社，2000.

［9］邵培仁．媒介生态学：媒介作为绿色生态的研究．北京：中国传媒大学出版社，2008.

［10］邵培仁．媒介理论前沿［M］．杭州：浙江大学出版社，2009.

［11］邵培仁．传播学［M］.3 版．北京：高等教育出版社，2015.

［12］沙莲香．传播学：以人为主体的图象世界之谜［M］．北京：中国人民大学出版社，1990.

［13］张隆栋．大众传播学［M］．北京：中国人民大学出版社，1993.

［14］李彬．传播学引论［M］．北京：新华出版社，1993.

［15］张国良．传播学原理［M］．上海：复旦大学出版社，1995.

[16] 胡正荣. 传播学总论 [M]. 北京：北京广播学院出版社，1997.

[17] 郭庆光. 传播学教程 [M]. 北京：中国人民大学出版社，1999.

[18] 胡翼青. 传播学：学科危机与范式革命 [M]. 北京：首都师范大学出版社，2004.

[19] 徐培汀，裘正义. 中国新闻传播学说史 [M]. 重庆：重庆出版社，2006.

[20] 李济滨. 新时期期刊出版研究 [M]. 郑州：中原农民出版社，2006.

[21] 殷晓蓉. 新闻传播学术精要 [M]. 上海：复旦大学出版社，2007.

[22] 张振亭. 中国新时期新闻传播学术发展史 [M]. 武汉：华中科技大学博士学位论文，2008.

[23] 王怡红，胡翼青. 中国传播学 30 年（1978-2008） [M]. 北京：中国大百科全书出版社，2010.

[24] 伍静. 中美传播学早期的建制史与反思 [M]. 济南：山东人民出版社，2011.

[25] 郑保卫. 新闻教学与学术研究 [M]. 北京：中国文史出版社，2013.

[26] 刘海龙. 重访灰色地带：传播研究史的书写与记忆 [M]. 北京：北京大学出版社，2015.

[27] 中国大陆传播学专著、译著要目. http：//cjr. zjol. com. cn/05cjr/system/2002/09/13/001285188. shtml.

后　记

本书为浙江省哲学社会科学规划课题“中国传播学知识图谱——中国传播学论文、专著、核心作者及其学术影响研究”（12JCXW02YB）的最终成果。在本书的写作过程中，我的博士导师、浙江大学邵培仁教授给了我研究灵感与思路，指导我完成此项研究；杭州电子科技大学汤建民教授教会我使用可视化统计技术，帮助我完成本书的数据统计与图表生成。此外，还有五位资深学者给我很多指点，他们分别是：我的硕士导师、南京师范大学毕一鸣教授，江苏师范大学刘行芳教授，国防大学军事文化学院刘开骅教授、陈飞副教授，美国圣克劳德州立大学彭增军教授。在此，我对各位师长多年来的无私帮助与关怀表示由衷的感谢。

最后，我还要感谢首都经济贸易大学出版社将本书顺利付诸出版。杨玲社长对本书的关心支持与总编室和叶老师、责任编辑薛晓红老师为本书付出的辛勤劳动，让我十分感动。